本书获兰州大学人文社会科学类高水平著作出版经费、教育部人文社会科学研究青年基金项目（23XJC790008）、甘肃省软科学项目（23JRZA378）、中央高校基本科研业务费专项基金（2023lzujbkydx031）资助

张文菲　著

有效信息披露与企业创新

Effective Information Disclosure and Enterprise Innovation

社会科学文献出版社
SOCIAL SCIENCES ACADEMIC PRESS (CHINA)

序

在当今这个快速发展的时代，企业创新已经成为推动企业乃至整个经济发展的核心动力。与此同时，有效信息披露的重要性也日益凸显，它宛如企业与外界沟通的桥梁，与企业创新紧密相连。本书正是聚焦这一关键且极具探讨价值的话题，深入剖析二者之间的关系。

有效信息披露是企业向外界展示自身的重要途径。它有助于满足股东、投资者以及监管机构对企业透明度的要求。在资本市场中，投资者需要借助企业披露的信息来评估企业的价值和风险，进而做出投资决策。对于监管机构而言，信息披露是确保市场公平、公正、透明的关键手段。本书深入探讨了有效信息披露与企业创新之间的内在联系，从理论框架到实际案例，从影响机制到实践意义，进行了多维度的研究，为学者、企业管理者以及政策制定者提供了宝贵的参考，期望本书能为促进企业创新提供一些有益的思路。

在撰写本书的过程中，我有幸得到了我的导师南开大学经济学院张诚教授的指导与帮助。我的团队成员——兰州大学的金祥义教授，也提出了许多宝贵的建设性意见。此外，我的硕士研究生贾秋硕同学在文本格式的修改方面给予了大力支持。高雁编辑对本书的出版做出了重要的贡献。对于他们的帮助，在此表示最诚挚的感谢。

前　言

中国经济正处于新常态阶段，进入新旧动能转换和结构深度调整的关键时期，主要依靠资本、土地、劳动力等要素投入支撑的经济增长方式已不可持续，迫切需要依靠创新发展来寻求经济增长新动力。党的十九大报告明确提出"创新是引领发展的第一动力，是建设现代化经济体系的战略支撑"。党的二十大报告进一步提出创新驱动发展战略，开辟发展新领域新赛道，不断塑造发展新动能新优势。党的二十届三中全会也提出，推动技术革命性突破、生产要素创新性配置、产业深度转型升级，推动劳动者、劳动资料、劳动对象优化组合和更新跃升，催生新产业、新模式、新动能，发展以高技术、高效能、高质量为特征的生产力。创新能够提高企业技术水平和生产效率，有利于形成自身独特的竞争优势，从而有利于企业的长期发展和长远利益。因此，企业创新能力的提高将成为影响我国经济增长的关键因素。有效提高企业创新能力，是保障我国经济在新常态下保持稳步增长的重要现实基础，也是我国实现创新驱动发展战略的客观需求。同时，上市企业与投资者之间存在明显的信息不对称现象，上市企业与证券经营机构有信息优势，极易形成对市场交易信息的垄断，而投资者很难获取所需的充分信息，使得企业在进行融资时面临较高的成本，大大抑制了企业有效的研发投入。但是，上市企业信息披露制度的出现，为缓解双方之间的信息不对称提供了一种有效的解决方案，企业对外进行有效信息披露后，不仅能提高投资者对企业各方面的了解，而且能进一步降低企业面临的融资成本，激发企业研发投入，提高其未来的创新能力。

企业有效信息披露可以提高市场透明度、保护投资者利益、促进市场公平高效运行。首先，信息披露是上市企业的法定义务，旨在帮助投资者正确评估投资风险和收益，及时了解和掌握上市企业的经营状况与财务变化等有关信息。这有助于投资者做出理性的投资选择，同时强化证券监管机构和社会公众对上市企业行为的监督与管理，有效地制止内幕交易等违规、违法行为，保证证券市场的公平、公正和高效率运行。其次，全面实行股票发行注册制是全面深化资本市场改革的重要举措，旨在提高信息披露文件的可读性，增强信息披露的针对性及其与投资决策的相关性。这有助于解决信息披露有效性不足的问题，如差异化不足、无效信息多、语言晦涩难懂等，从而满足投资者对有效信息的需要。最后，证监会通过修订相关规范，遵循重要性、必要性原则，提出分类优化信息披露要求，进一步强调了信息披露在上市企业监管中的重要性。企业有效信息披露对于保护投资者利益、促进市场公平高效运行具有重要意义，是资本市场健康发展的重要保证。创新是引领发展的第一动力，是建设现代化经济体系的战略支撑，是经济增长的动力源泉。信息披露可以有效降低企业与外部投资者之间的信息不对称程度，有利于提高资源配置效率。鉴于此现实背景，本书对上市企业有效信息披露与其创新能力之间的关系展开系统的研究。

本书建立了一个理论模型，分析了有效信息披露对企业创新的影响及其作用渠道，并参考已有文献，以深圳证券交易所对上市企业的信息披露质量评级作为衡量有效信息披露的指标，采取企业专利申请量、企业全要素生产率、企业出口产品质量三个创新产出指标来衡量企业创新能力，在此基础上利用 2001～2022 年上市企业数据进行实证检验。本书得到以下结论。第一，有效信息披露与企业创新能力之间存在显著的正相关关系，即当企业进行有效信息披露时，企业的创新能力将得到提升。第二，有效信息披露对企业创新能力的提升作用存在异质性。具体而言，相比于非国有企业，有效信息披露对国有企业创新能力的提升作用更大；相比于东部地区企业，有效信息披露对中西部地区企业创新能力的提升作用更大；相比于主板、中小板上市企业，有效信息披露对创业板上市企业创新能力的提升作用更大；相比于劳动密集型企业，有效信息披露对资本密集型企业创新能力的提升作用更大；相比于低垄断能力企业，有效信息披露对高垄断能力企业创新能力的提升作用更大。第三，对企业信息披露质量等级进行进一步划分，以探究信息披露质量梯度对企业创新能力的影响。研究发现，随着企业信息披露质量等级的提高，企业创新能力呈现递增的趋势，表明信息披露质量梯度对企业创新能力的提升作用存在"阶梯递升效应"。此外，在考虑了金融危机的影响后，发现企业有效信息披露的系数仍然显著为正，表明在控制金融危机带来的宏观环境巨变的情况下，有效信息披露对企业创新能力的提升作用并未发生明显变化。第四，有效信息披露能够通过降低企业融资成本和提高企业经营活动产生的现金流量两个渠道显著提高企业的创新能力。第五，有效信息披露可以显著提高企业的成长能力。第六，在考虑模型设定偏误、零创新问题和企业创新指标稳健性问题后，本书结论仍然成立。

　　本书研究为政府当局推动企业创新升级提供了有益的参考。具体而言，在信息化时代背景下，有效信息披露是提高企业创新能力的重要驱动力，能够改善企业的经营结构，促进企业未来的创新发展。因此，本书提出以下针对性建议。由于企业有效信息披露可以提高企业的信息透明度，对企业创新有显著促进作用，并且随着有效信息披露质量的提高，其对创新的促进作用越来越大，而创新又是经济持续增长的源泉，因此，建议我国政府制定相关政策大力鼓励企业进行有效信息披露，加大企业信息披露力度，实施透明的信息披露监管机制，确保投资者与企业双方信息流动的及时性和充分性。同时，企业创新活动需要大量资金支持，具有高风险性、投资周期长等特点。信息是影响企业长期发展与投资者高效投资的重要因素。企业与投资者之间的信息不对称阻碍了双方效益的改进，使企业缺乏充足的资金来源，而投资者难以找到适宜的投资目标，影响着企业未来的创新。同时中国的资本市场还不够完善和成熟，投资者进行投资时面临较大的系统性风险，因此政府部门应该借鉴发达国家的成功经验，制定相关政策和法律法规，切实保障投资者的合法权益，设置更加完善的投资机制和退出机制，使投资者敢于投资，提高资金收益率，从而有利于企业获取创新资金，为企业持续创新注入不竭动力。

目录 CONTENTS

1

第一章

有效信息披露是企业创新的加速剂

第一节　经济新常态下有效信息披露的重要性

一　研究背景

中国经济正处于新常态，只有依靠创新才能实现经济持续增长。党的十九大报告明确提出"创新是引领发展的第一动力，是建设现代化经济体系的战略支撑"。党的二十大报告进一步提出创新驱动发展战略，开辟发展新领域新赛道，不断塑造发展新动能新优势。根据索洛增长模型，经济增长来源于资本、劳动、技术进步，其中资本和劳动只有水平增长效应，而技术进步可以带来垂直增长效应，企业创新能力的提高对于维持经济增速至关重要。党的二十届三中全会也提出，推动技术革命性突破、生产要素创新性配置、产业深度转型升级，推动劳动者、劳动资料、劳动对象优化组合和更新跃升，催生新产业、新模式、新动能，发展以高技术、高效能、高质量为特征的生产力。我国经济发展进入新旧动能转换和结构深度调整的关键时期，主要依靠资本、土地、劳动力等要素投入支撑的经济增长方式已不可持续，迫切需要依靠创新发展来寻求经济增长新动力。[①] 企业是构成我国经济体不可或缺的细胞，每一个企业创新水平的提高汇聚成了国家层面整体创新水平的提高。在当今经济环境下，我国企业面临国内和国际市场的激烈竞争。从长期来看，创新能够提高企业技术水平和生产效率，有利于形成自身独特的竞争优势，从而有利于企业的长期发展和长远利润。因此，企业创新能力的提高将成为影响我国经济增长的关键因素。有效提高企业创新能力，是保障我国经济在新常态下保持稳步增长的重要现实基础，也是我国实现创新驱动发展战略的客观需求。

由于企业创新项目具有投资周期长、转换成本高、风险大的特点，企业在创新项目上容易面临资金短缺的难题。[②] 从本质上说，资本市场也是信息市场，信息引导着社会资金流向各个部门，从而实现资本市场的资源配置功能。由于获取的信息可以实现对证券市场风险的评价，因此信息对证券市场价格行为和资产定价具有重要作用。[③] 由于企业与投资者之间存在信息不对称，在资金流转过程中，外部投资者静观其变、相机进入，抑制了企业创新项目的有效开展，使企业创新融资面临市场机制失灵的问题。[④] 在证券市场上，上市企

---

① Grossman, G. M., Helpman, E., *Innovation and Growth in the Global Economy* (Cambridge, MA: MIT Press, 1991), p. 125; Aghion, P., Askenazy, P., Berman, N., "Credit Constraints and the Cyclicality of R&D Investment: Evidence from France," *Journal of the European Economic Association* 10 (2012): 1001-1024.

② Hall, B. H., Lerner, J., "The Financing of R&D and Innovation," *Handbook of the Economics of Innovation* 1 (2010): 609-639.

③ 孔东民、申睿：《信息环境、R^2 与过度自信：基于资产定价效率的检验》，《南方经济》2007 年第 6 期。

④ 程兵、梁衡义：《过度自信、过度悲观与均衡资产定价》，《管理评论》2004年第 11 期。

业与证券经营机构有信息优势，极易形成对市场交易信息的垄断，而投资者很难获取所需的充分信息。这种信息不对称导致交易双方利益分配失衡，使掌握信息较多的一方往往处于有利位置，比如卖方往往比买方掌握更多的信息。例如"柠檬市场"问题，最终导致市场低效率和市场失灵现象的发生，不利于社会公平，扭曲了市场资源配置的效率。[①]

上市企业的信息披露作为外界获取企业信息的重要来源，是不可忽视的一个影响因素。信息披露是指上市企业以招股说明书、上市公告书以及定期报告和临时报告等形式，把企业以及与企业相关的信息向投资者和社会公众公开披露的行为。首先，信息披露是上市企业的法定义务，旨在帮助投资者正确评估投资风险和收益，及时了解和掌握上市企业的经营状况与财务变化等有关信息。这有助于投资者做出理性的投资选择，同时强化证券监管机构和社会公众对上市企业行为的监督与管理，有效地制止内幕交易等违规、违法行为，保证证券市场的公平、公正和高效率运行。其次，全面实行股票发行注册制是全面深化资本市场改革的重要举措，旨在提高信息披露文件的可读性，增强信息披露的针对性及其与投资决策的相关性。最后，证监会通过修订相关规范，遵循重要性、必要性原则，提出分类优化信息披露要求，进一步强调了信息披露在上市企业监管中的重要性。历经10余年的发展，我国已建立起以《证券法》为主体，以相关行政法规、部门规章为补充的层次清晰、体系完善的信息披露制度体系。该信息披露制度体系要求企业贯彻公开、公平、公正原则，真实、准确、全面、及时地披露相关信息，切实保障投

---

① Akerlof, G. A., "The Market for 'Lemons': Quality Uncertainty and the Market Mechanism," *The Quarterly Journal of Economics* 84（1970）：488–500.

资者的合法权益。因此，有效信息披露是指上市企业对外公布真实信息的行为，该行为所包含的信息能够真实反映企业过去一段时间内的经营成果。企业有效信息披露可以提高市场透明度、保护投资者利益、促进市场公平高效运行。

　　有效信息披露是降低企业与信息需求方之间信息不对称程度的重要方式，也是促进信息资源流动、改善市场资源配置的有效方法。① 有效信息披露降低了企业与外部投资者之间的信息不对称程度，降低了企业的融资成本②，提高了企业经营绩效和现金流水平③。而企业创新项目一般需要大量的资金支持，企业研发投入主要来源于自身现金流、注册资本及商业信用。④ 信息流动不充分以及信息获取障碍，可能是影响企业获取研发创新资金的重要因素。那么，企业进行有效信息披露是否提高了企业的创新能力呢？本书对此问

① 周中胜、陈汉文：《会计信息透明度与资源配置效率》，《会计研究》2008 年第 12 期。

② Khurana, I. K., Pereira, R., Martin, X., "Firm Growth and Disclosure: An Empirical Analysis," *Journal of Financial and Quantitative Analysis* 41 (2006): 357-380; Leuz, C., Schrand, C., "Disclosure and the Cost of Capital: Evidence from Firms' Responses to the Enron Shock," National Bureau of Economic Research, 2009, No. w14897; Richardson, A. J., Welker, M., "Social Disclosure, Financial Disclosure and the Cost of Equity Capital," *Accounting Organizations & Society* 26 (2001): 597-616; 姜付秀、石贝贝、马云飙：《信息发布者的财务经历与企业融资约束》，《经济研究》2016 年第 6 期；吴红军、刘啟仁、吴世农：《公司环保信息披露与融资约束》，《世界经济》2017 年第 5 期；倪娟、孔令文：《环境信息披露、银行信贷决策与债务融资成本——来自我国沪深两市 A 股重污染行业上市公司的经验证据》，《经济评论》2016 年第 1 期。

③ Orpurt, S. F., Zang, Y., "Do Direct Cash Flow Disclosures Help Predict Future Operating Cash Flows and Earnings?" *The Accounting Review* 84 (2009): 893-935; Plumlee, M., Brown, D., Hayes, R. M., et al., "Voluntary Environmental Disclosure Quality and Firm Value: Further Evidence," *Journal of Accounting and Public Policy* 34 (2015): 336-361.

④ 张杰、芦哲、郑文平等：《融资约束、融资渠道与企业 R&D 投入》，《世界经济》2012 年第 10 期。

题进行了研究。

二　研究目的和意义

以往大量文献主要研究了影响企业有效信息披露的因素①，以及有效信息披露对股票流动性的影响②，而忽视了有效信息披露对企业创新的影响。本书研究上市企业有效信息披露对创新的影响及其作用机制，为我国完善有效信息披露相关法律法规提供了参考依据。第一，利用理论模型分析了企业有效信息披露与创新之间的关系。本书将有效信息披露因素纳入企业创新行为的理论模型中，通过严密的数理推导，证明了有效信息披露对企业创新的积极作用，从而在理论机理上分析了有效信息披露与企业创新之间的潜在关系。第二，基于有效信息披露这一新颖的视角，探索其对创新的影响，进一步分析了信息因素对企业创新的重要性，进而丰富了企业创新影响因素的相关研究。第三，探索了企业有效信息披露对创新的影响渠道和作用机制。本书研究发现，企业有效信息披露能够通过成本面和经营面的因素，对企业未来创新能力产生影响，不仅证实了理论模型中有效信息披露对企业创新的作用，而且揭露了有效信息披露对企业具体的作用渠道，丰富了有效信息披露作用机制的相关文献，推动了有效信息披露和企业创新两方面文献的发展。

---

① Francis, J. R., Khurana, I. K., Pereira, R., "Disclosure Incentives and Effects on Cost of Capital around the World," *The Accounting Review* 80 (2005): 1125-1162.

② Balakrishnan, K., Billings, M. B., Kelly, B., et al., "Shaping Liquidity: On the Causal Effects of Voluntary Disclosure," *The Journal of Finance* 69 (2014): 2237-2278.

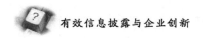

第二节　有效信息披露与创新发展的关系

一　研究思路与框架

本书的研究思路如图 1-1 所示，共分为九章。

第一章介绍有效信息披露是企业创新的加速剂，主要对研究背景、研究意义、研究内容、研究思路与方法进行说明。

第二章介绍有效信息披露对企业创新的理论机制，阐述了信息披露相关理论基础。

第三章为信息披露制度与企业创新：典型事实分析。首先，分析了信息披露制度的起源以及我国上市企业信息披露制度变迁过程及现状；其次，分析了会计信息质量特征以及上市企业信息披露质量的测度方法；最后，阐述了企业创新绩效指标的选取及企业创新特征化事实。

第四章基于企业专利申请量介绍有效信息披露对企业创新能力的影响。

第五章基于企业全要素生产率介绍有效信息披露对企业创新能力的影响。

第六章基于出口产品质量介绍有效信息披露对企业创新能力的影响。

第七章介绍有效信息披露对企业创新的影响渠道。

第八章介绍有效信息披露对企业成长能力的影响。

第九章是主要研究结论和政策建议。

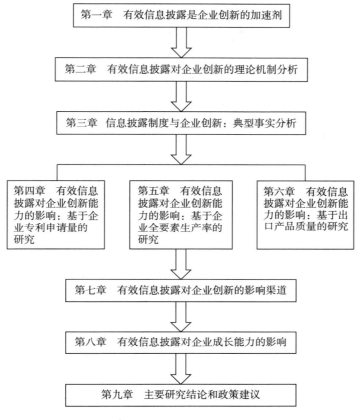

图 1-1 本书的研究思路

二 研究方法

（1）规范分析方法。综合运用信息经济学、企业理论等学科知识，对现有相关研究成果进行归纳和分析，从理论角度分析了上市企业信息披露对企业创新的影响，并探析了信息披露对企业创新的内在作用机理。

（2）实证分析方法。利用 2001~2022 年上市企业信息披露质量评级数据、企业专利数据、全要素生产率数据和出口产品质量数据，实证检验了上市企业信息披露对企业创新的影响及其作用渠道。

第二章

<hr>

有效信息披露对企业创新的理论机制分析

第一节　信息披露的理论基础

一　有效市场理论

Fama 首先提出了有效市场假说（Efficient Markets Hypothesis），将有效市场假说归纳为一个公理：在各种信息集合的结构对市场参与者是已知的条件下，价格完全反映所有可得的信息。[①] 有效市场理论表明，在动态股票市场中，股票价格走势可以反映所有可获得的信息。[②]

有效市场假说的成立需要满足一定的前提条件，即市场是完全竞争市场，所有信息是透明化和同质化的，信息需求者获取信息的

<hr>

① Fama, E. F., "Efficient Capital Markets: A Review of Theory and Empirical Work," *The Journal of Finance* 25 (1970): 383–417.

② Jegadeesh, N., Titman, S., "Returns to Buying Winners and Selling Losers: Implications for Stock Market Efficiency," *Journal of Finance* 48 (1993): 65–91.

成本为零，资金可以自由流动，市场的参与者都是理性人。成为有效市场的条件是：投资者利用可获得的信息，力图获得更高的报酬；证券市场对新的市场信息的反应迅速而准确，证券价格能完全反映全部信息；市场竞争使证券价格从旧的均衡过渡到新的均衡，而与新信息相应的价格变动是相互独立的或随机的。但是在现实中，由于信息本身大多不是同质化的，股票价格对各类信息的反映程度也存在差异性①，据此可以把有效市场分为弱式有效市场、半强式有效市场和强式有效市场三种类型②。

（一）弱式有效市场

在弱式有效市场中，当前的价格能够反映出历史股票价格所代表的全部信息，包括股票的成交价、成交量、卖空金额、融资金额等。这意味着评估未来的股价变动，不需要再参考历史股票价格信息。因此，弱式有效假设主要包括以下两层含义：一是通过历史股票价格无法推断未来价格变化趋势；二是价格变化是随机的。如果市场未达到弱式有效，则当前的价格未完全反映历史价格信息，那么未来的价格变化将进一步对过去的价格信息做出反应。在这种情况下，人们可以利用技术和图表从过去的价格信息中分析出未来价格的某种变化倾向，从而在交易中获利。如果市场是弱式有效的，则过去的历史价格信息已完全反映在当前的价格中，未来的价格变化将与当前及历史价格无关，这时使用技术和图表根据当前及历史价格对未来做出预测将是徒劳的。如果不进一步运用价格序列以外

---

① 宋军、吴冲锋：《从有效市场假设到行为金融理论》，《世界经济》2001年第 10 期。

② 黄泽先、曾令华、江群：《市场有效性传统及其演进与反思》，《数量经济技术经济研究》2018 年第 1 期；陈郁编《所有权、控制权与激励——代理经济学文选》，上海三联书店、上海人民出版社，1998。

的信息，未来价格最好的预测值将是当前的价格。因此在弱式有效市场中，技术分析将失效。

（二）半强式有效市场

在半强式有效市场中，股票价格不仅反映出全部历史信息，而且反映了全部已公开的企业营运前景的相关信息，包括竞争对手信息、政治经济信息、成交价、成交量、盈利资料、盈利预测值、企业管理状况、财务报表、分红和拆股及其他公开披露的财务信息等。在半强式有效市场中，投资者可以快速获得有关信息，股价也能够快速进行调整，如果股票价格的瞬间调整是错误的，股票价格也会得到快速修正，以正确反映相关信息。这意味着分析师和投资者难以靠获取和分析公开信息获得长期超额收益。如果市场未达到半强式有效，公开信息未被当前价格完全反映，分析公开资料寻找误定价格将会增加收益。但如果市场达到半强式有效，那么仅仅以公开资料为基础的分析将不能提供任何帮助，因为针对当前已公开的资料信息，价格是合适的，未来的价格变化与当前已知的公开信息毫无关系，其变化纯粹依赖新的公开信息。对于那些只依赖已公开信息的人来说，明天才公开的信息，他是一无所知的，所以不采用未公开的资料，对于明天的价格，他的最好的预测值也就是今天的价格。所以在这样一个市场中，已公布的基本面信息无助于分析家挑选价格被高估或低估的证券，基于公开资料的分析毫无用处。因此，在半强式有效市场中，通过基本面分析难以获得超额收益。

（三）强式有效市场

在强式有效市场中，股票价格能够反映一切关于企业营运的信息，不仅可以反映已公开的信息，还可以反映内幕消息。在满足强式有效假设条件时，所有内幕消息对于投资者决策都没有意义，投资者获得的任何信息，即使是内幕消息，都无法帮助其得到超额利润。如果市场是强式有效的，人们获取内部资料并按照它行动，这时任何公开的或者内部的新信息将迅速在市场中得到反映。因此在这种市场中，任何企图寻找内部资料信息来打击市场的做法都是不明智的。在这种强式有效假设下，任何专业投资者的边际市场价值为零，因为没有任何资料来源和加工方式能够稳定地增加收益。对于证券组合理论来说，其组合构建的条件之一即假设证券市场是充分有效的，所有市场参与者都能同等地得到充分的投资信息，如各种证券收益和风险的变动及其影响因素，同时不考虑交易费用。但对于证券组合的管理来说，如果市场是强式有效的，组合管理者会选择消极保守的态度进行组合调整，只求获得市场平均的收益率水平，因为区别将来某段时期有利或无利的投资不可能以现阶段已知的这些投资的任何特征为依据。因此在这样一个市场中，管理者一般模拟某一种主要的市场指数进行投资。而在市场仅达到弱式有效时，组织管理者则是积极进取的，他们会在选择资产和买卖时机上下功夫，努力寻找价格偏离价值的资产。

提高证券市场的有效性，根本问题就是要解决证券价格形成过程中在信息披露、信息传输、信息解读以及信息反馈各个环节出现的问题，其中最关键的一个问题就是建立上市企业强制性信息披露制度。从这个角度来看，公开信息披露制度是建立有效资本市场的基础，也是资本市场有效性得以不断提高的起点。证券市场外在效率体现在三个方面：第一，价格能否灵活调整；第二，信息披露是否充分；第三，所有投资者能否同时获得同质同量的信息。在证券市场中，投资者行为和证券定价都受到企业信息的影响。上市企业强制性信息披露制度可以将企业的运行和经营状况及时地传递给证券市场和投资者，有助于投资者进行投资决策，从而有利于提高资本市场的有效性。

二　信息不对称理论

信息不对称（Information Asymmetry）是指契约关系中的一些参与者拥有另一些参与者没有的信息的状况。一般来说，掌握信息较多的人处于有利的位置，而掌握信息较少的人处于不利的位置。信息不对称现象是普遍存在的，信息不对称导致交易双方之间利益分配失衡，不利于社会公平，扭曲了市场的资源配置效率。信息不对称可能造成严重的经济后果，在委托代理关系建立之前可能会导致"逆向选择"问题，在委托代理关系建立之后可能会造成"道德风险"问题，最终导致市场低效率和市场失灵。Akerlof 提出了"柠檬市场"的模型。[①] 在二手车市场上，卖方比买方掌握更多关于车辆质量的信息，买方只愿意按照车辆平均质量付钱，所以车辆质量高于平均水平的卖方会退出交易，只有车辆质量差的卖方才会进入市场，因此，随着价格的下降，差的产品可能将好的产品驱逐市场，即产生逆向选择效应。道德风险指的是在信息不对称的情况下，交易双方在签订合同后，其中一方利用自身多于他人的信息，在最大化自身效用的同时，做出不利于他人行为的现象。在保险市场上，由于保险企业难以监督投保人在投保后的行为，投保人可能会不按常规方式履行合同或故意遭险，保险企业可能要承担更高的赔付率。

传统的经济学理论通常假设市场交易双方都具有完全的信息。然而，在现实经济活动中，经济行为主体在大多数情况下不仅不具备完全信息，而且发现信息的能力也十分有限，从而使其决策行为

---

① Akerlof, G. A., "The Market for 'Lemons': Quality Uncertainty and the Market Mechanism," *The Quarterly Journal of Economics* 84（1970）：488-500.

面临许多的不确定性。这与传统的经济学理论的完全信息假设发生了直接冲突。信息不对称理论恰恰是在填补传统的经济学理论漏洞的基础上推动了现代经济学理论的新发展。由信息不对称导致的各种问题和风险，在发展中国家向市场经济的转型中尤为突出和严重，但丰富的实践却没有产生先进的理论，这是值得深思的。而信息不对称的背后隐藏的其实是道德风险，科技可以解决技术问题，但也只能解决技术问题，它对道德或个人偏好无能为力。

在未来要充分认识新经济的特点，高度重视信息对未来经济社会可持续发展的重大影响。信息经济学的价值说明了信息和资本、土地一样，是一种需要进行经济核算的生产要素。我们正在进入由信息产业推动，以生命科学、超级材料、航天技术等新知识和新技术为基础的新经济时代。这是一个充满不确定性、高利润与高风险并存的、快速多变的"风险经济"时代。在这个时代里，市场经济中的信息不对称现象比比皆是，问题的关键是各行各业的决策者怎样努力掌握与了解比较充分的信息，把握住经济、技术和社会的发展动向。可以预见，在新经济时代，只有及时掌握比较充分的信息，才能变不确定为确定。

三 信号传递理论

企业可以通过利润宣告、股利宣告和融资宣告三种信号模式向外界传递信息，以降低信息不对称程度。Ross 发现，拥有大量高质量投资机会信息的经理，可以通过资本结构或股利政策的选择向潜在投资者传递信息。[1]

---

[1] Ross, S. A., "The Arbitrage Theory of Capital Asset Pricing," *Journal of Economic Theory* 13 (1976): 341–360.

相比于外部投资者，企业内部管理者更加了解企业运营状况、经营绩效、盈利能力和投资机会等信息。由于外部投资者在企业真实价值信息方面处于劣势，在进行投资时一般会要求更高的资产回报率，这提高了企业的融资成本。传递利好信息的股利减少会形成正的市场反应，而传递利空信息的股利增加会导致负的市场反应。股利宣告的作用则与企业披露事项的多少及一致性相关。如果企业披露的信息足以揭示企业的经营状况，而且所披露的各类信息对企业经营状况的揭示具有高度一致性，那么股利增加信号所起到的确定性作用对市场的影响就不大，因为所传递信息中非预期信息太少。但如果企业披露的信息较少或所披露信息之间一致性不强，那么股利增加信号所传递的信息价值就较高，有利于消除投资者判断上的不确定性，所以更能引起市场的反应。因此，企业需要一定的机制向市场传递这些信号，让外部投资者获得更多有关企业价值的信息，降低投资者与企业之间的信息不对称程度，使投资者更加了解企业，降低企业的融资成本，改善资本市场流动性，提高资源配置效率。[①]

Ross 提出有效信息传递工具必须满足的四个条件：①企业管理层总是积极发出真实的信号；②业绩好的企业的信号很难被业绩差的企业模仿（要承担高昂的成本和被市场识破的风险）；③信号必须与可观察事件相联系；④不存在成本更低的、传递同样质量信息的其他方式。中国上市企业的运行机制、市场特点、发展阶段都有别于市场经济成熟的国家，这些特殊的条件使我国上市企业股利政策与经济发达国家存在不同。

股利信号理论认为，股利政策的差异和变化反映了企业质地和

---

① 林斌、饶静：《上市公司为什么自愿披露内部控制鉴证报告？——基于信号传递理论的实证研究》，《会计研究》2009 年第 2 期。

经营状况。在股利政策不稳定的情况下，其包含的信息量和稳定股利政策所包含的信息量是不一样的。我国上市企业股利政策相当不稳定，大多数企业没有明晰的股利政策目标，因此在股利政策的制定和实施上缺乏长远的打算，带有很大的盲目性和随意性。能够不间断派现、保持稳定的股利政策的企业很少。但从我国现状来看，对经理层股利政策不当造成的损失尚无有效的惩罚机制。当企业业绩下滑时，经理层可以改变股利政策或通过资产重组的方式改变不利状况，而经理层本身的利益没有多少损失。因此，绩差企业可以模仿绩优企业的股利政策，从而使市场无法判断企业到底传递了什么信息。在半强式有效的市场中，现金股利是最重要的股利形式，股票股利则呈下降趋势。有些研究表明，我国证券市场已达到弱式有效，尚未达到半强式有效，存在操纵价格的现象，股价的无序波动掩盖了由正常途径传递的有用信息对价格的真实影响。[①] 股价对股利宣告事件的反应，与企业利用资源的效率并不一致。在这种情况下，股价和股利未充分反映这一时期的全部信息。

在信息化时代，信息披露已成为企业不可或缺的行为。信息披露能够为投资者提供关于企业经营情况、财务状况等方面的详细信息，可以提高投资决策的准确性，提高市场运作的透明度和公信力，增强市场信心，降低信息不对称风险。良好的信息披露也是企业赢得投资者信任的关键，能帮助投资者做出更加准确的投资决策。信息披露有助于减少市场信息不对称现象，防止内幕交易等不公平行为发生，维护市场的公平性。及时、准确、完整地披露信息，有助于提升企业的信用，为企业融资、合作等方面提供便利。信息披露

---

① 陈小悦、陈晓、顾斌：《中国股市弱型效率的实证研究》，《会计研究》1997年第 9 期。

为监管机构提供了监管企业的重要依据，有助于维护市场秩序，防止违规行为发生。

企业在日常运营中，需要进行大量的信息披露，比如财务报告、经营状况、战略规划等。这些信息的公开有助于投资者了解企业的经营状况，进而做出明智的投资决策。例如，一家上市企业的财务报表披露得当，不仅可以让投资者了解其盈利能力和偿债风险，还可以吸引更多投资者关注。此外，企业还可以通过信息披露来宣传自己的品牌形象，提高市场竞争力。因此，信息披露的重要性不言而喻。上市企业信息披露制度规定，企业要披露的相关信息也是一种市场信号，有效的信息披露是企业向公众展示自身稳定管理环境和良好经营绩效的一种公开市场信号[①]，向市场传递了企业的运行和经营状况等信息，有利于利益相关者更加了解企业的价值状况，从而做出正确的判断和交易选择；方便与其他企业开展业务往来，有利于企业扩大对外产品的销售规模，从而增加企业当前经营活动产生的现金流[②]。

第二节　信息披露相关研究

一　信息披露的决定因素

多数文献研究了信息披露带来的经济影响，但是也有学者研究了信息披露的决定因素。沈洪涛等利用 1999~2004 年石化塑胶行业

---

① Warner, J. B., Watts, R. L., Wruck, K. H., "Stock Prices and Top Management Changes," *Journal of Financial Economics* 20 (1988): 461–492.

② Orpurt, S. F., Zang, Y., "Do Direct Cash Flow Disclosures Help Predict Future Operating Cash Flows and Earnings?" *The Accounting Review* 84 (2009): 893–935.

的 A 股企业年报信息，构造了社会责任信息披露指数，实证检验了企业特征与社会责任披露之间的关系。研究发现，规模大和盈利能力强的企业披露社会责任信息的意愿强烈，信息披露环境对企业社会责任信息披露有显著影响，企业财务杠杆率和再融资需求对企业社会责任信息披露影响不显著。① 伊志宏等利用 2003～2005 年深圳证券交易所上市企业数据，考察了产品市场竞争与企业治理结构对信息披露质量的影响。研究发现，完善企业治理结构和加强产品市场竞争可以有效提高企业信息披露质量，但是只考察了信息披露的影响因素，没有进一步考察信息披露质量提高会带来什么影响。② 在该领域，研究者着力分析企业治理结构与信息披露的关系，因为企业治理环境和发展政策会影响信息披露的质量与水平，不同的企业治理结构会对信息披露政策产生不同的影响。Li 利用美国 1998～2006 年的企业信息披露数量和质量数据（其中信息披露数量包括 21033 个样本数据，信息披露质量包括 5268 个样本数据），从现有市场竞争和潜在市场竞争两个维度，实证研究了产品市场竞争对企业自愿性信息披露数量和质量的影响。研究发现，产品市场竞争程度是一个影响企业信息披露决策的重要因素，相关行业的潜在进入者带来的市场竞争显著提高了信息披露数量，相关行业的已有竞争对手带来的市场竞争显著减少了信息披露数量。③ 总体来看，市场竞争有利于提高信息披露质量。张学勇和廖理利用中国股权分置改革逐

① 沈洪涛、游家兴、刘江宏：《再融资环保核查、环境信息披露与权益资本成本》，《金融研究》2010 年第 12 期。

② 伊志宏、姜付秀、秦义虎：《产品市场竞争、公司治理与信息披露质量》，《管理世界》2010 年第 1 期。

③ Li, X., "The Impacts of Product Market Competition on the Quantity and Quality of Voluntary Disclosures," *Review of Accounting Studies* 15 (2010): 663-711.

步推进的特征，实证研究了股权分置改革对企业自愿性信息披露行为的影响。研究发现，股权分置改革可以通过平衡企业股东的利益分配来提高企业治理水平，进而提升上市企业自愿性非财务信息披露水平，但对自愿性财务信息披露影响不显著。① 宋晓华等利用中国2006~2015 年电力行业披露的信息，对政策环境、经营开放性与企业可持续信息披露之间的关系进行实证研究。研究发现，政策环境与企业信息披露之间呈正相关关系，政府是企业信息披露的监管者和推动者，政府在此过程中至关重要；在"一带一路"倡议的推动下，构建能源互联网，显著提高了企业的信息披露质量，这说明经营开放性的提高在一定程度上有利于企业进行信息披露。② 黄超利用2002~2016 年 A 股上市企业数据，考察了我国在实施融资融券制度这个"准自然实验"前后，卖空机制对企业负面信息自愿披露质量的影响。研究发现，卖空机制可以将企业负面信息融入股价，提高了企业股价下跌的风险，降低了企业披露负面信息的质量，卖空机制与企业负面信息自愿披露质量之间存在负相关关系。③

二 信息披露的经济影响

国内外学者考察了信息披露对企业融资约束、企业经营状况和股票市场等方面的影响。

（一）企业融资约束

Richardson 和 Welker 以 1990~1992 年加拿大企业样本为基础，

---

① 张学勇、廖理：《股权分置改革、自愿性信息披露与公司治理》，《经济研究》2010 年第 4 期。
② 宋晓华、魏烁、蒋雨晗等：《政策环境、经营开放性与企业可持续发展信息披露——来自我国电力行业的实证分析》，《会计研究》2016 年第 10 期。
③ 黄超：《卖空机制与负面信息披露质量——来自业绩预告制度的经验证据》，《金融理论与实践》2019 年第 9 期。

检验了信息披露与企业面临的融资成本之间的关系，研究发现，在分析师跟踪率较低的企业中，信息披露的数量和质量与融资成本负相关。[1] 姜付秀等利用 1999~2013 年 A 股上市企业相关资料，研究了董秘的财务经历对企业面临的融资约束的影响，发现董秘的财务经历有利于降低信息不对称程度，缓解企业面临的融资约束。[2] 国内外学者大多认可信息披露或者环境信息披露有利于降低企业的融资约束，提高企业的信息透明度。Khurana 等利用长达 11 年的企业层面数据，实证检验了信息披露对企业获利能力的影响，研究发现，有效的信息披露可以减少信息不对称和代理问题，降低企业外部融资成本，提高企业盈利能力。[3] Biddle 等研究了会计信息质量与投资企业资金效率之间的关系，发现高质量的会计信息可以通过降低企业管理者与投资者之间的信息不对称程度，提高投资企业的资金效率。[4] Leuz 和 Schrand 研究发现，信息披露降低了企业面临的融资成本，促使企业产生更多的融资需求，减小了信息不透明带来的消极影响。[5] 吴红军等利用 2009~2013 年中国 A 股重污染行业所有上市企业样本，研究了企业环保信息披露对融资约束的作用，发现企业环保信息披露水平与企业面临的融资约束之间存在负相

---

[1]　Richardson, A. J., Welker, M., "Social Disclosure, Financial Disclosure and the Cost of Equity Capital," *Accounting Organizations & Society* 26 (2001): 597-616.

[2]　姜付秀、石贝贝、马云飙：《信息发布者的财务经历与企业融资约束》，《经济研究》2016 年第 6 期。

[3]　Khurana, I. K., Pereira, R., Martin, X., "Firm Growth and Disclosure: An Empirical Analysis," *Journal of Financial and Quantitative Analysis* 41 (2006): 357-380.

[4]　Biddle, G. C., Hilary, G., Verdi, R. S., "How Does Financial Reporting Quality Relate to Investment Efficiency?" *Journal of Accounting and Economics* 48 (2009): 112-131.

[5]　Leuz, C., Schrand, C., "Disclosure and the Cost of Capital: Evidence from Firms' Responses to the Enron Shock," National Bureau of Economic Research, 2009, No. w14897.

关关系。^① 倪娟和孔令文利用 2012～2013 年重污染上市企业样本，实证研究了环境信息披露与企业债务融资成本之间的关系，研究发现，环境信息披露会影响银行的信贷决策，重污染行业的企业进行环境信息披露可以在一定程度上降低银行与企业之间的信息不对称程度，从而有利于企业获取更多的银行信贷，降低企业的债务融资成本。^②

（二）企业经营状况

屈文洲等利用中国 2004 年和 2007 年的 A 股企业样本，实证研究了信息不对称对企业投资的影响，研究发现，企业信息不对称水平越高，投资支出越低，最终导致企业投资低于最优投资水平，信息不对称程度高的企业投资现金流敏感性更高，信息不对称不利于企业经营。^③ 张晓岚等引入熵模型度量内部控制信息披露质量指数，建立多个代理变量来衡量企业经营状况，实证检验了我国上市企业内部控制信息披露质量与经营状况之间的关系，发现两者之间存在正相关关系。^④ 钟马和徐光华利用 2010～2013 年的上市企业数据，研究了社会责任信息披露与企业投资效率之间的关系，研究发现，企业披露的社会责任信息质量越高，越有利于提高企业的投资效率，对于社会责任信息披露较差的企业，投资效率提高效应显著。^⑤ 金祥

① 吴红军、刘啟仁、吴世农：《公司环保信息披露与融资约束》，《世界经济》2017 年第 5 期。

② 倪娟、孔令文：《环境信息披露、银行信贷决策与债务融资成本——来自我国沪深两市 A 股重污染行业上市公司的经验证据》，《经济评论》2016 年第 1 期。

③ 屈文洲、谢雅璐、叶玉妹：《信息不对称、融资约束与投资—现金流敏感性——基于市场微观结构理论的实证研究》，《经济研究》2011 年第 6 期。

④ 张晓岚、沈豪杰、杨默：《内部控制信息披露质量与公司经营状况——基于面板数据的实证研究》，《审计与经济研究》2012 年第 2 期。

⑤ 钟马、徐光华：《社会责任信息披露、财务信息质量与投资效率——基于"强制披露时代"中国上市公司的证据》，《管理评论》2017 年第 2 期。

义和戴金平利用 2001~2016 年 795 家深圳证券交易所的上市出口企业作为样本，研究了有效信息披露与企业出口之间的关系，研究发现，有效信息披露通过影响企业外部融资和质量升级，扩大了企业的出口规模，并且随着信息技术的发展和信息资源的日渐丰富，提高企业信息披露的有效程度，有利于改善企业的出口表现。[①] 有些学者从环境信息披露角度研究了其给企业带来的影响。比如，Al-Tuwaijri 等综合分析了环境信息披露为企业带来的经济效益，研究发现，环境信息充分披露显著优化了企业在环境方面的表现，同时显著优化了企业的绩效表现。[②] Clarkson 等利用美国 5 个污染行业的企业样本，研究发现，自愿性环境信息披露提供了企业当前的环境战略信息，可以作为企业财务状况和经营业绩的预测信号，有利于提高企业当前价值。[③] 这一发现将有助于企业采取积极的环境战略和自愿性环境信息披露策略。Plumlee 等根据《全球报告倡议》构建了企业自愿公布环境信息披露指数，对美国 5 个行业的企业样本的环境信息披露质量进行测度，实证研究了环境信息披露质量对企业价值的影响。研究显示，企业自愿性环境信息披露质量的提高，可以显著提高企业价值。[④] 具体来说，企业自愿性环境信息披露质量

---

① 金祥义、戴金平：《有效信息披露与企业出口表现》，《世界经济》2019 年第 5 期。

② Al-Tuwaijri, S. A., Christensen, T. E., Hughes, K. I., "The Relations Among Environmental Disclosure, Environmental Performance, and Economic Performance: A Simultaneous Equations Approach," *Accounting Organizations and Society* 29 (2004): 447-471.

③ Clarkson, P. M., Fang, X., Li, Y., et al., "The Relevance of Environmental Disclosures: Are Such Disclosures Incrementally Informative?" *Journal of Accounting and Public Policy* 32 (2013): 410-431.

④ Plumlee, M., Brown, D., Hayes, R. M., et al., "Voluntary Environmental Disclosure Quality and Firm Value: Further Evidence," *Journal of Accounting and Public Policy* 34 (2015): 336-361.

提升是通过提高企业未来现金流水平，降低了企业融资成本，提高了企业价值。

（三）股票市场

有些学者研究了信息披露给股票市场带来的影响。Benston 提出，有效的信息披露能够为投资者带来更多信息，从而减少投资者在股票市场上的盲目投资行为。[①] Botosan 利用 1990 年 122 个制造业企业样本，研究了企业信息披露对权益融资成本的影响，研究发现，企业信息披露程度越高，权益融资成本越低。但是，当企业信息披露质量不高时，潜在投资者更倾向于相信分析师对企业的财务判断，而不是年报中披露的相关信息。[②] 曾颖和陆正飞利用深圳证券交易所 A 股上市企业作为样本，研究了信息披露质量对上市企业股权融资成本的影响，研究发现，在控制企业规模、账面市值比、杠杆率和资产周转率等因素的前提下，有效信息披露质量的提高会降低企业股权融资成本。[③] 沈洪涛等利用中国采掘业、水电煤业等重污染行业的企业样本，研究了企业环境信息披露与权益资本成本之间的关系，发现企业披露环境信息能够显著降低权益资本成本，说明环境信息披露在资本市场上也发挥了一定的作用。[④] 潘越等以中国 2002~2009 年 A 股上市企业样本作为研究对象，通过构建企业信息透明度和个股暴跌风险指标，实证考察了信息透明度与个股暴跌风险之间的关系，同时检验了证券分析师在改善信息不对称、弱化信息不透明的

① Benston, G. J., "Required Disclosure and the Stock Market: An Evaluation of the Securities Exchange Act of 1934," *The American Economic Review* 63 (1973): 132-155.

② Botosan, C. A., "Disclosure Level and the Cost of Equity Capital," *Accounting Review* 72 (1997): 323-349.

③ 曾颖、陆正飞：《信息披露质量与股权融资成本》，《经济研究》2006 年第 2 期。

④ 沈洪涛、游家兴、刘江宏：《再融资环保核查、环境信息披露与权益资本成本》，《金融研究》2010 年第 12 期。

负面影响方面发挥的作用，研究发现，上市企业的信息透明度越低，其个股暴跌风险越大。① 证券分析师对市场的参与很好地揭示了更多企业特征信息，降低了信息不对称程度，保护了投资者利益，因此证券分析师关注可以减小信息不对称对股价暴跌的影响。Haggard 等认为，企业信息不透明可能导致股价波动，如果企业自愿披露相关有效信息，提高企业的透明度，降低信息获取成本，最终可以减缓股价波动，利用分析师评估进行检验，发现研究结论仍然成立。② 类似地，朱红军和汪辉以深圳证券交易所上市企业信息披露规则实施前后的盈余公告为样本，研究了信息披露的经济后果，发现深圳证券交易所制定相关信息披露规则后，信息泄露现象减少，收益波动性下降，股价波动减缓，同时披露的信息质量没有下降。③ 方颖和郭俊杰利用中国 A 股上市企业对环保部门公布的企业环境处罚信息的反应，考察了环境信息披露政策在金融市场上的有效性。研究发现，环境信息披露政策在金融市场途径上是基本失效的。④ 这主要是由于环境违法责任偏低以及地方政府为了保证当地经济增长放松环境管制，但是媒体报道和环境污染社会关注度提高可以改善环境信息披露的有效性。余秀华和齐获利用中国 A 股上市企业样本，实证研究了企业环保信息披露对股价稳定性的影响。研究发现，企业环境污染行为不利于股价稳定，但是环保信息的披露有利于

---

① 潘越、戴亦一、林超群：《信息不透明、分析师关注与个股暴跌风险》，《金融研究》2011 年第 9 期。

② Haggard, K. S., Martin, X., Pereira, R., " Does Voluntary Disclosure Improve Stock Price Informativeness?" *Financial Management* 37（2008）：747-768.

③ 朱红军、汪辉：《公平信息披露的经济后果——基于收益波动性、信息泄露及寒风效应的实证研究》，《管理世界》2009 年第 2 期。

④ 方颖、郭俊杰：《中国环境信息披露政策是否有效：基于资本市场反应的研究》，《经济研究》2018 年第 10 期。

维持股价稳定。[①]

三　信息披露与企业创新关系的相关研究综述

企业创新一直是国内外学者研究的热点问题，但是从信息披露角度研究其对企业创新影响的文献相对较少。Chen 等利用 14 个新兴经济体的企业层面微观数据，考察了企业信息披露对创新的作用，通过国家层面的对比发现，企业信息披露促进了创新，并且在政府对投资者保护程度较低的地区对创新的促进作用较大。[②] Inoue 利用 2000～2008 年欧盟区域企业层面的二氧化碳、甲烷等温室气体排放样本，采取系统动态面板 GMM 方法研究了环境信息披露对创新活动的影响，发现环境信息披露加强了企业和投资者之间的联系，如果政府制定政策鼓励企业公布温室气体排放量数据，则可以有效促进企业创新活动。[③] Furman 等利用 1975～1997 年美国专利商标局专利和数据库系统，研究了公开现有专利信息对于企业未来创新的作用。研究表明，在互联网出现之前的时代，开放专利库对创新的影响具有地区差异，在专利图书馆开放之后，本地专利显著增加了 17%。[④] 大量分析表明，专利文件中技术信息披露是推动专利申请增长的基础，这种效果对于新创企业更为明显。专利图书馆的开放促进了当

---

① 余秀华、齐荻:《企业环保信息披露与股价稳定性关系》,《企业经济》2019 年第 8 期。

② Chen, Z. X., Li, M., Song, L., et al., "Accounting Disclosure, Governance Standards and Innovation Activities in Emerging Markets," *Asian Journal of Finance and Accounting* 6 (2014): 142–154.

③ Inoue, E., "Environmental Disclosure and Innovation Activity: Evidence from EU Corporations," Discussion Papers, 2016, No. E–16–012.

④ Furman, J. L., Nagler, M., Watzinger, M., "Disclosure and Subsequent Innovation: Evidence from the Patent Depository Library Program," *American Economic Journal: Economic Policy* 13 (2021): 239–270.

地企业提升现有技术水平，但是在引入互联网后，这种影响的地区差异不再存在。总之，公开企业现有专利信息有利于企业创新。郑毅和徐佳以 2011~2015 年深圳证券交易所上市企业的数据为研究样本，实证分析了融资约束、信息披露与企业研发投入的关系，研究发现，深圳证券交易所 A 股主板上市企业面临着融资约束，不利于企业进行研发投资，信息披露质量的提高有利于缓解企业面临的融资约束，促进企业研发投资和创新。[①] Park 研究了财务报告质量与企业创新的关系，发现财务报告质量越高，企业创新能力越强，尤其是对于研发活动密集和竞争性行业的企业来说，财务报告质量对企业创新的积极作用更显著。[②]

创新项目一般需要大量的资金支持，企业研发投入的融资主要来源于自身现金流、注册资本增加及商业信用。[③] 虽然直接研究信息披露与企业创新之间关系的文献相对较少，但是已有大量文献表明，信息披露对企业面临的融资约束和企业经营绩效有影响，而且关于企业资金与企业创新之间关系的文献较为丰富。Hall 和 Lerner 研究了融资约束对企业创新的影响，发现大型企业倾向于将企业内部资金作为研发资金来源，小型企业和新进入企业的创新研发活动面临较大的融资约束，通过风险投资手段获取资金只能部分缓解企业面临的融资约束。[④] Li 研究发现，面临融资约束的企业很可能会暂停或者终止

---

① 郑毅、徐佳：《融资约束、信息披露与 R&D 投资》，《经济与管理》2018 年第 1 期。

② Park, K. E., "Financial Reporting Quality and Corporate Innovation," *Journal of Business Finance & Accounting* 45（2018）：871-894.

③ 张杰、芦哲、郑文平等：《融资约束、融资渠道与企业 R&D 投入》，《世界经济》2012 年第 10 期。

④ Hall, B. H., Lerner, J., "The Financing of R&D and Innovation," *Handbook of the Economics of Innovation* 1（2010）：609-639.

研发项目，融资约束不利于企业创新，因此研发密集型的企业如果受到融资约束，那么它将比其他企业面临更大的风险。[①] Aghion 等利用 1994~2004 年 13000 家法国企业层面的数据集，分析融资约束与企业研发行为之间的关系。研究发现，对于外部融资依赖程度较高的企业，如果面临的信贷约束较大，企业研发支出会大幅下降。[②] Brown 等利用欧洲大量企业样本，研究了融资约束对企业研发活动的影响，发现当企业以股票发行收入作为资金来源，以及进行现金储备以平滑内部研发支出时，内部和外部股权融资的获取对研发创新活动至关重要，这种效果对于面临严重融资约束的企业尤为明显。[③] 面临融资约束的企业专注于利用流动性存量平滑研发支出，避免产生与研发支出相关的巨大调整成本，利用股权融资可以显著增加企业研发创新活动。张杰等考察了融资约束对企业研发投入的影响，发现企业研发投入的融资渠道主要来源于自身的现金流、注册资本增加及商业信用，融资约束对民营企业研发投入造成了显著的抑制作用。[④]

余明桂等利用 2005~2011 年中国工业企业数据，以民营化企业为实验组、以国有企业为对照组进行双重差分检验，研究了国有企业民营化对企业创新的影响及其作用机制。研究发现，国有企业民营化显著抑制了企业创新，融资约束是抑制民营化企业创新的重要因素，这种抑制作用在金融发展水平较低的地区更为明显，在金融

① Li, D., "Financial Constraints, R&D Investment, and Stock Returns," *Review of Financial Studies* 24 (2011): 2974–3007.

② Aghion, P., Askenazy, P., Berman, N., "Credit Constraints and the Cyclicality of R&D Investment: Evidence from France," *Journal of the European Economic Association* 10 (2012): 1001–1024.

③ Brown, J. R., Martinsson, G., Petersen, B. C., "Do Financing Constraints Matter for R&D?" *European Economic Review* 56 (2012): 1512–1529.

④ 张杰、经朝明、刘东：《商业信贷、关系型借贷与小企业信贷约束：来自江苏的证据》，《世界经济》2007 年第 3 期。

发展水平较高的地区并不明显，金融发展有利于减小融资约束对企业创新的不利影响。[①] Hsu 等利用 34 个发达国家和新兴经济体样本数据，研究了金融市场的发展如何影响创新，以及股票市场和信贷市场发展对一个国家创新能力的影响，研究发现，股票市场的发展有利于企业创新，但信贷市场的发展却阻碍了企业创新，企业面临的融资约束程度对企业创新产生了一定的影响。[②]

　　周开国等首先建立了一个研发创新决策模型，提出融资约束和创新能力会抑制企业的协同创新能力，并利用 2012 年世界银行关于中国企业样本的调查问卷数据进行检验，发现融资约束对企业自身研发、协同研发存在抑制作用。[③] 茅锐通过建立理论模型，提出了产业集聚通过缓解企业面临的融资约束，提高企业从事创新活动的概率和强度，促进企业创新，并利用中国工业企业数据进行实证检验，证实了缓解融资约束是产业集聚对企业创新的作用渠道。[④] 熊广勤等利用 2013～2017 年中国创业板上市企业样本，实证研究了产业集聚、融资约束与企业创新之间的关系，研究发现，融资约束显著减少了创业板上市企业的研发支出，对企业研发投资产生了负面影响，在面临融资约束时，企业通过股权融资可以填补研发资金缺口。[⑤] 产业集聚对地区经济和集聚企业具有金融外部性，从而影响企业的融资

①　余明桂、钟慧洁、范蕊：《民营化、融资约束与企业创新——来自中国工业企业的证据》，《金融研究》2019 年第 4 期。

②　Hsu, P. H., Tian, X., Xu, Y., "Financial Development and Innovation: Cross-country Evidence," *Journal of Financial Economics* 112 (2014): 116-135.

③　周开国、卢允之、杨海生：《融资约束、创新能力与企业协同创新》，《经济研究》2017 年第 7 期。

④　茅锐：《企业创新、生产力进步与经济收敛：产业集聚的效果》，《金融研究》2017 年第 8 期。

⑤　熊广勤、周文锋、李惠平：《产业集聚视角下融资约束对企业研发投资的影响研究——以中国创业板上市公司为例》，《宏观经济研究》2019 年第 9 期。

约束与研发投资，考虑产业集聚的调节作用后，发现产业集聚通过缓解创业板企业面临的融资约束提高了企业的研发投入水平。谢申祥等利用 2005~2007 年制造业企业样本，考察了市场竞争与融资约束对出口企业研发的影响，发现融资约束抑制了出口企业研发。[1] 融资约束对民营企业和外资出口企业研发支出的抑制作用显著，对国有企业的影响不显著。周煜皓研究发现，融资约束问题直接限制了企业的创新强度和主动性，金融错配在我国客观存在，我国信贷资金配置存在显著的信贷歧视，金融资源难以流向民营企业，抑制了民营企业创新。[2] 张璇等研究了信贷寻租和融资约束对企业创新的影响，发现信贷寻租和融资约束都显著抑制了企业创新，这可能是由于信贷寻租扭曲了资源配置，提高了企业融资成本，降低了企业创新利润，挤出和替代了企业的创新投入。[3]

王雅琦和卢冰利用 2000~2007 年匹配的中国海关和工业企业数据库作为研究基础，研究了汇率变动对出口企业研发投入的影响，同时研究了不同融资约束下汇率冲击对出口企业研发的影响。研究发现，当面临的实际有效汇率上升时，出口企业会显著提高研发支出等创新投入，进一步促进企业专利申请与新产品产值的提高，并且融资约束是制约出口企业进行创新活动的重要因素，面临融资约束越小的企业，其研发支出增加越明显。[4] Weng 和 Söderbom 利用

① 谢申祥、王玉、王晓迪：《市场竞争、融资约束与出口企业研发》，《北京工商大学学报》（社会科学版）2017 年第 5 期。
② 周煜皓：《我国企业创新融资约束结构性特征的表现、成因及治理研究》，《管理世界》2017 年第 4 期。
③ 张璇、刘贝贝、汪婷等：《信贷寻租、融资约束与企业创新》，《经济研究》2017 年第 5 期。
④ 王雅琦、卢冰：《汇率变动、融资约束与出口企业研发》，《世界经济》2018 年第 7 期。

2001~2006 年中国规模以上的制造业企业数据，研究了企业研发支出对企业现金流水平的敏感性。研究发现，企业现金流水平对企业研发支出有明显的正向影响，并且不同所有制企业受到的内部融资约束程度不同，国有企业受到的内部融资约束程度较小，其研发支出对现金流水平的敏感度也较其他所有制类型企业小。[①] 张嘉望等通过建立一个包含政府干预和融资约束的企业研发决策模型，从融资约束的视角考察地方政府行为对企业研发活动的影响。研究发现，企业面临的融资约束程度越大、政府干预程度越低，企业研发投入就越少。进一步，利用 2008~2014 年中国上市企业数据进行实证检验，发现我国上市企业面临的融资约束显著抑制了企业研发投入，政府干预可以缓解融资约束对研发投入的抑制作用，政府干预程度低的地区或者民营企业，融资约束对企业研发投入的抑制作用较大；分样本检验发现，中小企业和新创企业面临的融资约束问题更加突出。融资约束直接降低了企业的研发投入，在间接机制上，通过弱化政府干预程度，进一步增大了企业面临的融资约束，从而形成恶性循环，进一步降低了企业的研发投入水平。[②] 鞠晓生等研究了融资约束、营运资本管理与企业创新活动之间的关系。研究发现，高调整成本和不稳定的融资来源制约着企业的创新活动，营运资本对缓和企业创新投资波动具有重要作用，企业受到的融资约束越大，营运资本对创新的平滑作用越突出。[③]

---

① Weng, Q., Söderbom, M., "Is R&D Cash Flow Sensitive? Evidence from Chinese Industrial Firms," *China Economic Review* 47 (2018): 77-95.

② 张嘉望、彭晖、李博阳：《地方政府行为、融资约束与企业研发投入》，《财贸经济》2019 年第 7 期。

③ 鞠晓生、卢荻、虞义华：《融资约束、营运资本管理与企业创新可持续性》，《经济研究》2013 年第 1 期。

从上述文献可以看出，企业面临的融资成本越低，企业经营绩效越好，资金越丰富，越有利于创新项目的开展，企业创新能力越强。

第三节 有效信息披露对企业创新的作用机制分析

一 企业融资成本渠道

本书借鉴周开国等[①]的理论模型，基于企业利润最大化原则构建了企业最优研发投入的决策模型，在此基础上引入了企业有效信息披露变量，探讨有效信息披露影响企业研发投入决策的微观机制，进而研究有效信息披露与企业创新之间的关系。

企业投资创新项目，以期获得更长期的利润和更强的竞争力，但是创新项目一般需要大量的资金支持。企业研发投入的融资主要来源于自身现金流、注册资本增加及商业信用，融资约束显著抑制了企业研发投入。[②] 因此，企业需要获得投资者或者银行的信任才能以较低成本获得资金。由于企业与资金提供者之间存在信息不对称，企业往往比信贷方掌握更多自身的信息，信贷方在确保资金能够收回之前，不会轻易贷款给企业。而与信贷方有长期信贷合作的企业更容易筹集资金，能够以更低的利息成本从信贷方获得资金，这是由于企业与信贷方之间的信息流动较充分，信贷方能够结合以往信息对企业的偿债能力进行合理评估，使信息不对称问题得到有效解决，因此更愿意为相关企业提供低成本的信贷服务。这种现象也称

---

① 周开国、卢允之、杨海生：《融资约束、创新能力与企业协同创新》，《经济研究》2017 年第 7 期。
② 张杰、芦哲、郑文平等：《融资约束、融资渠道与企业 R&D 投入》，《世界经济》2012 年第 10 期。

作关系信贷。

根据信息不对称理论可知，信息不对称导致交易双方之间利益分配失衡，不利于社会公平，扭曲了市场配置资源的效率，也会增加企业资本成本。根据信号传递理论，上市企业披露的会计信息是一种信息传导机制，可以将企业的经营状况、投资机会以及盈利水平等信息有效地传递给资本市场，有助于投资者进行投资决策，在一定程度上可以降低企业与投资者之间的信息不对称程度。企业的有效信息披露通过降低企业与信贷方之间的信息不对称程度，可以有效降低企业的融资成本[1]，使企业的研发创新活动获得充足的资金支持[2]。

假设企业 i 研发创新活动成功的概率为 p_i，并且满足以下等式：

$$p_i = \alpha\theta_i r_i \tag{2-1}$$

其中，r_i 为企业的研发资金投入。θ_i 为企业的创新能力，代表企业 i 利用研发资金的能力。α 是一个常数。由于企业研发资金投入受到企业资金的约束，为不失一般性，本书假设企业融资成本是边际递增的。企业 i 的利润函数为：

$$\pi_i = p_i V - c r_i^2 - F \tag{2-2}$$

其中，V 为企业研发成功可以得到的期望收益。c 为企业受到的

① Richardson, A. J., Welker, M., "Social Disclosure, Financial Disclosure and the Cost of Equity Capital," *Accounting Organizations & Society* 26 (2001): 597-616; Khurana, I. K., Pereira, R., Martin, X., "Firm Growth and Disclosure: An Empirical Analysis," *Journal of Financial and Quantitative Analysis* 41 (2006): 357-380; 姜付秀、石贝贝、马云飙：《信息发布者的财务经历与企业融资约束》，《经济研究》2016 年第 6 期；吴红军、刘啟仁、吴世农：《公司环保信息披露与融资约束》，《世界经济》2017 年第 5 期。

② Botosan, C. A., "Disclosure Level and the Cost of Equity Capital," *Accounting Review* 72 (1997): 323-349.

融资约束程度，是关于企业有效信息披露变量的函数。F 为企业进行研发创新活动的固定成本，如果企业研发活动带来的利润不足以弥补这部分投入，那么企业选择不研发。将式（2-1）代入式（2-2），然后将式（2-2）对研发资金投入 r_i 求一阶导，可得最优研发投入为：

$$r_i^* = \frac{\alpha V \theta_i}{2c} \tag{2-3}$$

由式（2-3）可以看出，企业面临的融资成本 c 越小，企业的最优研发投入越大。将式（2-3）代回式（2-2）可得，企业进行研发创新所获得的最大净利润为：

$$\pi_i = \frac{\alpha^2 V^2 \theta_i^2}{2c} - F \tag{2-4}$$

由于企业只有在所获净利润大于 0 时，才会进行研发活动，此时需满足：

$$\frac{\alpha^2 V^2 \theta_i^2}{2c} > F \tag{2-5}$$

由式（2-5）可以看出，企业面临的融资约束 c 越小，企业满足"创新门槛"的可能性越大，选择创新的企业也就越多。将式（2-3）中最优研发投入对信息披露 s 求导可得：

$$\frac{\partial r_i}{\partial s} = \frac{\partial r_i}{\partial c} \cdot \frac{\partial c}{\partial s} \tag{2-6}$$

其中，最优研发投入对融资约束的偏导为：

$$\frac{\partial r_i}{\partial c} = -\frac{\alpha V \theta_i}{2c^2} \tag{2-7}$$

有效信息披露是企业向外界公布自身发展水平的一种有效市场信号。大量文献表明，由于企业进行了有效信息披露，投资者与企业之间信息不对称程度降低，投资者能够了解到企业真实的经营绩效，从而可以有效降低企业的融资成本[①]，因此 $\frac{\partial c}{\partial s}<0$。此外，由式（2-7）可知，$\frac{\partial r_i}{\partial c}<0$。式（2-6）中的两项因子均小于 0，因此，$\frac{\partial r_i}{\partial s}>0$。因此，企业进行有效信息披露后，为获取最大化的利润，会提高最优研发投入，带动企业整体研发的进度，增强企业创新能力。

基于以上理论模型分析，本书提出以下假设。

假设 1：同等条件下，企业进行有效信息披露，有利于增强企业的创新能力。

假设 2：同等条件下，有效信息披露通过降低融资成本，为企业研发创新活动提供更充足的资金支持，从而促进企业创新。

二　现金流水平渠道

根据信息不对称理论和信号传递理论，有效的信息披露是企业向公众展示自身稳定管理环境和良好经营绩效的一种公开市场信号[②]，投资者可以依据企业公开披露的信息对企业产品质量和经营状况进行分析，据此来预测企业未来经营走势。有效的信息披露提高

[①] Leuz, C., Schrand, C., "Disclosure and the Cost of Capital: Evidence from Firms' Responses to the Enron Shock," National Bureau of Economic Research, 2009, No. w14897；倪娟、孔令文：《环境信息披露、银行信贷决策与债务融资成本——来自我国沪深两市 A 股重污染行业上市公司的经验证据》，《经济评论》2016 年第 1 期。

[②] Warner, J. B., Watts, R. L., Wruck, K. H., "Stock Prices and Top Management Changes," *Journal of Financial Economics* 20 (1988): 461–492.

了企业与外部投资者之间信息的透明程度，降低了企业与外部投资者之间的信息不对称程度，方便了企业与其他企业开展业务往来，有利于企业扩大对外产品的销售规模，从而增加企业经营活动产生的现金流。充足的经营现金流能够有效支撑企业日常的经营活动，并为企业日后的经营动态提供更为准确的预测依据。[①] 对经营活动产生的现金流进行分析，为投资者提供了一种有效的方式来预测企业在未来市场中的收益能力，而这种收益的变化往往体现在当前的经营现金流中。[②]

一方面，较高的经营现金流意味着企业日常生产处于一种良好状态，企业具有较广的销售渠道和充足的补给资金，能够及时应对突发的经营问题，从而为其经营活动提供后续的保障，增加企业用于产品研发的资金投入比例。另一方面，经营活动产生的较高现金流向债权方展示了企业的良好偿债能力，为企业还本付息提供了合理的保证[③]，因此能够吸引更多投资者和利益相关者的关注，为企业带来更多的市场机遇，使企业产生了内在的竞争优势，进而更有利于企业开展基于技术创新的经营模式，培养企业创新竞争的文化底蕴[④]。

企业的现金流水平有效反映了企业在市场上的经营状况和收益能力，现金流水平越高，表明企业日常生产和运营处于越好的状态。

① Orpurt, S. F., Zang, Y., "Do Direct Cash Flow Disclosures Help Predict Future Operating Cash Flows and Earnings?" *The Accounting Review* 84 (2009): 893-935.

② Plumlee, M., Brown, D., Hayes, R. M., et al., "Voluntary Environmental Disclosure Quality and Firm Value: Further Evidence", *Journal of Accounting and Public Policy* 34 (2015): 336-361.

③ Beaver, W. H., Griffin, P. A., Landsman, W. R., "The Incremental Information Content of Replacement Cost Earnings," *Journal of Accounting & Economics* 4 (1982): 15-39.

④ Casey, C., Bartczak, N., "Using Operating Cash Flow Data to Predict Financial Distress: Some Extensions," *Journal of Accounting Research* 23 (1985): 384-401.

现金流水平高的企业会积极投身于研发活动，以释放企业自身管理稳定和经营绩效良好的市场信号，并且企业的创新能力提高后，可以提升产品质量，提高产品定价能力，为企业的未来运营带来直接利益，使企业在激烈的市场竞争中保持优势和存活下来。因此，企业有充足的能力和动机进行研发创新活动，以谋求企业的长期发展。对于企业决策者来说，内部资金和外部资金可以无差别替代[①]，企业自身现金流是企业获取所需研发资金的一个重要渠道[②]。总之，企业良好的经营绩效往往意味着企业当前经营活动能带来足够的营业收入和现金流，能够有效支撑企业的研发创新活动。[③] 因此，基于此，本书提出假设 3。

假设 3：同等条件下，有效信息披露能够提高企业经营活动产生的现金流，推动企业积极参与研发创新活动，从而提高企业创新水平。

对企业而言，信息披露质量的评定结果成为企业向社会公众和投资者展现自身经营情况的一条重要途径，信息披露质量越高，越有利于企业拥有有效的资金供给。[④] 随着企业信息披露质量的提升，企业股票收益率、机构持股比例、股票流动性和透明度都获得显著提升或增强，并且透明度更高的企业的交易成本更低、流动性更强，其

---

① Modigliani, F., Miller, M. H., "The Cost of Capital, Corporation Finance and the Theory of Investment," *The American Economic Review* 48（1958）: 261-297.

② 张杰、经朝明、刘东:《商业信贷、关系型借贷与小企业信贷约束: 来自江苏的证据》,《世界经济》2007 年第 3 期。

③ Brown, J. R., Petersen, B. C., "Cash Holdings and R&D Smoothing," *Journal of Corporate Finance* 17（2011）: 694-709.

④ Plumlee, M., Brown, D., Hayes, R. M., et al., "Voluntary Environmental Disclosure Quality and Firm Value: Further Evidence," *Journal of Accounting and Public Policy* 34（2015）: 336-361; 吴红军、刘啟仁、吴世农:《公司环保信息披露与融资约束》,《世界经济》2017 年第 5 期。

股票流动性的波动更小，企业面临极端流动性波动的风险也更小。①
若企业的信息披露质量不合格或评定结果较低，投资者对企业的了解
不够充分，为降低风险，投资者会避免或者减少投资，导致企业难以
在市场上获得充足的融资资金，从而减少了企业获得外源融资的机
会，并且也可能会失去潜在合作对象，不利于企业经营绩效和现金流
水平的提升，抑制了企业内部资金的增加，使企业没有充分的资金进
行研发创新活动。企业的信息披露质量越高，投资者和信贷机构对企
业的实际情况了解越充分，则企业面临的融资成本就会越低，其他企
业也越愿意进行合作，企业经营绩效和现金流水平越高，使企业有充
足的资金进行研发创新活动。基于以上分析，本书提出如下假设。

假设 4：同等条件下，信息披露的质量越高，其对企业创新的促
进作用越大。

根据已有分析可知，有效信息披露能够通过企业融资成本和经
营活动产生的现金流这两个方面影响企业的创新能力，即有效信息
披露主要通过影响企业成本面和经营面的因素对企业创新产生作用，
作用机制如图 2-1 所示。

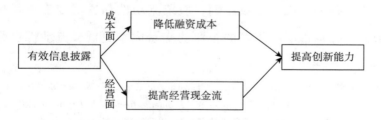

图 2-1　有效信息披露对企业创新的作用机制

---

① Healy, P. M., Hutton, A. P., Palepu, K. G., "Stock Performance and Intermedia-tion Changes Surrounding Sustained Increases in Disclosure," *Contemporary Account-ing Research* 16 (1999): 485-520.

第三章

信息披露制度与企业创新：典型事实分析

第一节　信息披露制度的起源

1720 年英国颁布的《泡沫法案》对新企业的设立及新股票的发行实施严格管制，否认所有未经国王或议会批准设立的股份企业，对企业信息披露提出了法定要求。1844 年，为维护投资者权益，英国颁布了《公司法》，要求企业首次募股筹集资金时必须提交公开说明书。该法案还规定，企业董事必须向股东呈递"详尽且公允"的资产负债表，资产负债表必须经企业监事审计，董事会应在股东大会前 10 天向股东等成员提交资产负债表副本和监事审计报告。《公司法》奠定了现代意义上的强制性信息披露的基础，开创了信息披露制度的先河。受到英国的影响，西方其他国家也纷纷效仿，信息披露制度逐步在西方发达国家确立。

美国证券市场信息披露制度的发展大致可以分为三个阶段。第一阶段，萌芽期。18 世纪后期，美国证券市场尚处于萌芽阶段，交易的大部分证券是联邦和政府债券，商业企业股票较少，因此联邦政府对信息披露没有统一要求，只针对某个企业的股票和某次政府债券发行单独授予特许状，并将信息披露要求包含在特许状中。此时，信息披露的要求因企业而异，但基本要求大体相同，即要求筹资者必须在股票或债券发行时做出相应披露，以规范证券发行、禁止证券欺诈为目的，此要求虽然对规范证券市场的运行作用有限，却为以后信息披露制度的发展奠定了基础。第二阶段，发展期。到19世纪中期，证券市场已经发展成为一个以商业企业股票为主的市场，信息披露制度伴随监管需要被确立下来并得到不断发展。此时，信息披露的监管分为行业自律和州政府监管。从行业自律来看，1817年美国纽约证券交易所成立后，采取了一系列措施规范上市企业信息披露行为。从州政府监管来看，各州政府除了以特许状的形式规范信息披露行为，还通过法律对其进行规范。1911年很多州政府相继通过《蓝天法》，其目的是遏制证券市场中充斥着的欺诈现象，保护小投资者权益，核心是企业在公开发行股票、债券等有价证券时必须向公众充分披露相关信息。但是由于《蓝天法》执行效果不尽如人意，20世纪20年代，《蓝天法》在各种利益集团的压力下，以实情管制取代了业绩管制。第三阶段，完善期。《蓝天法》监管力度的弱化，不可避免地产生虚假信息披露和欺诈行为。1933年和1934年，美国颁布了《证券法》和《证券交易法》，它们成为美国信息披露最高规范，对信息披露做出了明确的立法规定。《证券法》对首次信息披露提出要求，详细规定招股说明书的内容；而《证券交易法》对持续性信息披露提出要求，对定期报告和临时报告应披露的内容进行规定，并成立了证券交易委员会（SEC），保证投资者利益，确保企业信息得以充分披露。由此，美国证券市场信息披露制度体系初步形成。信息披露制度的演进在注重市场公平、保护投资者利益的同时，开始重视市场效率。SEC 于 1980 年制定了《财务信息披露内容与格式条例》，形成信息披露综合披露模式。2000 年，SEC 又通过《公平披露规则》，规范了上市企业披露非公开实质性信息的原则和程序，重新确立了内部交易规则。信息披露监管也逐渐演变成一个以政府监管为主导，充分发挥自律监管组织和市场中介机构作用的监管体制。

第二节　我国上市企业信息披露制度的变迁

一　我国信息披露制度的内容

信息披露制度，即信息公开披露制度，是指上市企业依照法律规定将其自身财务状况、经营成果等信息和资料向证券监管部门和证券交易所报告，并将这些信息公之于众，使投资者和公众能够实时了解上市企业的经营动态，对企业生产经营活动予以监督的制度。上市企业信息披露是企业与投资者、公众全面沟通信息的桥梁。然而，由于信息披露成本较高，抑或信息披露涉及商业机密等原因，上市企业对信息披露的积极性往往不高，有些上市企业甚至提供虚假信息、隐瞒披露、进行内幕交易，侵犯了投资者利益。这就要求我国证券监管部门制定并有效执行信息披露制度，对上市企业以及上市企业股东、经营管理者的行为加以规范和监管，从而更好地保障投资者的利益，维护证券市场的良好秩序，促进社会资源的更优配置。

我国上市企业信息披露制度体系对首次公开发行信息披露、上市企业持续性信息披露和证券市场其他参与者的信息披露进行了规范。上市企业信息披露可以分为强制性信息披露和自愿性信息披露。强制性信息披露指的是法律、行政法规和部门规章等规定的上市企业必须披露的信息。自愿性信息披露指的是上市企业主动披露的非强制性披露之外的信息，是对强制性信息披露的有益补充。根据信息披露时间点的不同，上市企业的信息披露主要包括首次披露、定期报告、临时报告和其他披露。上市企业的招股说明书和上市公告书则需要按规定在首次披露中予以公示。定期报告是指上市企业在规定的时间向公众、投资者披露包括企业财务状况、经营成果、投资状况等对企业具有重大影响的财务报告，是持续性信息披露和强制性信息披露的重要组成部分，包括年度报告和中期报告，其中中期报告包括半年度报告和季度报告。定期报告是投资者了解上市企业相关信息的重要来源，也是投资者进行投资决策的重要依据。因此，定期报告披露制度的制定和执行是上市企业信息披露体系的核心内容和证券监管部门的重点关注内容。临时报告是上市企业按照相关法律规定在发生重大意外事项时，向公众和投资者进行信息披露的一种方式。它也是上市企业对外进行不间断信息披露的重要组成部分。其他披露包括的内容和形式较为广泛，其中常见的包括"三会"决议公告，即股东大会、董事会、监事会的决议公告。其他重大事项主要是通过一些中介部门进行的信息披露，例如上市企业对外的回访报告以及审计报告等。我国上市企业信息披露制度体系如图 3-1 所示。

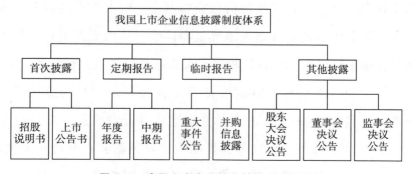

图 3-1　我国上市企业信息披露制度体系

二　我国上市企业信息披露制度的变迁及现状

我国证券市场起步比较晚。1981 年开始发行国库券，1986 年第一家证券交易市场开业，直至 1990 年，我国才基本形成了全国证券场内外交易市场。1990 年上海证券交易所和深圳证券交易所的成立，标志着我国证券市场开始发展。此时还没有实施证券监管和信息披露制度。

中国证券监督管理委员会（以下简称证监会）在 1992 年 10 月正式成立，标志着我国证券市场的监督体制取得了实质性的发展，为后续制定证券市场信息披露制度奠定了基础。1993 年，国务院发布《股票发行与交易管理暂行条例》《禁止证券欺诈行为暂行办法》，《公开发行股票公司信息披露实施细则（试行）》通过证监会对外颁布。1994 年，证监会发布《公开发行股票公司信息披露的内容与格式准则第六号》。《企业会计准则——关联方关系及其交易的披露》在 1997 年通过财政部对外进行颁布。这些法律法规和部门规章明确了上市企业发行股票时的信息披露义务，以及上市之后的信息披露义务，由此我国上市企业对外信息披露的制度初具雏形。

1998 年，第九届全国人民代表大会常务委员会第六次会议通过《中华人民共和国证券法》（以下简称《证券法》），对证券发行和交易的过程制定了相关法律规定。《公开发行股票公司信息披露的内容与格式准则》《公开发行证券的公司信息披露编报规则》《公开发行证券的公司信息披露规范问答》《股份转让公司信息披露实施细则》《上市公司股东持股变动信息披露管理办法》《上海证券交易所股票上市规则》《深圳证券交易所股票上市规则》，以及相关部门规章制度的发布，更加细致地规范了上市企业信息披露行为，也加大了对违反规定行为的处罚力度，标志着信息披露制度体系的基本形成。

2005 年以来，我国相关立法部门和证券监管部门对《中华人民共和国公司法》（以下简称《公司法》）和《证券法》进行了一系列修订，并出台了《上市公司与投资者关系工作指引》《上市公司信息披露管理办法》《上市公司重大资产重组管理办法》《信息披露违法行为行政责任认定规则》《关于上市公司建立内幕信息知情人登记管理制度的规定》等规章制度，进一步规范了关于上市企业分红、退市整理和重新上市等重大事项的信息披露要求，调整和完善了上市企业信息披露的时间、内容、方式和程序，提高了对上市企业信息披露及时性、准确性和真实性的要求，约束了上市企业股东、董事和管理人员利用内幕消息进行内幕交易的行为，加强了对上市企业信息披露行为的规范和监管，对信息披露违法行为的行政责任也做出了相关规定，并且更加关注上市企业的社会责任和环境保护责任。证券交易所也发布了针对主板、中小企业板和创业板上市企业的信息披露与规范运作工作指引，同时要求上市企业定期披露的信息需要经过专门的审核。我国参考国际通行规范，形成了以基本法律为主体，以行政法规和法规性文件、部门规章和规范性文件、自律性规范等为补充的信息披露制度体系，我国上市企业信息披露制度较为健全。

三 我国信息披露制度的变化特点

我国上市企业信息披露制度在信息披露内容和手段方面，借鉴了美国等发达国家的经验，我国信息披露制度正在向市场的高透明度发展，更加注重"公平、公正、公开"的原则，主要体现在以下几个方面。

第一，信息披露的内容范围越来越大，要求也越来越合理，更加注重投资者的信息需求。从公开发行证券的公司信息披露内容与格式准则第2号《年度报告的内容与格式》和第3号《半年度报告的内容与格式》，以及重大资产重组、收购、分红、退市等披露规范的修订和补充的过程可以发现，我国及时淘汰落后的法规条文，明确规定了年度报告、中期报告的内容和格式，信息披露规范的科学合理性和可操作性逐步增强；对上市企业定期报告和临时报告的要求逐步提高，对于披露内容的要求也更加细化，增加了关于实际控制人、前十大股东变动情况、高级管理人员持股与薪酬变动情况、企业的重大关联交易事项、重大诉讼、仲裁事项的披露内容，此外还增加了反映上市企业经营业绩的会计数据和财务指标的披露。总体来说，对上市企业信息披露真实性、完整性、准确性的要求越来越高，能提高市场透明度，降低信息不对称程度。

第二，信息披露的途径和方式也在不断进步。最初，上市企业信息披露的渠道主要是报纸等平面宣传媒介，其中较为熟知的有《中国证券报》《上海证券报》《中国改革报》《证券时报》《证券日报》。随着科技水平的提高和互联网的普及，上市企业可以通过上海证券交易所、深圳证券交易所和证监会等网站进行信息披露，补充和完善了信息披露手段。

第三，对信息披露及时性的要求越来越高。《证券法》《公司法》《公开发行股票公司信息披露实施细则（试行）》《上市公司信息披露管理办法》等法律条文对于信息披露及时性也提出了相关要求。此外，从季度报告披露制度和业绩预告制度也可以看出，我国对信息披露及时性的要求日益提高。

第四，我国信息披露制度体系越来越完善，已经从地方性规范发展成全国性规范。目前，我国已经形成了以《证券法》《公司法》为主体、相关行政法规和规章制度为补充的全面的上市企业信息披露制度体系，以及以证监会为核心的信息披露统一监管体系。

四　我国信息披露制度的不足之处

由于我国证券市场起步较晚，在信息披露制度制定和执行过程中，依旧面临着众多不足的地方，主要可以归纳为以下几个部分。

第一，有些上市企业在信息披露过程中仍然存在不规范行为。例如违背上市企业信息披露制度要求的真实性、完整性、准确性原则，甚至违背及时性原则，利用自身信息优势开展内幕交易等行为。虽然我国信息披露法律法规和部门规章等对上市企业信息披露的真实性、准确性、完整性以及及时性提出了要求，但是，有些企业为了自身的利益等原因，不愿意披露企业的相关信息，尤其是避免披露有关企业的不利信息，有些企业甚至存在提供虚假信息的问题。此外，一些内幕信息知情人可能会利用自身的信息优势开展内幕交易，从而损害中小投资者的利益，不利于市场公平。

第二，信息披露制度中责任承担方面的规定不够明确和具体，相关法律责任承担制度还不够完善。虽然有部分法律法规对信息披露行为进行了责任范围界定，规定了违规行为的行政责任、刑事责任和民事责任，但是对于违规责任人的责任范围划分不够明确，关于如何追究相关违规责任人的法律法规还不完善。例如，虽然《证券法》对内幕交易行为进行了界定，但是关于内幕交易违规操作的相关法律法规较少。同时，《证券法》强调了上市企业由于披露信息不恰当导致公众产生巨大利益损失时所面临的民事赔偿责任，而对于违反了信息披露及时性的行为没有规定民事赔偿责任，因此法律约束力不够强。

第三，我国对上市企业信息披露行为的监管效率低、监管时效性差、监管和执行力度不够。我国对上市企业信息披露行为的监管机构主要包括国务院证券委、证监会、上海证券交易所和深圳证券交易所，每个机构都有各自的职责和权力。国务院证券委是最高证券管理权力机关，负责组织拟定有关证券市场的法律法规草案，拟定证券市场运行发展的政策规章和建设建议，从总体上对各监督部门与证券市场进行指导和协调规划，对日常的证券交易活动进行管控，并大力维护公众和投资者在进行证券交易活动时取得的合法收益，进而保证证券市场的有序发展。证监会主要对上市企业首次信息披露起到监管作用，证券交易所主要对上市企业持续性信息披露起到监管作用。但是可能由于不同机构的协调性不够，监管手段主要是事后监管，执法力度不强，监管体系不够灵活，上市企业违规披露信息面临的成本较低，导致出现一些上市企业利用自身的信息优势、时间优势与机构投资者相互勾结进行内幕交易、操作股市的违规现象。根据上海证券交易所通报 2018 年沪市上市企业信息披露违规处理情况，2018 年全年发出纪律处分和监管关注函件分别为 78 单和 80 单，分别比上一年增加了 11.43% 和 21.21%。① 虽然相关机构对此行为进行了公开谴责、内部批评等惩罚，但是对于相关企业和人员的违规事实、具体责任、处罚依据公开得不够充分。

---

① 《上交所通报 2018 年沪市上市公司信披违规处理情况》，中国证券网，2019 年 1 月 18 日，https://news.cnstock.com/news, bwkx-201901-4326699.htm。

第三节 会计信息质量特征及上市企业 信息披露质量的测度

一 国内会计信息质量的特征

会计信息质量特征是对企业提供的会计信息质量的基本要求，反映企业所提供的会计信息对投资者的价值。2006 年 2 月 15 日，财政部对我国会计准则体系进行修改，出台了《企业会计准则》，为制定具体准则和会计制度提供了依据，对会计信息披露质量测度标准进行了规范，主要内容包括以下几部分。

第一，可靠性。可靠性是指企业公布的相关会计信息应以实际交易情况和经营情况为依据，并公布真实反映上述过程的会计信息，以此确保公布的会计信息内容的真实性和可靠性。可靠性是会计信息具有实用性的基础。如果企业提供的会计信息不可靠，可能会误导投资者的决策，甚至给投资者带来损失。同时，会计信息可靠性对信息公布具有较高要求，公示的信息不能以未发生的交易情况为制定基础，亦不能故意漏报、少报相关的会计信息，从而导致所披露的财报信息难以达到完整、真实、可靠的要求，因此会计信息应当是中立、无偏的。

第二，相关性。相关性是指企业对外公布的会计信息应该是企业真实经营状况的反映，与企业经营息息相关，能够切实帮助公众和投资者进行投资决策，不会产生较大的误导作用，能够帮助信息使用者合理预测企业未来的发展。相关性强的会计信息有助于使用者提高决策水平，不仅有助于使用者了解企业过去的决策，也有助于使用者预测企业未来的财务状况和经营绩效。相关性还要求披露企业能够在拟定披露的会计信息时，将投资决策者的可能决策方式纳入其信息编制过程中，从而理性考虑信息对投资决策的潜在影响。

第三，可理解性。可理解性是指企业对外披露的会计信息能够让相关信息使用者清晰了解企业的经营状况，理解所公布信息的真实含义，利用该信息进行投资决策。因此，企业应确保所提供的会计信息清晰明确、易于理解。同时，企业所披露的一些信息能够反映复杂的经济交易过程或相应的会计处理方法，这些信息是投资者进行决策时必不可少的重要信息。因此，企业在对外公布相关会计信息时应对其进行充分的披露。

第四，可比性。可比性要求企业对外披露的会计信息应该具有不同时期的可比性，能够与企业过去的披露信息进行对比，同时还能与其他企业所披露的信息进行比较。因此，可比性要求信息具有横向可比和纵向可比的性质。这要求企业对经营交易活动所采取的会计政策是一致的，不能主观变更，否则难以满足会计信息的可比性要求。在可比性原则下，投资者才能通过所披露的会计信息对企业经营活动和财务状况形成合理的预测与估算，并对比企业过去经营活动与当下经营活动的差异，进而做出适当的投资决策。但上述要求也存在一个特例，若企业变更会计政策后能够使投资者更为准确地了解企业真实的经营状况，有助于其进一步做出合理的投资决策，此时企业可以进行会计政策的变更，但是这一行为需要在财报附注中进行披露。

第五，实质重于形式。实质重于形式是指企业公布的相关交易活动或事项，不应仅仅以交易活动对应的法律形式进行会计处理，而是应该按照该交易活动对应的经济实质进行会计处理和计量，企业发生的交易或者事项的经济实质与法律形式是一致的，在少数情况下会出现经济实质与法律形式不一致的现象。比如，如果企业以融资租赁形式租入资产，虽然在法律意义上，企业并没有改变租赁资产的权利，但是事实上企业在未来经营活动中一直享有该租赁资产所产生的现金流入，对该资产享有实质上的所有权，并直至该资产达到其最终的使用寿命，因此实质上可以将该资产认为是企业拥有的资产，而不是通过租赁获得的资产，这便反映了实质重于形式的要求。

第六，重要性。重要性是指企业对外公布的信息是关乎企业生产经营的重要信息，能够反映企业过去一段时间的财务状况和经营成果，同时若该信息不予公布，将对公众和投资者产生重大的影响，可能导致投资者做出错误的投资决策。因此，该会计信息具有重要的特性，而信息重要性的判别要求企业从金额和实质这两方面进行。

第七，谨慎性。谨慎性表明企业对交易活动或事项进行会计处理时应保持谨慎的态度，不能刻意高估或低估该交易活动或事项产生的经济利益，或者该交易活动导致企业承担的债务或费用。

第八，及时性。及时性是指企业应该及时对涉及企业交易活动或事项的信息进行会计处理及计量，公布对相关信息的会计处理行为，从而使公众或投资者通过企业所披露的会计信息进行合理的投资决策，及时规划投资方案。如果不及时提供，也就失去了时效性，对使用者来说，信息实用性和价值性都会下降。但是在实际操作中，为了满足会计信息及时性要求，可能需要在相关交易活动或事项信息全部获得之前进行会计处理，从而降低了会计信息的可靠性，这就需要企业在会计信息的及时性和可靠性之间进行平衡，以更好地满足会计信息使用者的需求。

二　国外会计信息质量的特征

通过对不同国家会计信息质量披露制度的收集和归纳，我们可以得到一个披露制度的大概框架或会计理念，以及其中的会计信息质量标准。笔者收集了不同国家的会计准则委员会信息，包括美国、英国、日本、马来西亚的会计准则委员会，以及相应的财务报告委员会，在这些机构当中，美国是对会计信息披露质量进行审核的最早的国家之一，日本会计准则委员会、法国会计准则委员会的一般会计原则公告或者会计概念框架的公告中有相关描述。表 3-1 对不同国家的会计信息质量特征进行了归类。

表 3-1　不同国家的会计信息质量特征

国家或机构	对会计信息质量特征的描述
国际会计准则委员会（IASC）	可理解性、效益大于成本、相关性、可靠性、可比性、及时性等
美国财务会计准则委员会（FASB）	可理解性、效益大于成本、相关性（预测价值、反馈价值、及时性）、可靠性（可检验性、中立性、如实反映）、可比性（包括一致性）、重要性等
英国会计准则委员会（ASB）	相关性、预测价值、证实价值、可靠性、如实反映、中立性、谨慎性、完整性、可比性、一致性、会计政策充分披露、可理解性、在质量标准间均衡、及时性、效益大于成本
加拿大特许会计师协会（CICA）	可理解性、相关性（预测价值、反馈价值、及时性）、可靠性（如实反映、可检验性、中立性、稳健性）、可比性（包括一致性）等
马来西亚会计准则委员会（MASC）	可理解性、相关性、及时性、重要性、可靠性、可验证性、完全披露性、实质重于形式、中立性、谨慎性、完整性、可比性、一致性等
日本会计准则委员会（JASC）	真实性、明了性、谨慎性
德国	真实与公允、合法性、谨慎性、可比性、一致性、及时性、明确性
法国	真实与公允、合法性、审慎性

三 信息披露质量的测度指标

关于会计信息披露质量的测度依然是学术界的难点，还没有统一的标准来测度会计信息披露质量。

（一）用信息披露数量衡量信息披露质量

由于信息披露质量难以测度，早期一些学者认为信息披露质量与信息披露数量正相关，将信息披露数量作为信息披露质量的测度指标。由于财务信息披露中既包括法律规定的披露、相关机构要求的披露、自愿性信息披露，还包括不规范和错误的信息披露，用总的信息披露数量衡量信息披露质量可能会导致较大的偏差。后续学者认为，自愿性信息披露数量可以更好地测度信息披露质量。比如，Botosan 在研究信息披露质量对股权资本成本的影响时，使用自愿性信息披露数量作为衡量信息披露质量的指标。[1] Botosan 和 Plumlee[2]、Leuz 和 Schrand[3]、汪炜和蒋高峰[4]也使用自愿性信息披露数量作为衡量信息披露质量的指标。

（二）用信息含量衡量信息披露质量

信息含量为衡量信息披露质量提供了一种新的途径。其主要方法是通过对比资本市场中机构分析师基于企业披露的财务信息进行预测时所

---

[1] Botosan, C. A., "Disclosure Level and the Cost of Equity Capital," *Accounting Review* 72 (1997): 323-349.

[2] Botosan, C., Plumlee, M., "Assessing the Construct Validity of Alternative Proxies for Expected Cost of Equity Capital," *Social Science Electronic Publishing* 65 (2002): 402-413.

[3] Leuz, C., Schrand, C., "Disclosure and the Cost of Capital: Evidence from Firms' Responses to the Enron Shock," National Bureau of Economic Research, 2009, No. w14897.

[4] 汪炜、蒋高峰：《信息披露、透明度与资本成本》，《经济研究》2004 年第 7 期。

得的指标，与企业实际财务指标之间的差异程度来反映企业信息披露质量。企业信息披露质量越高，分析师进行预测的偏差将越低，可以逆向反映企业披露信息的质量水平。[①] Grant 研究了信息含量与市场反应的关系，发现信息含量与市场反应相关。[②] 近年来，不少学者通过衡量资本市场的反应来研究财务报告披露质量。例如，Lev 和 Thiagarajan 通过分析师的财务预测指标对企业会计信息质量予以评估。[③]

（三）用盈余质量衡量信息披露质量

盈余质量是指企业披露的盈余指标对盈余水平的真实反映程度。Jones 提出报告盈余质量模型，直接计算财务报告的盈余质量，将其作为信息质量的测度指标。[④] 此外，M. H. Yetman 和 R. J. Yetman[⑤]、Davidson 等[⑥]、Gietzmann 和 Ireland[⑦] 也采取了此方法。Bhattacharya 等从财务收益、损失回避、收益平滑这三个角度对企业收益信息的透明度进行测度[⑧]；Francis 等对企业公布信息中当期应计额与往期、未来预期的现金

---

① Lang, M. H., Lundholm, R J., "Corporate Disclosure Policy and Analyst Behavior," *Accounting Review* 71 (1996): 467-492; Sengupta, P., "Corporate Disclosure Quality and the Cost of Debt," *Accounting Review* 73 (1998): 459-474.

② Grant, E. B., "Market Implications of Differential Amounts of Interim Information," *Journal of Accounting Research* 18 (1980): 255-268.

③ Lev, B., Thiagarajan, S. R., "Fundamental Information Analysis," *Journal of Accounting Research* 31 (1993): 190-215.

④ Jones, J. J., "Earnings Management during Import Relief Investigations," *Journal of Accounting Research* 29 (1991): 193-228.

⑤ Yetman, M. H., Yetman, R. J., "The Effects of Governance on the Financial Reporting Quality of Nonprofit Organizations," Working Paper, 2004.

⑥ Davidson, R., Goodwin-Stewart, J., Kent, P., "Internal Governance Structures and Earnings Management," *Accounting & Finance* 45 (2005): 241-267.

⑦ Gietzmann, M., Ireland, J., "Cost of Capital, Strategic Disclosures and Accounting Choice," *Journal of Business Finance & Accounting* 32 (2005): 599-634.

⑧ Bhattacharya, U., Daouk, H., Welker, M., "The World Price of Earnings Opacity," *The Accounting Review* 78 (2003): 641-678.

流进行计量回归，用回归残差项的标准差反映企业财务信息的质量①；Aboody 等也采取了类似的做法，区别在于他们采取了多期回归的方法②。

（四） 用应计项目质量衡量信息披露质量

用应计项目质量衡量信息披露质量的原理是，一个企业组织的收入和费用变化所引起的应计项目的增加或减少会导致现金流的变化，如果两者显著不相关，那么会计信息质量就值得怀疑。Dechow 等提出由于应计项目不能立即影响现金流当期调整，可能会在随后的时期予以发生，因而应将应计项目作为一个整体来评估信息质量。③ McNichols 认为，如果当期现金流比应计项目高，那么财务信息质量就高，反之质量就低。④

（五） 用权威机构排名衡量信息披露质量

许多学者采取了权威机构对上市企业信息披露的排名和考核结果来衡量信息披露质量。Lang 和 Lundholm 在研究企业自愿性信息披露与企业规模关系的时候，采用了金融分析师协会（FAF）提供的排名和考核数据作为企业自愿性信息披露质量的测度指标。⑤ Francis 等利用 34 个国家的 856 家企业作为样本，研究信息披露与资本成本的关系，采用国际金融分析与研究中心（CIFAR）编制的信息披露

① Francis, J., LaFond, R., Olsson, P. M., et al., "Costs of Equity and Earnings Attributes," *Accounting Review* 79 (2004): 967-1010.

② Aboody, D., Hughes, J., Liu, J., "Earnings Quality, Insider Trading, and Cost of Capital," *Journal of Accounting Research* 43 (2005): 651-673.

③ Dechow, M., Kothari, P., Watts, R., et al., "The Relation between Earnings and Cash Flows," *Journal of Accounting and Economics* 25 (1998): 133-168.

④ McNichols, M. F., "Discussion of the Quality of Accruals and Earnings: The Role of Accrual Estimation Errors," *The Accounting Review* 77 (2002): 61-69.

⑤ Lang, M. H., Lundholm, R J., "Corporate Disclosure Policy and Analyst Behavior," *Accounting Review* 71 (1996): 467-492.

指标衡量信息披露水平。[①] Bushee 和 Noe 在研究信息披露质量与未来股票收益波动性之间的关系时，将上市企业信息披露的排序作为研究分析的基础。[②] 此外，Welker[③]、Healy 等[④]、Qi 等[⑤]、王雄元和沈维成[⑥]、伊志宏等[⑦]也采取了权威机构排名和考核结果作为测量信息披露质量的指标。

四　上市企业信息披露质量测度指标

深圳证券交易所对上市企业的信息披露质量评级是我国学者研究信息披露质量常用的测度指标。[⑧] 本书也采取深圳证券交易所对上

---

① Francis, J. R., Khurana, I. K., Pereira, R., "Disclosure Incentives and Effects on Cost of Capital around the World," *The Accounting Review* 80 (2005): 1125-1162.

② Bushee, B. J., Noe, C. F., "Corporate Disclosure Practices, Institutional Investors, and Stock Return Volatility," *Journal of Accounting Research* 38 (2000): 171-202.

③ Welker, M., "Disclosure Policy, Information Asymmetry, and Liquidity in Equity Markets," *Contemporary Accounting Research* 11 (1995): 801-827.

④ Healy, P. M., Hutton, A. P., Palepu, K. G., "Stock Performance and Intermediation Changes Surrounding Sustained Increases in Disclosure," *Contemporary Accounting Research* 16 (1999): 485-520.

⑤ Qi, D., Wu, W., Haw, I. M., "The Incremental Information Content of SEC 10-K Reports Filed under the EDGAR System," *Journal of Accounting, Auditing & Finance* 15 (2000): 25-46.

⑥ 王雄元、沈维成：《公司控制结构对信息披露质量影响的实证研究》，《中南财经政法大学学报》2008 年第 3 期。

⑦ 伊志宏、姜付秀、秦义虎：《产品市场竞争、公司治理与信息披露质量》，《管理世界》2010 年第 1 期。

⑧ 曾颖、陆正飞：《信息披露质量与股权融资成本》，《经济研究》2006 年第 2 期；齐伟山、欧阳令南：《会计信息披露质量与会计信息价值相关性分析——来自深圳证券市场的经验证据》，《商业经济与管理》2005 年第 6 期；雷东辉、王宏：《信息不对称与权益资本成本》，《会计之友》2005 年第 7 期；王雄元、沈维成：《公司控制结构对信息披露质量影响的实证研究》，《中南财经政法大学学报》2008 年第 3 期。

市企业的信息披露质量评级来度量企业的信息披露质量。自 2001 年起，深圳证券交易所便开始对上市企业公布信息的质量进行评估考核，考核内容包含披露的及时性、准确性、完整性、合法性四个方面，考核结果具体分为 "A" "B" "C" "D" 四个等级，即 "优秀" "良好" "合格" "不合格"。本书参考金祥义和戴金平①的做法，当披露评级达到 "C" 等级及以上时，就认为企业进行了高质量的信息披露，信息披露质量变量取 1，否则取 0。

五　我国上市企业信息披露的特征化事实

为了解 2001~2022 年企业信息披露的变化特征，本章根据深圳证券交易所对企业的信息披露质量结果，分析了历年企业信息披露质量的变化情况（见表 3-2）。根据表 3-2 结果可知，首先，评估结果为良好和合格的企业数量较多，而评估结果为优秀和不合格的企业数量较少，并且这一信息披露结构在历年评估结果中较为稳定。这反映了企业信息披露质量整体上呈现 "中间大、两头小" 的分布特征。其次，考察参与信息披露质量评估的企业数量可以发现，随着年份的增加，参与信息披露质量评估的企业数量总体呈现增加的趋势。这表明整个市场信息披露的规范性和完备性正在不断增强。例如，2001 年参与信息披露质量评估的企业数量为 517 家，2022 年参与信息披露质量评估的企业数量为 2717 家，年均增长速度为 8.22%，这反映了企业信息披露质量评估规模的快速扩大。最后，信息披露质量评估结果为优秀、良好、合格、不合格的企业数量均呈现上升的趋势，其中信息披露质量评估结果为良好的企业数量上

① 金祥义、戴金平：《有效信息披露与企业出口表现》，《世界经济》2019 年第5 期。

升的幅度最大，从 2001 年的 201 家增加至 2022 年的 1859 家，增幅高达 8 倍左右，这也反映了整个市场中企业信息披露质量正处于上升的阶段，随着信息披露质量结果为良好的企业数量的增加，整个市场的平均信息披露质量表现出上扬的势头。

表 3-2　2001~2022 年上市企业信息披露质量评估结果

单位：家

年份	评级	总计	年份	评级	总计
2001	优秀	30	2007	优秀	66
	良好	201		良好	363
	合格	251		合格	234
	不合格	35		不合格	27
2002	优秀	40	2008	优秀	80
	良好	239		良好	454
	合格	197		合格	206
	不合格	33		不合格	19
2003	优秀	41	2009	优秀	97
	良好	268		良好	550
	合格	173		合格	147
	不合格	25		不合格	18
2004	优秀	30	2010	优秀	154
	良好	303		良好	791
	合格	147		合格	188
	不合格	22		不合格	15
2005	优秀	55	2011	优秀	233
	良好	308		良好	985
	合格	149		合格	169
	不合格	35		不合格	24
2006	优秀	59	2012	优秀	243
	良好	313		良好	1082
	合格	188		合格	193
	不合格	32		不合格	19

年份	评级	总计	年份	评级	总计
2013	优秀	293	2018	优秀	354
	良好	1051		良好	1403
	合格	155		合格	295
	不合格	17		不合格	89
2014	优秀	336	2019	优秀	387
	良好	1103		良好	1405
	合格	147		合格	316
	不合格	32		不合格	95
2015	优秀	360	2020	优秀	417
	良好	1136		良好	1535
	合格	210		合格	308
	不合格	40		不合格	96
2016	优秀	374	2021	优秀	454
	良好	1208		良好	1749
	合格	217		合格	275
	不合格	50		不合格	80
2017	优秀	375	2022	优秀	485
	良好	1381		良好	1859
	合格	276		合格	291
	不合格	57		不合格	82

资料来源：笔者根据本书样本整理而得。

为了更直观地了解信息披露质量的变化趋势，本章根据不同企业历年信息披露质量的评估结果，绘制出如图 3-2 所示的四类信息披露质量的变化趋势图，以详细剖析整个市场中信息披露结构的变化情况。首先，在信息披露质量评估结果为优秀的样本中，该类型评估结果的增长速度大致经历了两个阶段：第一阶段是 2001~2009 年，评级为优秀的企业数量从 30 家增加至 97 家，增加了 2.2 倍，平均增速较缓；第二阶段是 2009~2022 年，该阶段信息披露质量评级为优秀的企业数量增速较快，从 2009 年的 97 家增加至 2022 年的 485 家，增加了 4 倍，并在 2011 年首次超过信息披露质量评级为合格的企业数量，一跃成为四类信息披露质量评估结果中占比第二大的类型。其次，在信息披露质量评估结果为良好的样本中，该类型的企业数量在四类信息披露质量评估结果中增速较快，其变化趋势也可划分为两个阶段：第一阶段是 2001~2007 年，评级为良好的企业数量从 201 家增加至 363 家，增加约 80%，平均增速较缓；第二阶段是 2007~2022 年，该阶段信息披露质量评级为良好的企业数量增速较快，从 2007 年的 363 家增加至 2022 年的 1859 家，增加了 4.1 倍。再次，在信息披露质量评估结果为合格的样本中，2001 年该类型的企业数量最多，居四类信息披露质量评估结果的第一名，但从 2011 年开始，该类型信息披露质量评估结果的企业数量仅居第三名。从规模和趋势上看，信息披露质量评估结果为合格的企业数量变化不大，2001 年为 251 家，2022 年为 291 家，其在四类信息披露质量评估结果中占比反而呈现下降的趋势，这表明市场上信息披露质量为合格的企业数量发生了一定范围的变化，更多企业向更高

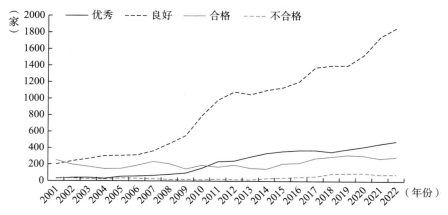

图 3-2　2001~2022 年四类信息披露质量评估结果变化趋势
资料来源：笔者根据本书样本整理而得。

信息披露质量方向转变。最后,在信息披露质量评估结果为不合格的样本中,其企业数量变化不大,整体变化较为平稳,2002～2022年始终处于四类信息披露质量评估结果的末位,这与信息披露质量评估结果为合格的情况类似。因此,从整体可以发现,信息披露质量评估结果为优秀和良好的企业数量增速较快,信息披露质量评估结果为合格和不合格的企业数量变化不大,表明市场整体的信息披露质量结构从较低水平向较高水平转变,信息披露透明度和信息披露质量水平得到了一定的提高。

进一步,为了分析四类不同信息披露质量评估结果的历年占比变化情况,本章根据不同企业历年信息披露质量的评估结果,绘制出四类信息披露质量评估结果的占比柱状图,具体细节如图3-3所示。首先,在信息披露质量评估结果为优秀的样本中,该类型的企业数量占比整体上呈现增长的趋势,企业数量在整体上的占比从2001年的5.8%增加至2022年的17.9%。其次,在信息披露质量评估结果为良好的样本中,在大部分年份该类型信息披露质量评估结果的企业占比居四类评估结果的首位,且在整体上表现出增长的势头。具体而言,信息披露质量评估结果为良好的企业在2001年的占比为38.9%,这一占比在2022年为68.4%,这也表明了大部分企业的信息披露质量评估结果为良好,信息披露质量整体处于中上水平。再次,在信息披露质量评估结果为合格的样本中,该类型信息披露质量的评估结果变化也较大,整体上呈现下降的趋势,整体占比从2001年的48.5%变化为2022年的10.7%,反映了市场上信息披露结构的重大转变,更多企业的信息披露质量向更高的水平转化。最后,在信息披露质量评估结果为不合格的样本中,该类型企业占比变化趋势与信息披露质量评估结果为合格的类似,占比整体上表现出下降的趋势，从 2001 年的 6.8% 减少为 2022 年的 3.0%，占比减小。

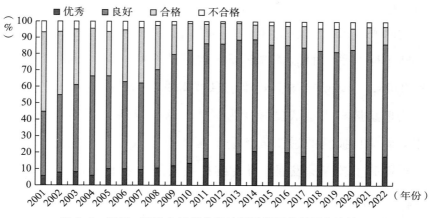

图 3-3　2001~2022 年四类信息披露质量评估结果占比情况
资料来源：笔者根据本书样本整理而得。

在详细分析了四类信息披露质量评估结果的历年变化情况下，本章通过细分不同企业的上市板块，评估在不同板块下企业信息披露质量评估结果的变化情况。为了得到不同板块的具体信息披露质量评估结果，本章对不同信息披露质量评估结果进行得分赋值。具体而言，当企业信息披露质量评估结果为优秀时，对其信息披露水平赋值为 4；当企业信息披露质量评估结果为良好时，对其信息披露水平赋值为 3；当企业信息披露质量评估结果为合格时，对其信息披露水平赋值为 2；当企业信息披露质量评估结果为不合格时，对其信息披露水平赋值为 1。然后根据上述得分标准对不同板块上市企业的信息披露质量进行统计，绘制出不同板块历年的平均信息披露质量得分情况，具体结果如图 3-4 所示。首先，不同板块信息披露质量得分大致表现出增加的趋势，这反映了虽然企业上市板块存在不同，但整体信息披露质量是逐年提高的，这一情况可以从市场整体得分趋势中得知。其次，中小板和创业板企业的信息披露质量得分大致介于 2.6 和 3.2 之间，这表明中小板和创业板企业的信息披露质量评估结果大致在优秀级别上，而主板上市企业的信息披露得分介于 2.4 和 3.1 之间，这表明主板企业的信息披露质量评估结果大致位于良好级别，略低于中小板和创业板企业的水平。最后，根据样本整体的信息披露质量得分变化趋势可知，整个样本平均的信息披露质量得分从 2001 年的 2.43 变为 2022 年的 2.98，这表明市场上企业信息披露质量的情况有所改善，即市场平均信息披露质量从良好变为优秀，这也反映了近年来我国上市企业对外信息披露的透明度和公信度均有了进一步的提高，市场信息披露得到了较好的发展，并能维持在较高的水平之上。

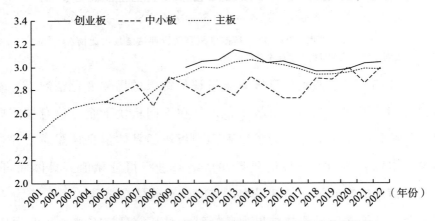

图 3-4　2001~2022 年不同板块信息披露质量得分变化趋势
资料来源：笔者根据本书样本整理而得。

第四节　企业创新指标选取及企业创新特征化事实分析

一　创新理论的形成

熊彼特（Schumpeter）在 1934 年出版的《经济发展理论》中提出了创新的概念，标志着创新理论的形成。他系统阐述了五种不同的创新模式，即新产品创造、新的生产过程、新市场的诞生、新的供应来源以及新的生产组织方式。后续创新理论都是在此基础上进行发展和完善的，创新分为"开放式创新"和"自主创新"两种形式，Rigby和 Zook 最先提出"开放市场创新"[1]。Chesbrough 明确了"开放式创新"的概念，指出企业可以利用外部和内部两方面的创意，内部创意可以通过外部渠道加以实现，进而创造现有业务之外的价值。[2] 这个概念强调了创新来源不只是企业内部，还包括外部等多个方面。

现有文献对企业创新的研究大致可分为以下两个方向。第一个方向是从企业内部的治理结构着手，探究影响企业研发和创新行为的潜在因素，包括企业所有制形式和高管人物特征等。比如，Hu 等利用1991~1997 年北京地区大中型工业企业数据进行研究，发现企业规模对企业研发支出产生一定的影响，研发支出的增长比例低于企业规模的增长比例。[3] 周黎安和罗凯利用我国 1985~1997 年的省级层面数据进行分析，探究了企业创新与企业规模之间的关系，发现企业规模对创新有显著促进作用，但是这种促进作用主要存在于非国有企业之间，对于国有企业不明显，这表明企业内部治理结构会对其创新能力产生作用。[4] 李春涛和宋敏则关注了企业高管薪酬激励与企业创新之间的联系，通过分析世界银行对中国制造业的调查数据，发现企业若

---

① Rigby, D., Zook, C., "Open-market Innovation," *Harvard Business Review* 80 (2002)：80–93.

② Chesbrough, H. W., "Open Innovation the New Imperative for Creating and Profiting from Technology," *Journal of Engineering & Technology Management* 21 (2004)：241–244.

③ Hu, A. G. Z., Jefferson, G. H., Jinchang, Q., "R&D and Technology Transfer：Firm-Level Evidence from Chinese Industry," *Review of Economics & Statistics* 87 (2005)：780–786.

④ 周黎安、罗凯：《企业规模与创新：来自中国省级水平的经验证据》，《经济学》（季刊）2005 年第 2 期。

对高管实施更大的薪酬激励，企业未来的创新能力将得到飞速提高。[1] Zhi-hong 等利用 2005~2007 年的 72724 个中国制造业企业数据，考察了企业所有制类型对企业创新能力的影响，发现相比于国有企业，非国有企业的创新水平更高。[2] Bernstein 研究了企业上市行为对企业创新的影响，发现企业进行首次公开募股后，创新能力有所下降。[3]

第二个方向是从企业外部因素入手来研究企业创新和研发的决定因素，如市场化程度、国家制度水平、产权知识保护程度、市场垄断程度等。比如，Aghion 等建立了一个包含产品市场竞争变量的增长理论模型，利用英国企业数据研究了产品市场竞争与创新之间的关系，发现竞争程度会对企业创新产生一定的影响，具体而言，产品市场竞争与创新之间呈现倒 U 形关系。[4] 随着市场竞争程度的提高，企业创新水平先提高后下降。Hashmi 利用美国制造业企业样本数据进行研究，对 Aghion 等[5]的研究结论进行检验，发现产品市场竞争与企业创新之间存在正相关关系[6]。Bhattacharya 和 Guriev 建立了一个两阶段研发模型，研究了知识泄露对创新结构的影响，研究

① 李春涛、宋敏：《中国制造业企业的创新活动：所有制和 CEO 激励的作用》，《经济研究》2010 年第 5 期。

② Zhi-hong, L., Yan, C., Xue-zhi, Q., "The Effects of Ownership Types on Enterprise Innovation Efficiency: Do Industrial and Regional Heterogeneity Matter?" International Conference on Management Science and Engineering 20th Annual Conference Proceedings. IEEE, 2013, pp. 833–844.

③ Bernstein, S., "Does Going Public Affect Innovation?" *The Journal of Finance* 70 (2015): 1365–1403.

④ Aghion, P., Bloom, N., Blundell, R., et al., "Competition and Innovation: An inverted-U Relationship," *The Quarterly Journal of Economics* 120 (2005): 701–728.

⑤ Aghion, P., Bloom, N., Blundell, R., et al., "Competition and Innovation: An inverted-U Relationship," *The Quarterly Journal of Economics* 120 (2005): 701–728.

⑥ Hashmi, A. R., "Competition and Innovation: The Inverted-U Relationship Revisited," *Review of Economics and Statistics* 95 (2013): 1653–1668.

发现，知识泄露不利于企业创新，如果不对知识产权进行法律上的保护，创新投入会下降。[①] 吴延兵基于中国制造业产业数据，实证检验了市场结构、产权结构等因素对创新的影响，研究发现，市场结构、产权结构以及企业规模与企业创新之间存在非线性关系，市场集中度与创新强度之间存在倒 U 形函数关系，但在绝大多数制造业中，上述变量之间存在明显的非线性相关关系，对几乎所有制造业而言，企业规模对企业创新的影响也是非线性的；在产权结构方面，企业产权归属越清晰，企业未来的创新能力越强。[②] Nee 等通过对中国市场转型与企业创新之间关系进行研究，发现市场化水平越高，企业之间的竞争就会越激烈，从而促进了企业的创新活动。[③] 张杰等研究了要素市场扭曲是否会抑制中国企业研发投入，发现市场要素扭曲越严重的地方，企业研发投入将受到越大的阻碍，导致企业创新能力难以提高。[④] Zhi-hong 等研究发现，行业集中程度和企业所在地区市场化水平也会对企业创新产生一定的影响，行业集中度与企业创新能力负相关，市场化程度越高，国有企业和民营企业的创新能力越强。[⑤] Franco

---

①　Bhattacharya, S., Guriev, S., "Patents vs. Trade Secrets: Knowledge Licensing and Spillover," *Journal of the European Economic Association* 6 (2006): 1112-1147.

②　吴延兵：《创新的决定因素——基于中国制造业的实证研究》，《世界经济文汇》2008 年第 2 期。

③　Nee, V., Kang, J. H., Opper, S., "A Theory of Innovation: Market Transition, Property Rights, and Innovative Activity," *Journal of Institutional and Theoretical Economics JITE* 166 (2010): 397-425.

④　张杰、经朝明、刘东：《商业信贷、关系型借贷与小企业信贷约束：来自江苏的证据》，《世界经济》2007 年第 3 期。

⑤　Zhi-hong, L., Yan, C., Xue-zhi, Q., "The Effects of Ownership Types on Enterprise Innovation Efficiency: Do Industrial and Regional Heterogeneity Matter?" International Conference on Management Science and Engineering 20th Annual Conference Proceedings. IEEE, 2013, pp. 833-844.

等通过随机前沿分析估计 OECD 产业的知识生产函数，探讨了市场监管对企业创新效率的影响，研究发现，服务监管降低了制造业的研发效率，在市场监管较少的经济体中，市场监管的边际影响较大，这表明在放松市场监管的早期阶段，研发效率获得大幅提高，但是在后期阶段，研发效率提升幅度相对变小。[①]

二　衡量企业创新的指标

熊彼特提出创新必须能够创造出新的经济价值。对于企业创新能力的衡量，本章参考已有文献，主要采取企业专利申请量、企业全要素生产率、企业出口产品质量三种创新产出指标来衡量企业创新能力。

（一）企业专利申请量

近年来我国企业专利申请量增长迅速，中国企业专利申请量在世界上名列前茅。由于专利具有较强的商业性和延续性，是企业发展的重要异质性资源，企业申请专利的意识和积极性较强，企业专利的相关数据较为全面。国家知识产权局专利查询系统是公开的，相关专利数据也比较容易获得，用专利衡量创新较为合适。[②] 因此，本书参考温军和冯根福[③]、顾夏铭等[④]和王永钦等[⑤]的做法，采取企

① Franco, C., Pieri, F., Venturini, F., "Product Market Regulation and Innovation Efficiency," *Journal of Productivity Analysis* 45（2016）：299–315.

② Wei, S. J., Xie, Z., Zhang, X., "From 'Made in China' to 'Innovated in China': Necessity, Prospect, and Challenges," *Journal of Economic Perspectives* 31（2017）：49–70.

③ 温军、冯根福：《风险投资与企业创新："增值"与"攫取"的权衡视角》，《经济研究》2018 年第 2 期。

④ 顾夏铭、陈勇民、潘士远：《经济政策不确定性与创新——基于我国上市公司的实证分析》，《经济研究》2018 年第 2 期。

⑤ 王永钦、李蔚、戴芸：《僵尸企业如何影响了企业创新？——来自中国工业企业的证据》，《经济研究》2018 年第 11 期。

业当年专利申请总量作为衡量企业创新数量的指标。具体而言，企业专利包括三种类型，即发明专利、实用新型专利和外观设计专利，其中发明专利是指对产品、方法进行革新的技术方案，因此发明专利具有最高的技术含量。发明专利申请量可以衡量企业的创新质量[1]，本书参考已有文献，采用企业专利申请量作为创新衡量指标之一，进行有效信息披露对企业创新能力影响的研究。

（二）企业全要素生产率

全要素生产率是指除生产要素投入以外，能够影响企业产出增加的其他因素，在计量处理上以企业产出对生产要素的回归残差来表示。目前，国内外关于企业创新对全要素生产率影响的研究十分丰富。[2] 大部分的研究表明，企业创新对全要素生产率的提升具有重要的促进作用。[3] 一方面，企业自主研发能力的增强可以直接提升企业生产效率[4]；另一

---

[1] 郝项超、梁琪、李政：《融资融券与企业创新：基于数量与质量视角的分析》，《经济研究》2018 年第 6 期；王永钦、李蔚、戴芸：《僵尸企业如何影响了企业创新？——来自中国工业企业的证据》，《经济研究》2018 年第 11 期；冼国明、明秀南：《海外并购与企业创新》，《金融研究》2018 年第 8 期。

[2] Huergo, E., Jaumandreu, J., "Firms' Age, Process Innovation and Productivity Growth," *International Journal of Industrial Organization* 22 (2004): 541-559; Aghion, P., Blundell, R., Griffith, R., et al., "The Effects of Entry on Incumbent Innovation and Productivity," *The Review of Economics and Statistics* 91 (2009): 20-32; Mohnen, P., Hall, B.H., "Innovation and Productivity: An Update," *Eurasian Business Review* 3 (2013): 47-65.

[3] Amable, B., Ledezma, I., Robin, S., "Product Market Regulation, Innovation, and Productivity," *Research Policy* 45 (2016): 2087-2104; Baumann, J., Kritikos, A.S., "The Link between R&D, Innovation and Productivity: Are Micro Firms Different?" *Research Policy* 45 (2016): 1263-1274; 陈维涛、严伟涛、庄尚文：《进口贸易自由化、企业创新与全要素生产率》，《世界经济研究》2018 年第 8 期。

[4] 戴觅、余淼杰：《企业出口前研发投入、出口及生产率进步——来自中国制造业企业的证据》，《经济学》（季刊）2012 年第 1 期；程惠芳、陈超：《开放经济下知识资本与全要素生产率——国际经验与中国启示》，《经济研究》2017 年第 10 期。

方面，企业自主研发能力的增强可以降低企业生产成本，减少对劳动、资本的依赖，进而提升企业全要素生产率[①]。不少学者直接采用全要素生产率作为企业创新能力的衡量指标。肖文和林高榜基于Battese 和 Coelli[②] 的随机前沿模型，采用随机前沿分析方法（SFA）测算出的全要素生产率作为企业技术创新效率指标[③]；韩先锋等采取了相同的测量方法，采用随机前沿分析方法测算出的全要素生产率来衡量企业的研发创新效率[④]；白俊红和卞元超基于参数法的随机前沿模型，构建创新生产的最佳前沿面函数，用求得的全要素生产率衡量企业的创新生产效率[⑤]；戴魁早和刘友金[⑥]、赵宸宇[⑦]也直接采取全要素生产率作为企业创新效率的衡量指标。本书参考已有文献，采用全要素生产率作为创新衡量指标之一，进行有效信息披露对企业创新能力影响的研究。

（三）企业出口产品质量

大量的研究表明，企业创新对出口产品质量的提升具有重要的

---

① Cohen，W. M.，Levinthal，D. A.，"Absorptive Capacity：A New Perspective on Learning and Innovation," *Administrative Science Quarterly* 35（1990）：128-152.

② Battese，G. E.，Coelli，T. J.，"A Model for Technical Inefficiency Effects in a Stochastic Frontier Production Function for Panel Data," *Empirical Economics* 20（1995）：325-332.

③ 肖文、林高榜：《政府支持、研发管理与技术创新效率——基于中国工业行业的实证分析》，《管理世界》2014 年第 4 期。

④ 韩先锋、惠宁、宋文飞：《贸易自由化影响了研发创新效率吗?》，《财经研究》2015 年第 2 期。

⑤ 白俊红、卞元超：《要素市场扭曲与中国创新生产的效率损失》，《中国工业经济》2016 年第 11 期。

⑥ 戴魁早、刘友金：《要素市场扭曲与创新效率——对中国高技术产业发展的经验分析》，《经济研究》2016 年第 7 期。

⑦ 赵宸宇：《进口竞争能否提高企业创新效率?:基于中国企业层面的分析》，《世界经济研究》2020 年第 1 期。

促进作用。[①] Zhao 和 Haruyama、Betz 采用动态均衡模型阐释了质量异质性与企业创新的作用机制，提出不断提升的产品质量是技术进步的重要表现形式。[②] 施炳展和邵文波借鉴新新贸易理论最新进展，采用 2485 个产品层面回归反推方法，测算中国企业出口产品质量进行实证研究，发现企业的生产效率、研发效率的提高均会提升产品质量。[③] 罗丽英和齐月从理论层面研究了企业出口产品质量与技术研发、技术转化、综合技术创新三大效率指标之间的关系，从技术创新的角度研究其对产品质量升级的影响，然后利用 2000～2013 年中国制造业层面的贸易数据进行实证检验，发现随着综合技术创新的增加，企业出口产品质量得到了明显的提升。[④] 此外，也有一些学者直接采取产品质量来衡量企业创新能力。[⑤] 本书参考已有文献，采用企业出口产品质量作为创新衡量指标之一，进行有效信息披露对企

---

① 祝树金、谢煜、段凡：《制造业服务化、技术创新与企业出口产品质量》，《经济评论》2019 年第 6 期；沈国兵、于欢：《企业参与垂直分工、创新与中国企业出口产品质量提升》，《广东社会科学》2019 年第 6 期。

② Zhao, L., Haruyama, T., "Trade and Firm Heterogeneity in a Schumpeterian Model of Growth," *Research in Economics* 71 (2017)：540-563; Betz, F., *Managing Technological Innovation: Competitive Advantage from Change* (New York, USA: John Wiley & Sons, Inc., 2011), p. 106.

③ 施炳展、邵文波：《中国企业出口产品质量测算及其决定因素——培育出口竞争新优势的微观视角》，《管理世界》2014 年第 9 期。

④ 罗丽英、齐月：《技术创新效率对我国制造业出口产品质量升级的影响研究》，《国际经贸探索》2016 年第 4 期。

⑤ Minderhoud, S., "Quality and Reliability in Product Creation—Extending the Traditional Approach," *Quality & Reliability Engineering International* 15 (1999)：417-425; Drivas, K., Giannakas, K., "The Effect of Cooperatives on Quality-Enhancing Innovation," *Journal of Agricultural Economics* 61 (2010)：295-317; Maillard, P., *Competitive Quality of an Innovation* (New york, USA: John Wiley & Sons, Inc., 2010), p. 104; Shan, J., Jolly, D. R., "Technological Innovation Capabilities, Product Strategy, and Firm Performance: The Electronics Industry in China," *Canadian Journal of Administrative Sciences* 30 (2013)：159-172.

业创新能力影响的研究。

三　我国上市企业创新特征化事实

（一）基于上市企业专利数据的事实分析

企业专利申请量是衡量企业创新的一个重要指标，本章将 2000~
2022 年中国上市企业专利申请量情况汇总于表 3-3 中，表中还包括
发明专利申请量、实用新型专利申请量和外观设计专利申请量三种
不同专利类型在专利申请总量中的占比情况。每年的专利申请量增
长率均为正，可以看出专利申请量呈现持续上涨趋势，2000 年专利
申请量为 2352 项，到 2022 年专利申请量增加到 589055 项，这说明
随着我国经济的稳步发展，上市企业专利申请量稳步增加，企业的
创新能力有了明显的提高。其中，发明专利申请量在三种专利类型
中占比整体呈现上升趋势，2000 年，发明专利申请量在专利申请总
量中的占比为 20.22%，到了 2022 年，发明专利申请量的占比提高
到 51.58%，发明专利申请量占比的提高说明发明专利的重要性也得
以提升。由于在三种专利类型中发明专利技术含量最高，发明专利
申请量可以衡量企业的创新质量[1]，这说明我国上市企业创新质量也
在逐年提升。实用新型专利申请量在三种专利类型中的占比虽然略有
波动，但是整体呈现平稳趋势，2000 年，实用新型专利申请量在专利
申请总量中的占比为 42.66%，到了 2022 年，实用新型专利申请量的
占比变为 40.24%，说明实用新型专利申请量的占比变化不大。外观
设计专利申请量在三种专利类型中的占比整体呈现下降趋势，2000
年，外观设计专利申请量在专利申请总量中的占比为 37.12%，到了

---

① 郝项超、梁琪、李政：《融资融券与企业创新：基于数量与质量视角的分析》，
《经济研究》2018 年第 6 期。

2022 年，外观设计专利申请量的占比降低至 8.18%。

表 3-3　2000~2022 年中国专利申请量基本情况

单位：项，%

年份	专利申请量	专利申请量增长率	发明专利申请量占比	实用新型专利申请量占比	外观设计专利申请量占比
2000	2352	—	20.22	42.66	37.12
2001	3887	65.26	27.36	40.45	32.19
2002	5558	42.98	31.36	39.25	29.39
2003	6688	20.33	36.86	37.43	25.71
2004	8410	25.74	38.65	35.01	26.34
2005	11682	38.90	39.54	35.33	25.13
2006	16192	38.60	43.90	35.44	20.66
2007	23822	47.12	46.49	34.36	19.15
2008	30681	28.79	44.93	38.67	16.40
2009	44600	45.36	45.98	41.06	12.96
2010	60452	35.54	43.45	43.24	13.31
2011	93736	55.05	42.21	46.38	11.41
2012	116465	24.24	43.81	45.97	10.22
2013	132157	13.47	46.09	44.40	9.51
2014	159498	20.68	46.28	43.56	10.16
2015	200614	25.77	44.79	45.88	9.33
2016	259887	29.54	44.62	45.69	9.69
2017	339418	30.60	46.13	44.77	9.10
2018	394283	16.16	47.72	42.87	9.40
2019	412493	4.62	46.92	44.50	8.58
2020	525229	27.33	46.46	45.35	8.19
2021	538824	2.58	45.55	45.72	8.73
2022	589055	9.32	51.58	40.24	8.18

资料来源：笔者整理。

　　本章分别对样本期间内的企业专利申请量、发明专利申请量、实用新型专利申请量和外观设计专利申请量的自然对数值进行平均化处理，计算出 2000~2022 年专利申请量的平均水平，以考察在样本期间企业创新能力的平均变化趋势，最终根据计算得出的数据绘制出 2000~2022 年企业专利的变化趋势图，具体结果如图 3-5 所示。首先，从整体上看，企业专利申请量大致呈现逐年递增的趋势，这意味着企业创新能力逐年提高，我国企业整体创新情况良性发展。其次，发明专利的技术含量在三种专利类型中最高，观察发明专利申请量和实用新型专利申请量的变化趋势可知，发明专利申请量和实用新型专利申请量与企业专利申请量具有相似的变动趋势，发明专利申请量和实用新型专利申请量大致呈现逐年递增的趋势。最后，观察外观设计专利申请量的变化趋势可知，企业外观设计专利申请量增幅不明显，但是从整体来看，企业创新能力正在逐步提升。

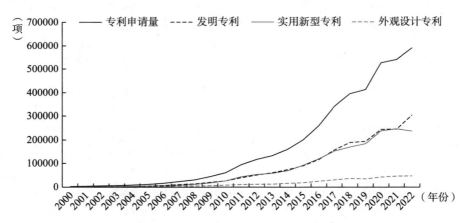

图 3-5 2000~2022 年企业专利申请量的平均变化趋势
资料来源：笔者根据本书样本整理而得。

（二）基于企业 *tfp* 数据的事实分析

由于企业全要素生产率亦是衡量企业创新的一大指标，因此本章将样本期间内企业的生产率水平进行平均求和，计算出 2000~2022 年社会平均全要素生产率水平。在计算生产率指标时，本章根据现有文献采用的几类方法，计算出 OP、LP、OLS、ACF 方法下的生产率指标，分别命名为 tfp_op、tfp_lp、tfp_ols、tfp_acf，并在此基础上求得上述四类指标的平均值，将其命名为 tfp_avg，以此考察样本期间内企业创新能力的变化趋势，最终根据以上数据绘制出企业 2000~2022 年全要素生产率水平的平均变化趋势，具体结果如图 3-6 所示。首先，从整体上看，四类方法下的全要素生产率指标大致呈现递增的趋势，这意味着企业创新能力与日俱增。其次，观察四类全要素生产率指标的变化趋势可知，不同计算方法下的全要素生产率指标具有相似的变动趋势，这表明不同计算方法下企业创新能力的衡量结果变化并不大，都能够反映企业创新能力的真实变化，这意味着全要素生产率指标是衡量企业创新能力的一个有效指标。最后，根据四类全要素生产率指标的平均值 tfp_avg 可知，企业平均的全要素生产率水平呈现递增的势头，并且平均全要素生产率水平从 2000 年的 6.52% 增长至 2022 年的 7.92%，增长了 1.40 个百分点，这也表明企业平均的创新能力得到了有效的提高。

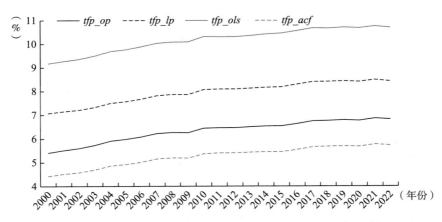

图 3-6　2000~2022 年企业全要素生产率水平的平均变化趋势
资料来源：笔者测算。

第四章

有效信息披露对企业创新能力的影响：
基于企业专利申请量的研究

第一节 基于企业专利申请量的研究
设计和基础实证

一 计量模型构建

为了有效考察企业有效信息披露对专利申请量的影响，本章建立了以下模型进行回归分析：

$$\ln innovation_{it} = \alpha + \beta disclosure_{it} + \gamma Ctrl_{it} + \delta_i + \delta_t + \varepsilon_{it} \qquad (4-1)$$

其中，$\ln innovation_{it}$ 代表企业 i 在 t 年的创新能力，以企业专利申请量进行衡量；$disclosure_{it}$ 表示企业 i 在 t 年是否进行有效信息披露，是本章的核心解释变量，其回归系数 β 刻画了有效信息披露对企业创新能力的影响；$Ctrl$ 为控制变量，代表其他影响企业创新的因素，主要为企业层面的控制变量；δ_i 表示企业固定效应，控制企业层面不随时间变化的因素；δ_t 表示时间固定效应，控制随时间变化的因素，如宏观层面的经济风险等；ε_{it} 表示二维的随机误差项。

二　指标构建

（一）创新指标

对于企业创新的衡量，本章主要采取了企业当年专利申请量作为衡量指标。近年来，我国企业专利申请量增长迅速，中国企业专利申请量在世界上位居前列，由于专利具有较强的商业性和延续性，是企业发展的重要异质性资源，企业申请专利的意识和积极性较强。企业专利的相关数据较为全面，国家知识产权局专利查询系统是公开的，相关专利数据也比较容易获得，用专利衡量创新较为合适[①]，因此本章参考温军和冯根福[②]、顾夏铭等[③]的做法，采取企业当年专利申请量（lnpatent）作为衡量企业创新的指标。具体而言，企业专利包括三种类型：发明专利（lninvention）、实用新型专利（lnutility）和外观设计专利（lndesign）。同时，为了检验回归的稳健性，本章参考张嘉望等[④]的研究，在后续回归中还采用研发投入作为创新的替代变量。一般来说，研发（R&D）投入和创新成果之间正相

[①] Wei, S. J., Xie, Z., Zhang, X., "From 'Made in China' to 'Innovated in China': Necessity, Prospect, and Challenges," *Journal of Economic Perspectives* 31 (2017): 49-70.

[②] 温军、冯根福：《风险投资与企业创新："增值"与"攫取"的权衡视角》，《经济研究》2018年第2期。

[③] 顾夏铭、陈勇民、潘士远：《经济政策不确定性与创新——基于我国上市公司的实证分析》，《经济研究》2018年第2期。

[④] 张嘉望、彭晖、李博阳：《地方政府行为、融资约束与企业研发投入》，《财贸经济》2019年第7期。

关，研发投入越多，企业创新能力越强。[1] 本章采取了 R&D 投入作为创新替代指标，对本章模型进行稳健性检验。[2] 在后面的实证过程中，采取对当年专利申请量、发明专利申请量、实用新型专利申请量、外观设计专利申请量和有效专利量分别加 1 取对数的方式进行研究。

（二）有效信息披露指标

disclosure 为本章的核心解释变量，表示有效信息披露指标。本章信息披露质量评级数据来源于深圳证券交易所公布的上市企业信息披露考评板块，其结果分为 A（优秀）、B（良好）、C（合格）、D（不合格）四个等级。A 类：该类企业及相关主体运作规范，评价期内的信息披露真实、准确、完整、及时、公平，能够积极主动地开展信息披露等关系投资者的管理活动。B 类：该类企业及相关主体运作基本规范，评价期内的信息披露基本满足真实性、准确性、完整性、及时性和公平性的要求。C 类：该类企业及相关主体评价期内的信息披露或规范运作存在一定瑕疵，但未对投资者投资决策产生较大影响。D 类：该类企业及相关主体评价期内的信息披露或规范运作存在严重问题，严重误导投资者投资决策或给投资者利益造成重大损失。本章参考金祥义和戴金平[3]的做法，在对信息披

① Freeman, C., Soete, L., "Developing Science, Technology and Innovation Indicators: What We Can Learn from the Past," *Research Policy* 38 (2009): 583–589; Wei, S. J., Xie, Z., Zhang, X., "From 'Made in China' to 'Innovated in China': Necessity, Prospect, and Challenges," *Journal of Economic Perspectives* 31 (2017): 49–70.

② 顾夏铭、陈勇民、潘士远：《经济政策不确定性与创新——基于我国上市公司的实证分析》，《经济研究》2018 年第 2 期。

③ 金祥义、戴金平：《有效信息披露与企业出口表现》，《世界经济》2019 年第 5 期。

露质量梯度结果进行分析时，将 D 等级作为基准与其他等级进行对比。同时，在进行企业有效信息披露方面的分析时，根据相关监管部门对信息披露质量等级划分的定义，本章在企业信息披露质量等级处于 A～C 类时，对 *disclosure* 赋值为 1，即企业进行了有效的信息披露，否则赋值为 0。

（三）控制变量指标

本章的控制变量为企业层面的相关指标，主要包括：①企业规模（*size*），用企业总资产的对数形式表示，总资产越多，企业规模越大，预计其估计系数符号为正；②企业年龄（*age*），用企业当年年份与开业年份之差进行表示，企业年龄的增长能够增加其市场履历，为了更好地发展和适应市场，也会更加重视企业创新，因此预计其估计系数符号为正；③资产负债率（*lev*），用期末负债总额占期末总资产的比重来表示，该值越大则表明企业的偿债能力越弱，企业债务结构失衡越严重，企业外部融资成本越高，企业难以获得足够的资金进行研发创新活动，因此预计其估计系数符号为负；④总资产周转率（*ast*），采用销售收入与期末总资产的比值来衡量，该值越大表明企业的经营状况越好，资金越充裕，从而有利于为创新活动提供足够的资金支持，因此预计其估计系数符号为正；⑤资产收益率（*roa*），用净利润与总资产的比值来表示，该值越大表明企业的盈利能力越强，企业营业利润作为内部自有资金的重要组成部分，是企业进行各项活动的重要资金来源，企业盈利能力越强，自有资金越充分，越有利于其进行创新活动，因此预计其估计系数符号为正；⑥现金满足投资比率（*cainv*），用企业经营活动产生的现金净流量与资本支出的比值来表示，用以衡量企业运用自有资金的效率，该数值越大说明企业运用自有资金的效率越高，因此预计其估计系数符号为正；⑦每股价格（*sp*），用企业市值除以总股数来表示，该数值越大表示市场对企业未来预期越好，企业募集资金更为容易，有利于企业提高自身的创新水平，预计其估计系数符号为正；⑧股权集中度（*ten*），用前十大股东持股比例来衡量，该值越大表示股权越集中于少数股东手中，股权集中度不同会影响企业的运营决策，而大部分人是风险厌恶者，当企业的股权越集中时，企业进行创新的激励越小，因此预计其估计系数符号为负。

三　数据来源

本章主要使用了以下几组微观企业数据。第一，有效信息披露数据主要来源于深圳证券交易所官方权威网站公布的信息披露质量考核结果。第二，本章所用的企业专利数据来源于国泰安（CSMAR）数据库，本章选取的时间跨度为 2001~2022 年，统计调查对象包括我国全部上市企业。第三，企业财务指标数据来源于万德（Wind）数据库。本章以上市企业的名称、股票代码和年份为基础对以上数据库进行合并。进一步，为了减小数据极端值对本章回归结果的可能影响，本章对所有变量进行上下 1% 的缩尾（winsorize）处理。经上述处理之后，得到 2001~2022 年 1679 家上市企业共 22013 个综合样本，这也是本章进行研究的数据基础，具体变量的描述性统计如表 4-1 所示。

表 4-1　描述性统计

变量	样本量	均值	标准差	最小值	最大值
ln*patent*	22013	2.0825	1.4947	0.0000	8.7730
ln*invention*	22013	1.3441	1.4398	0.0000	8.7091
ln*utility*	22013	1.4788	1.3575	0.0000	7.7676
ln*design*	22013	0.5515	1.079	0.0000	6.9097

续表

变量	样本量	均值	标准差	最小值	最大值
disclosure	22013	0.9766	0.0632	0.0000	1.0000
size	22013	19.5932	1.3455	7.6436	25.7960
age	22013	14.6757	6.6843	0.0000	70.0000
lev	22013	0.4164	0.2067	0.0299	0.9844
ast	22013	0.6974	0.5853	-0.0134	22.6783
roa	22013	0.0675	0.0068	-0.1173	0.3756
cainv	22013	0.5134	1.4360	-12.3028	16.4342
sp	22013	14.0643	1.9537	2.3532	84.3522
ten	22013	57.5435	0.1602	0.1037	96.7833

四　初步检验

在进行正式的计量模型回归分析之前，先对有效信息披露与企业创新能力之间的关系进行简单的初步检验分析，包括数据差异的均值检验和核密度检验，以初步分析有效信息披露对企业创新能力的潜在作用。

本章按照企业是否进行有效信息披露进行分组，并对不同样本中有效信息披露和非有效信息披露之间的差异作用进行检验，具体结果报告于表4-2中。根据表4-2可以得知，在整体上，有效信息披露组的企业创新能力的均值为2.6819，而非有效信息披露组的企业创新能力的均值为2.1310，两者相差0.5509，并且两者差值在1%的水平下显著，从而初步验证了有效信息披露对企业创新能力具有显著的提升作用。在国有企业分组上，有效信息披露组的企业创新能力的均值为2.5848，而非有效信息披露组的企业创新能力的均值为2.0993，前者比后者高出0.4855，且差值在1%的水平下显著；在非国有企业分组上，有效信息披露组的企业创新能力的均值为

2.7178，而非有效信息披露组的企业创新能力的均值为 2.1401，两者相差 0.5777，并且两者差值在 1% 的水平下显著。在中西部地区分组上，有效信息披露组的企业创新能力的均值为 2.4704，而非有效信息披露组的企业创新能力的均值为 2.0223，前者比后者高出 0.4481，且差值在 1% 的水平下显著；在东部地区分组上，有效信息披露组和非有效信息披露组的企业创新能力的均值分别为 2.7617 和 2.1950，两者相差 0.5667，并且通过了 1% 水平下的显著性检验。在主板、中小板分组上，相比于非有效信息披露组，有效信息披露组的企业创新能力高出 0.5926，并且这一差值在 1% 的水平下显著；在创业板分组上，有效信息披露组的企业创新能力的均值为 2.6629，而非有效信息披露组的企业创新能力的均值为 2.3172，前者比后者高出 0.3457，且这一差值在 1% 的水平下显著。在资本密集型企业分组上，有效信息披露组与非有效信息披露组的企业创新能力的差值为 0.1656，且通过了 1% 水平下的显著性检验；在劳动密集型企业分组上，有效信息披露组的企业创新能力的均值为 2.7638，而非有效信息披露组的企业创新能力的均值为 1.8139，两者相差 0.9499，并且两者差值在 1% 的水平下显著。

表 4-2　企业创新能力均值检验

类型	有效信息披露组	非有效信息披露组	企业创新能力差值	t 值
整体	2.6819	2.1310	0.5509 ***	4.2991
国有企业	2.5848	2.0993	0.4855 ***	2.6018
非国有企业	2.7178	2.1401	0.5777 ***	4.1716
中西部地区	2.4704	2.0223	0.4481 ***	3.1503
东部地区	2.7617	2.1950	0.5667 ***	3.5138
主板、中小板	2.6874	2.0948	0.5926 ***	4.0836
创业板	2.6629	2.3172	0.3457 ***	3.2610

类型	有效信息披露组	非有效信息披露组	企业创新能力差值	t 值
资本密集型	2.5999	2.4343	0.1656 ***	2.9590
劳动密集型	2.7638	1.8139	0.9499 ***	5.0227

注：*** 表示 1% 的显著性水平。

综上可知，按企业所有权性质、企业所在地区、企业上市板块和企业行业要素密集型进行样本分类后，在不同分类下，相比于非有效信息披露组，有效信息披露组的企业创新能力的均值总是更大，且差值均在 1% 的水平下显著，这意味着有效信息披露对企业创新能力具有显著的正向影响，初步证明了有效信息披露与企业创新之间存在相关关系。

五 核密度检验

此外，为了多方面验证企业进行有效信息披露比未进行有效信息披露更能促进企业创新，本章将样本分为进行有效信息披露的企业和未进行有效信息披露的企业两组，对比两组企业创新能力的核密度图的差异，具体结果如图 4-1 所示。通过分析图 4-1 结果可以发现，一方面，进行有效信息披露和未进行有效信息披露的企业的核密度图较为相似，大体上均呈现先增后减的变化趋势，这表明在这两个组别内，创新能力居中的企业数量较多，而创新能力处于两端的企业数量较少；另一方面，进一步观察进行有效信息披露和未进行有效信息披露的企业创新能力核密度图的差异可知，进行有效信息披露企业的核密度图位于未进行有效信息披露企业核密度图的右侧，这表明相比于未进行有效信息披露的企业，进行有效信息披露的企业的创新能力更强，从而较好地证明了有效信息披露与企业创新能力之间的正相关关系，这与企业创新能力的均值检验相呼应。

为了更为严谨地检验有效信息披露和企业创新能力之间的关系，下文将通过计量回归模型对两者之间的数理关系进行系统分析。

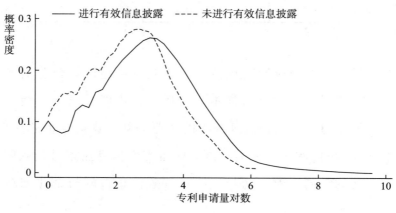

图 4-1　企业创新能力的核密度图

第二节　基于企业专利申请量的基准回归结果

　　首先，为了研究有效信息披露对企业创新的影响，本章考察了企业有效信息披露对企业专利申请量的影响，相应回归结果报告于表 4-3 中。其中第（1）列为仅考虑核心解释变量的回归结果，第（2）列至第（5）列为逐渐加入控制变量的回归结果。第一，根据第（1）列的结果可以发现，对企业和时间双固定效应进行控制后，只考虑核心解释变量有效信息披露对企业专利申请量的回归结果显示，有效信息披露变量的估计系数显著为正，并且通过了 1% 的显著性水平检验，初步表明有效信息披露显著提高了企业的创新能力，假设 1 成立。第二，第（2）列在第（1）列的基础上加入了企业规模和企业年龄两个控制变量，尽管有效信息披露的估计系数有所下降，但是仍然显著为正，且通过 1% 的显著性水平检验，这意味着在控制了其他影响因素之后，有效信息披露仍然显著提高了企业的创新能力。第三，第（3）列在第（2）列的基础上继续控制了资产负债率和总资产周转率，有效信息披露的估计系数稍有降低，但是作用方向不变，依然为正值且通过1%的显著性水平检验，有效信息披露显著提高了企业的创新能力。第四，第（4）列在第（3）列的基础上继续控制了资产收益率和现金满足投资比率，有效信息披露的估计系数作用方向不变，依然为正值，且在1%的水平下仍然显著，证明了有效信息披露显著提高了企业专利申请量，增强了企业创新能力。第五，第（5）列在第（4）列的基础上进一步控制了每股价格和股权集中度，结果显示，有效信息披露回归系数稍有下降，但是作用方向不变，在1%的水平下仍然显著，这证明了在控制企业固定效应、时间固定效应和相关控制变量的可能影响后，有效信息披露依然显著提高了企业的创新能力。这意味着有效信息披露对企业专利申请量具有显著的提升作用，对提高企业创新能力有明显作用，证明了假设1的有效性。

表 4-3　基准回归结果

变量	（1）	（2）	（3）	（4）	（5）
disclosure	0.5509 ***	0.4700 ***	0.4559 ***	0.4013 ***	0.3996 ***
	（4.2991）	（3.8235）	（3.7116）	（3.2558）	（3.2423）
size		0.2538 ***	0.2477 ***	0.2538 ***	0.2543 ***
		（25.0637）	（24.3019）	（24.7935）	（24.8367）
age		0.0309 ***	0.0310 ***	0.0340 ***	0.0339 ***
		（11.4447）	（11.5040）	（12.3741）	（12.3351）
lev			−0.0001	−0.0000	−0.0000
			（−0.9986）	（−0.2316）	（−0.2794）
ast			0.1377 ***	0.1171 ***	0.1161 ***
			（4.9095）	（4.1223）	（4.0834）
roa				0.0036 **	0.0029 *
				（2.4717）	（1.9156）

续表

变量	(1)	(2)	(3)	(4)	(5)
cainv				0.0049 ***	0.0049 ***
				(4.9507)	(4.9139)
sp					0.0010 *
					(1.7497)
ten					-0.0068 **
					(-2.2835)
常数项	2.1310 ***	-3.2648 ***	-3.2228 ***	-3.6429 ***	-3.6408 ***
	(16.7416)	(-14.2180)	(-14.0397)	(-14.9276)	(-14.9203)
Firm	Yes	Yes	Yes	Yes	Yes
Year	Yes	Yes	Yes	Yes	Yes
N	22013	22013	22013	22013	22013
R^2	0.7576	0.7874	0.8148	0.8211	0.8278

注：*Firm* 和 *Year* 分别代表企业固定效应和时间固定效应；括号内为异方差稳健的 t 值；***、** 与 * 分别表示 1%、5% 与 10% 的显著性水平。以下表格若无特别说明则含义相同。

其次，本章考察了企业有效信息披露对企业发明专利申请量的具体作用，相应回归结果报告于表 4-4 中。其中第（1）列为仅考虑核心解释变量的回归结果，第（2）列至第（5）列为逐渐加入控制变量后的回归结果。第一，根据第（1）列的结果可以发现，在控制了企业固定效应和时间固定效应后，只考虑核心解释变量有效信息披露对企业发明专利申请量的回归结果可知，有效信息披露变量的估计系数显著为正，并且通过了 1% 的显著性水平检验，初步表明了有效信息披露能够显著提高企业发明专利申请量，进而表明有效信息披露与企业创新能力之间存在正相关关系。第二，第（2）列在第（1）列的基础上加入了企业规模和企业年龄两个控制变量，尽管有效信息披露的估计系数有所下降，但是仍然显著为正，且通过 1% 的显著性水平检验，这意味着在控制了其他影响因素之后，有效信息披露依然显著提升了企业的创新能力。第三，第（3）列在第（2）列的基础上继续控制了资产负债率和总资产周转率，有效信息披露的估计系数稍有降低，但是作用方向不变，依然为正值且通过 1% 的显著性水平检验，这意味着有效信息披露显著提高了企业的创新能力。第四，第（4）列在第（3）列的基础上继续控制了资产收益率和现金满足投资比率，有效信息披露的估计系数作用方向不变，依然为正值，且在 5% 的水平下显著，证明了有效信息披露显著提高了企业发明专利申请量，提高了企业的创新水平。第五，第（5）列在第（4）列的基础上进一步控制了每股价格和股权集中度，结果显示，有效信息披露估计系数稍有下降，但是作用方向不变，且在 5% 的水平下仍然显著，这证明了在控制企业固定效应、时间固定效应和相关控制变量的可能影响后，有效信息披露依然显著提高了企业发明专利申请量，也从侧面证明了企业有效信息披露对其创新能力的提高有显著作用。

表 4-4　发明专利回归结果

变量	（1）	（2）	（3）	（4）	（5）
disclosure	0.4038 *** (2.9146)	0.3599 *** (2.7184)	0.3587 *** (2.7091)	0.3102 ** (2.3377)	0.3044 ** (2.2933)
size		0.2583 *** (25.3759)	0.2594 *** (25.2207)	0.2622 *** (25.3718)	0.2628 *** (25.4151)
age		0.0239 *** (8.6862)	0.0240 *** (8.7135)	0.0256 *** (9.0927)	0.0255 *** (9.0709)
lev			−0.0002 (−1.3186)	0.0000 (0.0467)	−0.0000 (−0.0275)
ast			−0.0175 (−0.5882)	−0.0398 (−1.3227)	−0.0406 (−1.3510)
roa				0.0058 *** (3.8354)	0.0052 *** (3.3307)
cainv				0.0019 * (1.9083)	0.0019 * (1.8869)
sp					0.0004 * (1.8142)
ten					−0.0003 (−0.1297)

续表

变量	（1）	（2）	（3）	（4）	（5）
常数项	1.5629 *** (11.3455)	−3.8691 *** (−16.3887)	−3.8731 *** (−16.3913)	−4.0488 *** (−16.1631)	−4.0459 *** (−16.1519)
Firm	Yes	Yes	Yes	Yes	Yes
Year	Yes	Yes	Yes	Yes	Yes
N	22013	22013	22013	22013	22013
R^2	0.0100	0.8803	0.8822	0.9030	0.9071

再次，本章考察了企业有效信息披露对企业实用新型专利申请量的具体作用，相应回归结果报告于表4-5中。其中第（1）列为仅考虑核心解释变量的回归结果，第（2）列至第（5）列为逐渐加入控制变量后的回归结果。第一，根据第（1）列的结果可以发现，对回归中企业和时间双固定效应进行控制后，只考虑核心解释变量有效信息披露对企业实用新型专利申请量的回归结果可知，有效信息披露变量的估计系数显著为正，并且通过了5%的显著性水平检验，该显著性弱于有效信息披露对专利申请量和发明专利申请量的作用，表明有效信息披露对企业实用新型专利申请量具有一定的提升作用。第二，第（2）列在第（1）列的基础上加入了企业规模和企业年龄两个控制变量，此时有效信息披露对企业实用新型专利申请量的作用大小和显著性均发生了明显下降，且有效信息披露的系数仅通过10%水平下的显著性检验，这意味着有效信息披露对实用新型专利的影响并不稳健。第三，第（3）列在第（2）列的基础上继续控制了资产负债率和总资产周转率，有效信息披露的估计系数变化不大，显著性仍处于10%的水平下，这一结果与第（2）列的情况类似。第四，第（4）列在第（3）列的基础上继续控制了资产收益率和现金满足投资比率，有效信息披露的估计系数发生了进一步的下降，并且有效信息披露估计系数未通过10%水平下的显著性

检验，这表明在加入相关控制变量后，有效信息披露对企业实用新型专利申请量的提升作用发生了逆转，在企业实用新型专利方面，有效信息披露带来的创新促进作用并不具有较强的稳健性。第五，第（5）列在第（4）列的基础上进一步控制了每股价格和股权集中度，结果显示，有效信息披露回归系数稍有下降，但是作用方向不变，仍未通过显著性检验，这证明了在控制企业固定效应、时间固定效应和相关控制变量的可能影响后，有效信息披露估计系数发生下降，但并不能通过10%水平下的显著性检验，这反映了在整体上，有效信息披露对企业实用新型专利申请量并不具有明显的提升作用。

表 4-5　实用新型专利回归结果

变量	（1）	（2）	（3）	（4）	（5）
disclosure	0.3352 ** (2.3463)	0.2573 * (1.8792)	0.2557 * (1.8675)	0.2234 (1.6248)	0.2210 (1.6073)
size		0.2479 *** (23.6231)	0.2446 *** (23.1161)	0.2475 *** (23.2577)	0.2480 *** (23.2975)
age		0.0228 *** (8.0427)	0.0228 *** (8.0227)	0.0243 *** (8.3981)	0.0242 *** (8.3584)
lev			0.0000 (0.3519)	0.0001 (0.9051)	0.0001 (0.8061)
ast			0.0755 ** (2.3904)	0.0633 ** (1.9769)	0.0619 * (1.9324)
roa				0.0022 (1.4181)	0.0014 (0.9074)
cainv				0.0026 ** (2.4684)	0.0025 ** (2.4383)
sp					0.0004 * (1.7401)
ten					0.0022 (0.9802)

续表

变量	（1）	（2）	（3）	（4）	（5）
常数项	1. 9054 *** （13. 4154）	− 3. 2813 *** （−13. 5214）	− 3. 2672 *** （−13. 4582）	− 3. 4795 *** （−13. 4858）	− 3. 4754 *** （−13. 4711）
Firm	Yes	Yes	Yes	Yes	Yes
Year	Yes	Yes	Yes	Yes	Yes
N	22013	22013	22013	22013	22013
R^2	0. 0701	0. 8273	0. 8331	0. 8433	0. 8481

　　最后，本章考察了企业有效信息披露对企业外观设计专利申请量的具体作用，相应回归结果报告于表 4-6 中。其中第（1）列为仅考虑核心解释变量的回归结果，第（2）列至第（5）列为逐渐加入控制变量后的回归结果。第一，根据第（1）列的结果可以发现，对回归中企业和时间双固定效应进行控制后，只考虑核心解释变量有效信息披露对企业外观设计专利申请量的回归结果可知，有效信息披露变量的估计系数为负，并且无法通过 10% 水平下的显著性检验，这表明有效信息披露对企业外观设计专利申请量的作用并不明显。第二，第（2）列在第（1）列的基础上加入了企业规模和企业年龄两个控制变量，此时有效信息披露对企业外观设计专利申请量的作用方向和显著性没有明显的变化，回归系数在统计意义上并不显著。第三，第（3）列在第（2）列的基础上继续控制了资产负债率和总资产周转率，有效信息披露估计系数仍无法通过 10% 水平下的显著性检验，这一结果与第（2）列的情况类似。第四，第（4）列在第（3）列的基础上继续控制了资产收益率和现金满足投资比率，有效信息披露估计系数的显著性并未发生明显改变，这表明在加入相关控制变量后，有效信息披露对企业外观设计专利申请量并不具有明显的提升作用，有效信息披露无法提高企业外观设计专利申请量。第五，第（5）列在第（4）列的基础上进一步控制了每股

价格和股权集中度，结果显示，有效信息披露回归系数的作用方向并未变化，仍旧无法通过10%水平下的显著性检验，这证明了在控制了企业固定效应、时间固定效应和相关控制变量的可能影响后，有效信息披露对企业外观设计专利申请量并不具有明显的提升作用。

表 4-6　外观设计专利回归结果

变量	（1）	（2）	（3）	（4）	（5）
disclosure	−0.0256 （−0.1403）	−0.0359 （−0.2020）	−0.1141 （−0.6486）	−0.1639 （−0.9318）	−0.1641 （−0.9327）
size		0.2251 *** （14.7992）	0.2049 *** （13.4426）	0.2166 *** （14.1554）	0.2167 *** （14.1558）
age		0.0048 （1.2506）	0.0041 （1.0868）	0.0090 ** （2.3259）	0.0089 ** （2.3145）
lev			0.0000 （0.3977）	0.0000 （0.1284）	0.0000 （0.1048）
ast			0.3355 *** （9.2983）	0.3260 *** （8.9391）	0.3261 *** （8.9406）
roa				−0.0017 （−1.0780）	−0.0019 （−1.1593）
cainv				0.0090 *** （6.1663）	0.0090 *** （6.1726）
sp					0.0001 （0.4599）
ten					−0.0003 （−0.1093）
常数项	1.6172 *** （8.9256）	−2.8482 *** （−8.3434）	−2.6152 *** （−7.7011）	−3.3879 *** （−9.3984）	−3.3878 *** （−9.3952）
Firm	Yes	Yes	Yes	Yes	Yes
Year	Yes	Yes	Yes	Yes	Yes
N	22013	22013	22013	22013	22013
R^2	0.0500	0.5561	0.7556	0.8433	0.8436

在分析了有效信息披露对企业创新的影响后，本章进一步对比企业申请专利的三个类别，观察企业有效信息披露对不同类别专利

申请量的影响，进而评估企业有效信息披露对企业创新的促进作用主要体现在哪个方面的专利变化上，具体回归结果报告于表4-7中。第（1）列至第（3）列分别是发明专利、实用新型专利和外观设计专利三种专利类型的回归结果，其中发明专利的技术含量最高。首先，通过表4-7的第（1）列可以看出，在控制了企业固定效应、时间固定效应和相关控制变量对回归结果的可能影响后，核心解释变量有效信息披露对企业发明专利申请量的回归结果显著为正，并且通过了5%的显著性水平检验，初步表明企业进行有效信息披露有利于提高其发明专利申请量。其次，分析第（2）列回归结果可以得知，在控制了企业固定效应、时间固定效应和相关控制变量对回归结果的可能影响后，核心解释变量有效信息披露对企业实用新型专利申请量的回归结果为正，但是不显著，表明有效信息披露对提高企业实用新型专利申请量的影响不显著。最后，第（3）列结果显示，在控制了企业固定效应、时间固定效应和相关控制变量对回归结果的可能影响后，核心解释变量有效信息披露对企业外观设计专利申请量的回归结果为负，但是不显著，表明有效信息披露对提高企业外观设计专利申请量的影响不显著。总体来看，有效信息披露主要是通过提高企业发明专利申请量来增强企业的创新能力，这表明本书假设1稳健成立。

表4-7　分专利类型回归结果

变量	（1）发明专利	（2）实用新型专利	（3）外观设计专利
disclosure	0.3044 ** (2.2933)	0.2210 (1.6073)	−0.1641 (−0.9327)
size	0.2628 *** (25.4151)	0.2480 *** (23.2975)	0.2167 *** (14.1558)
age	0.0255 *** (9.0709)	0.0242 *** (8.3584)	0.0089 ** (2.3145)

续表

变量	（1）发明专利	（2）实用新型专利	（3）外观设计专利
lev	-0.0000 （-0.0275）	0.0001 （0.8061）	0.0000 （0.1048）
ast	-0.0406 （-1.3510）	0.0619* （1.9324）	0.3261*** （8.9406）
roa	0.0052*** （3.3307）	0.0014 （0.9074）	-0.0019 （-1.1593）
cainv	0.0019* （1.8869）	0.0025** （2.4383）	0.0090*** （6.1726）
sp	0.0006* （1.8142）	0.0005* （1.7401）	0.0005 （0.4599）
ten	-0.0062 （-0.1297）	-0.0024 （-0.9802）	-0.0007 （-0.1093）
常数项	-4.0459*** （-16.1519）	-3.4754*** （-13.4711）	-3.3878*** （-9.3952）
Firm	Yes	Yes	Yes
Year	Yes	Yes	Yes
N	22013	22013	22013
R^2	0.8362	0.8492	0.8262

第三节　基于企业专利申请量的样本异质性分析

由于不同的分类样本往往具有其独有的性质，这使有效信息披露对企业的创新能力有着异质性的影响，对于该方面的探究将有助于本章进一步了解有效信息披露与企业创新能力之间的关系。因此，本节着重探究有效信息披露对企业创新能力的异质性作用。在样本异质性分析部分，为了方便不同样本分类结果的对比，本节对该部分的回归结果进行了系数标准化处理。

一 企业所处地理位置的差异

本节根据企业所处地理位置的不同，将总样本分为中西部地区企业样本和东部地区企业样本，在此基础上分别对子样本进行回归，具体回归结果报告于表4-8中。其中，第（1）列为中西部地区的样本回归结果，第（2）列为东部地区的样本回归结果。首先，对于第（1）列中西部地区企业而言，在控制了企业固定效应、时间固定效应和相关控制变量对回归结果的可能影响后，有效信息披露对专利申请量的回归系数为正，并且通过了1%水平下的显著性检验，初步表明有效信息披露提高了中西部地区企业专利申请量，意味着有效信息披露对企业创新能力具有提升作用。其次，对于第（2）列东部地区企业而言，在控制了企业固定效应、时间固定效应和相关控制变量对回归结果的可能影响后，有效信息披露对专利申请量的回归系数为正，并且通过了1%水平下的显著性检验，初步表明有效信息披露提高了东部地区企业专利申请量，意味着有效信息披露对企业创新能力具有促进作用。最后，进一步观察第（1）列和第（2）列的结果可以发现，在中西部地区回归结果中，有效信息披露的系数更大，这表明在控制各类非观测的固定效应和相关控制变量的可能影响后，相对于东部地区，有效信息披露对中西部地区企业创新能力的提升作用更大。二者差异的原因可能在于中西部地区企业与外部投资者之间存在更高程度的信息不对称，由于中西部地区企业距离经济发展中心地带更远，投资者对该地区企业的关注程度将更低，投资者与企业之间的信息摩擦更大，导致投资者与企业之间存在更高程度的信息不对称[1]，

---

[1] 黄张凯、刘津宇、马光荣：《地理位置、高铁与信息：来自中国IPO市场的证据》，《世界经济》2016年第10期。

因此当中西部地区企业进行有效信息披露时，能够最大限度地减少现有的信息摩擦，增强有效信息披露带来的创新促进作用。另外，这一结果也印证了连玉君和苏治①的结论，即中西部地区的企业面临更高程度的融资约束，这是因为企业与外部投资者之间的信息摩擦越大，企业获得资金融通的成本就越高，面临的融资约束程度也就越大。这表现为中西部地区由于其地理位置因素，与信贷机构或投资者之间的信息不对称程度更高，导致该地区企业有着更大的融资约束，因此中西部地区的企业进行有效信息披露后能够降低相应的融资成本，从而更快促进企业创新能力的提高。

表 4-8　企业所处地理位置的异质性回归结果

变量	（1）中西部地区	（2）东部地区
disclosure	0.0287 *** (2.7800)	0.0091 *** (2.6399)
size	0.1957 *** (13.0106)	0.2312 *** (12.0417)
age	0.1073 *** (7.6151)	0.1220 *** (7.0972)
lev	−0.0216 (−1.3192)	−0.0834 *** (−4.0884)
ast	0.0510 *** (3.3703)	0.0197 (1.0910)
roa	0.0863 *** (5.4715)	0.0580 *** (2.9974)
cainv	0.0014 (0.0946)	0.0367 ** (2.0696)
sp	0.0061 (0.4246)	0.0139 (0.7981)

---

① 连玉君、苏治：《融资约束、不确定性与上市公司投资效率》，《管理评论》2009 年第 1 期。

续表

变量	（1）中西部地区	（2）东部地区
ten	−0.0153 （−1.1022）	−0.0046 （−0.2717）
常数项	−0.9299 *** （−7.3213）	−0.2809 *** （−7.3272）
Firm	Yes	Yes
Year	Yes	Yes
N	5977	16036
R^2	0.8268	0.8236

二 企业所有制的差异

本节根据企业所有制形式的不同，将样本分为国有企业和非国有企业，在此基础上分别对子样本进行回归，具体回归结果报告于表4-9中。其中，第（1）列为国有企业的样本回归结果，第（2）列为非国有企业的样本回归结果。首先，对于第（1）列国有企业而言，在控制了企业固定效应、时间固定效应和相关控制变量对回归结果的可能影响后，有效信息披露对专利申请量的回归系数为正，并且通过了1%水平下的显著性检验，初步表明有效信息披露提高了国有企业专利申请量，意味着有效信息披露对企业创新能力具有提升作用。其次，对于第（2）列非国有企业而言，在控制了企业固定效应、时间固定效应和相关控制变量对回归结果的可能影响后，有效信息披露对专利申请量的回归系数为正，并通过了1%水平下的显著性检验，初步表明有效信息披露显著提高了非国有企业的专利申请量。最后，进一步观察第（1）列和第（2）列的结果可以得知，有效信息披露系数在国有企业的回归样本中更大，这表明相对于非国有企业，有效信息披露对国有企业创新能力的提升作用更为显著。

其原因可能在于，国有企业由于其特有性质，享受着一系列国家政策的偏向扶持，使国有企业享有得天独厚的待遇，使其难以被相关监管部门彻底监督管理，受到监管的力度较小，导致偏向扶持政策下市场资源配置发生扭曲[1]；国有企业危机存亡意识较弱，生产经营惰性比非国有企业更大，导致国有企业的经营效率比非国有企业的经营效率低[2]，使得国有企业与外部投资者之间的信息不对称程度更大，双方之间存在的信息摩擦更多，因此相比于非国有企业，当国有企业对外进行有效信息披露时，企业与外部投资者之间的信息不对称程度下降得更多，从而使有效信息披露更能提高国有企业的创新能力。

表 4-9　企业所有制形式的异质性回归结果

变量	（1）国有企业	（2）非国有企业
disclosure	0.0327 *** (2.9519)	0.0065 *** (2.7602)
size	0.3127 *** (27.0322)	0.2145 *** (11.6418)
age	0.0677 *** (5.9363)	0.2171 *** (11.6119)
lev	-0.0340 *** (-2.9421)	-0.0080 (-0.4226)
ast	0.0166 (1.4325)	0.1031 *** (5.6901)
roa	0.0477 *** (3.9031)	0.0095 (0.4887)
cainv	0.0237 ** (2.0181)	0.0400 ** (2.1555)

① 张天华、张少华：《偏向性政策、资源配置与国有企业效率》，《经济研究》2016 年第 2 期。
② 刘瑞明、石磊：《国有企业的双重效率损失与经济增长》，《经济研究》2010 年第 1 期。

续表

变量	（1）国有企业	（2）非国有企业
sp	0.0115 （1.0103）	0.0088 （0.4732）
ten	−0.0136 （−1.2342）	−0.0073 （−0.4078）
常数项	0.9932 *** （−17.1415）	0.7037 *** （−7.4568）
Firm	Yes	Yes
Year	Yes	Yes
N	5920	16093
R²	0.8118	0.8209

三 企业上市板块的差异

本节根据企业上市板块的不同，将样本分为主板、中小板上市企业和创业板上市企业，在此基础上分别对子样本进行回归，具体回归结果报告于表4-10中。其中，第（1）列为主板、中小板上市企业的样本回归结果，第（2）列为创业板上市企业的样本回归结果。首先，对于第（1）列主板、中小板上市企业而言，在控制了企业固定效应、时间固定效应和相关控制变量对回归结果的可能影响后，有效信息披露对专利申请量的回归系数为正，并且通过了1%水平下的显著性检验，初步表明有效信息披露提高了主板、中小板上市企业的专利申请量，意味着有效信息披露对主板、中小板上市企业创新能力具有提升作用。其次，对于第（2）列创业板上市企业而言，在控制其他因素对回归结果的可能影响后，创业板上市企业的有效信息披露行为与企业创新能力之间存在显著的正相关关系，并且该结果在1%的水平下显著，这意味着创业板上市企业进行有效信息披露后，企业未来的创新能力将有所提高。最后，进一步观察第

（1）列和第（2）列的结果可以得知，有效信息披露系数在创业板上市企业的回归样本中更大，这表明相对于主板、中小板上市企业，有效信息披露对创业板上市企业创新能力的提升作用更大。这一结论也支持了许荣等[①]的观点。相比于主板、中小板上市企业，由于创业板上市企业具有更低的绩效门槛要求，企业发展大部分处于初创期，企业未来发展具有较大不确定性和风险，高风险和高收益特征成为风险投资者对其投资的主要原因，因此风险投资者与创业板上市企业之间存在更高程度的信息不对称，当创业板上市企业对外进行有效信息披露时，投资者与企业之间的信息不对称程度得到有效缓解，从而使有效信息披露带来的企业创新能力的提升作用更为明显。

表 4-10　企业上市板块的异质性回归结果

变量	（1）主板、中小板	（2）创业板
disclosure	0.0232 *** (2.6555)	0.0305 *** (2.8501)
size	0.2525 *** (23.3938)	0.2569 *** (11.7914)
age	0.1499 *** (13.6380)	0.0070 (0.3394)
lev	−0.0008 (−0.0003)	0.1255 *** (5.4862)
ast	0.0739 *** (6.8293)	0.0821 *** (3.8051)
roa	0.0138 (1.1852)	0.0817 *** (3.5912)
cainv	0.0515 *** (4.6615)	−0.0207 (−0.9765)

① 许荣、蒋庆欣、李星汉：《信息不对称程度增加是否有助于投行声誉功能发挥？——基于中国创业板制度实施的证据》，《金融研究》2013 年第 7 期。

变量	（1）主板、中小板	（2）创业板
sp	0.0146 （1.3212）	0.0106 （0.5089）
ten	−0.0103 （−0.9620）	−0.0240 （−1.1267）
常数项	−0.5448*** （−15.8457）	−0.0134*** （−5.7353）
Firm	Yes	Yes
Year	Yes	Yes
N	17085	4928
R^2	0.8105	0.8111

四　企业要素密集度的差异

本节根据企业要素密集度的不同，根据企业资本劳动比的均值对样本进行分类，当企业资本劳动比大于样本均值时，视其为资本密集型企业，否则视其为劳动密集型企业，以此将所有样本分为资本密集型企业和劳动密集型企业，并在此基础上分别对子样本进行回归，具体回归结果报告于表4-11中。其中，第（1）列为资本密集型企业的样本回归结果，第（2）列为劳动密集型企业的样本回归结果。首先，对于第（1）列资本密集型企业而言，在控制了企业固定效应、时间固定效应和相关控制变量对回归结果的可能影响后，有效信息披露对专利申请量的回归系数为正，并且通过了1%水平下的显著性检验，初步表明有效信息披露提高了资本密集型企业的专利申请量，意味着有效信息披露对资本密集型企业创新能力具有提升作用，这也从侧面反映了本章基本面结论的稳健性。其次，对于第（2）列劳动密集型企业而言，在控制其他因素对回归结果的可能影响后，劳动密集型企业的有效信息披露与企业创新能力之间也存在显著的正相关关系，这意味着有效信息披露对企业创新能力的提升作用在劳动密集型企业样本中是存在的。最后，进一步观察第（1）列和第（2）列的结果可知，有效信息披露系数在资本密集型企业的回归样本中更大，这表明相对于劳动密集型企业，有效信息披露对资本密集型企业创新能力的提升作用更为显著，该结论与经济学直觉也是相符的。因为相比于劳动密集型企业，资本密集型企业一般为重机械、新兴高科技等需要大量人力资本和物质资本的行业，这些行业的机械设备或生产的产品均具有较低的产品替代性，即一般为异质化产品[①]，而异质化产品有着更高的信息成本，使外部投资者与企业之间存在更大程度的信息不对称，因此当资本密集型企业对外进行有效信息披露时，企业与潜在投资者之间的信息不对称程度将得到有效的缓解，这也表现为有效信息披露对资本密集型企业创新能力的影响更大。

表 4-11　企业要素密集度的异质性回归结果

变量	（1）资本密集型	（2）劳动密集型
disclosure	0.0595 ***	0.0108 ***
	(4.6036)	(3.0608)
size	0.3601 ***	0.2389 ***
	(26.5269)	(17.2045)
age	0.1319 ***	0.1156 ***
	(9.8323)	(8.2814)
lev	−0.0062	−0.0037
	(−0.3491)	(−0.2727)
ast	0.0036	0.0094
	(0.2607)	(0.6847)
roa	0.0066	0.0209
	(0.3592)	(1.4301)

---

① Rauch, J. E., "Networks Versus Markets in International Trade," *Journal of International Economics* 48 (1999): 7-35.

续表

变量	（1）资本密集型	（2）劳动密集型
cainv	0.0850 ***	0.0169
	（6.2790）	（1.2085）
sp	0.0212	0.0173
	（1.5786）	（1.2387）
ten	−0.0084	−0.0002
	（−0.6520）	（−0.0139）
常数项	−0.7233 ***	−0.2948 ***
	（−19.9327）	（−9.6516）
Firm	Yes	Yes
Year	Yes	Yes
N	11006	11007
R²	0.8079	0.8159

五　企业垄断程度的差异

本节参考李胜旗和毛其淋[①]的做法，通过构建赫芬达尔指数（HHI）来衡量企业的垄断能力，并根据 HHI 指标的均值对样本进行分组，当企业 HHI 数值大于样本均值时，将其视为高垄断能力的企业，否则将其视为低垄断能力的企业，在此基础上分别对两个子样本进行回归分析，具体回归结果报告于表 4-12 中。其中，第（1）列为高垄断能力企业的样本回归结果，第（2）列为低垄断能力企业的样本回归结果。首先，对于第（1）列高垄断能力企业而言，在控制了企业固定效应、时间固定效应和相关控制变量对回归结果的可能影响后，有效信息披露对专利申请量的回归系数为正，并且通过了 1% 水平下的显著性检验，初步表明有效信息披露提高了高垄断能力企业的专利申请量，意味着有效信息披露对高垄断能力企业创新

---

① 李胜旗、毛其淋：《制造业上游垄断与企业出口国内附加值——来自中国的经验证据》，《中国工业经济》2017 年第 3 期。

具有促进作用，再次证明了有效信息披露带来的稳健作用。其次，对于第（2）列低垄断能力企业而言，在控制其他因素对回归结果的可能影响后，有效信息披露与企业创新能力之间存在显著的正相关关系，并且该结果通过了1%水平下的显著性检验，这意味着有效信息披露对低垄断能力企业的创新能力具有积极的作用。最后，进一步观察第（1）列和第（2）列的结果可以发现，在高垄断能力企业的回归结果中，有效信息披露的系数更大，这表明在控制各类非观测的固定效应和相关控制变量的可能影响后，相对于低垄断能力的企业，有效信息披露对高垄断能力企业的创新能力提升作用更大，这一结果与刘志成[1]的发现相一致。究其原因在于，相比于低垄断能力的企业，高垄断能力的企业往往在行业中具有较高的垄断定价水平，这归因于企业掌握了行业内特有的资源或企业具有先天的技术优势，使企业能够通过垄断能力扭曲市场资源的配置，以提高企业自身的盈利水平，这也反映出企业与外部竞争者或投资者之间存在更高程度的信息不对称，因此，当高垄断能力企业对外进行有效信息披露时，企业创新能力的提升作用更大。

表 4-12　企业垄断能力的异质性回归结果

变量	（1）高垄断能力	（2）低垄断能力
disclosure	0.0310 *** （2.7493）	0.0136 *** （2.6227）
size	0.1927 *** （13.4545）	0.2915 *** （20.9640）
age	0.0158 （1.0924）	0.1842 *** （13.6965）

① 刘志成：《转售价格维持、不对称信息与反垄断执法》，《经济研究》2012 年第 S2 期。

续表

变量	（1）高垄断能力	（2）低垄断能力
lev	-0.0054 (-0.3762)	-0.0321 ** (-2.1987)
ast	0.0102 (0.7286)	0.0826 *** (6.1480)
roa	0.0074 (0.4889)	0.0578 *** (3.9273)
cainv	0.0095 (0.6467)	0.0455 *** (3.3678)
sp	0.0350 ** (2.4601)	0.0042 (0.3086)
ten	-0.0263 * (-1.9091)	-0.0007 (-0.0543)
常数项	-0.6691 *** (-6.0946)	-0.8129 *** (-14.5568)
Firm	Yes	Yes
Year	Yes	Yes
N	11006	11007
R^2	0.8145	0.8040

第四节　进一步的稳健性分析

一　模型设定的稳健性考虑

前文的分析采用 OLS 模型对有效信息披露与企业创新能力之间的关系进行检验，实际上，对于类似专利申请量这类非连续的计数数据，若采用线性回归模型进行估计，可能导致回归结果存在一定的偏差，而计数模型适用于被解释变量是自然数的情况，能够较好地估算出回归方程的无偏系数。而常见的计数模型有泊松模型和负二项回归模型，由于本章被解释变量的均值与方差并不相等，因此本章数据存在过度分散的特征，采用泊松模型并不适合，而负二项回归模型能够有效解决数据过度分散的问题，因此本章采用负二项回归模型对有效信息披露的作用进行估计，具体结果如表 4-13 所示。其中，第（1）列为仅考虑核心解释变量有效信息披露的回归结果，第（2）列至第（4）列为逐渐加入控制变量后的回归结果。首先，根据第（1）列结果可以得知，在控制非观测的企业固定效应和时间固定效应，并仅考虑有效信息披露对企业创新能力的作用后，有效信息披露的系数显著为正，从而初步证明有效信息披露能够提高企业的创新能力。其次，第（2）列至第（3）列在此基础上加入相关控制变量，结果表明有效信息披露的创新能力提升作用稳健存在。最后，在逐渐加入相关控制变量后，根据第（4）列结果可以发现，在控制非观测的企业固定效应、时间固定效应和其他可能影响回归结果的控制变量后，有效信息披露的系数依旧显著为正，表明有效信息披露是提升企业创新能力的重要因素，也证明了假设 1 的稳健性。综上，在考虑模型设定偏误后，有效信息披露对企业创新能力的提升作用并未发生明显的变化，这表明回归模型设定偏误并不影响回归结果的稳健性。

表 4-13　负二项回归模型的结果

变量	（1）	（2）	（3）	（4）
disclosure	0.9473 *** （7.2636）	0.6685 *** （5.8935）	0.5737 *** （5.0567）	0.5630 *** （4.9603）
size		0.4635 *** （63.0738）	0.4463 *** （56.3043）	0.4467 *** （56.4046）
age		0.0238 *** （9.3207）	0.0233 *** （8.9559）	0.0235 *** （9.0043）
lev		0.0007 *** （4.1054）	0.0025 *** （5.2838）	0.0023 *** （4.8906）

续表

变量	(1)	(2)	(3)	(4)
ast			0.2660*** (7.1215)	0.2708*** (7.2416)
roa			0.0082*** (4.1496)	0.0070*** (3.4666)
cainv			0.0023** (2.3030)	0.0024** (2.3991)
sp				0.0011*** (2.9007)
ten				-0.0008 (-0.2831)
常数项	3.1638*** (24.4179)	-6.5175*** (-35.8600)	-6.5333*** (-31.5247)	-6.5244*** (-31.4697)
Firm	Yes	Yes	Yes	Yes
Year	Yes	Yes	Yes	Yes
N	22013	22013	22013	22013

二 企业创新的其他替代指标

为了进一步检验有效信息披露对企业创新能力影响的稳健性，本章替换衡量企业创新能力的指标，参考顾夏铭等①的做法，将研发投入作为企业创新能力的衡量指标，对基准回归结果进行重新检验，具体回归结果如表4-14所示。其中，第（1）列为仅考虑核心解释变量有效信息披露的回归结果，第（2）列至第（4）列为逐渐加入控制变量后的回归结果。首先，根据第（1）列结果可以得知，在控制非观测的企业固定效应和时间固定效应，并仅考虑有效信息披露对企业创新能力的作用后，有效信息披露与企业创新能力之间存在显著的正相关关系，这反映了企业进行有效信息披露后，企业创新

---

① 顾夏铭、陈勇民、潘士远：《经济政策不确定性与创新——基于我国上市公司的实证分析》，《经济研究》2018年第2期。

能力将有所提升，也证明了假设 1。其次，第（2）列至第（3）列在此基础上加入相关控制变量，回归结果显示，有效信息披露的创新能力提升作用依然存在。最后，在逐渐加入相关控制变量后，根据第（4）列结果可以发现，在控制非观测的企业固定效应、时间固定效应和其他可能影响回归结果的控制变量后，有效信息披露的系数依旧显著为正，表明有效信息披露能够显著提高企业的创新能力，是企业创新增长的重要动因。综上，以企业研发投入来衡量企业的创新能力后，有效信息披露对企业创新能力的提升作用并未发生明显的变化，这表明本章基本面的回归结论具有较强的稳健性。

表 4-14　其他创新能力指标的回归结果

变量	（1）	（2）	（3）	（4）
disclosure	0.6734 *** (3.8581)	0.5153 *** (3.2835)	0.3148 ** (2.0461)	0.3276 ** (2.1295)
size		0.3298 *** (23.1273)	0.3293 *** (23.6971)	0.3283 *** (23.6273)
age		0.0042 (1.1363)	0.0010 (0.2720)	0.0014 (0.3922)
lev		0.0057 *** (5.4091)	0.0066 *** (6.0731)	0.0065 *** (6.0580)
ast			0.2876 *** (6.9500)	0.2967 *** (7.1423)
roa			0.0294 *** (9.8769)	0.0301 *** (9.6937)
cainv			−0.0050 *** (−3.8757)	−0.0048 *** (−3.6834)
sp				−0.0010 (−0.2875)
ten				−0.0009 ** (−2.5074)

变量	(1)	(2)	(3)	(4)
常数项	17.0654*** (98.4004)	10.3870*** (34.7566)	10.5446*** (34.7885)	10.5256*** (34.7383)
Firm	Yes	Yes	Yes	Yes
Year	Yes	Yes	Yes	Yes
N	22013	22013	22013	22013
R²	0.5042	0.5202	0.5428	0.5442

三 零创新问题的考虑

企业进行专利研发事实上涉及两个过程，首先确定是否进行专利研发，其次决定研发投入的数量，这意味着企业如果决定不进行专利研发，就存在零专利、零创新的现象，即零创新亦是本章需要考虑的一个问题。在本章中，原有分析均基于专利申请量非零的样本，忽视了零创新企业存在的合理性，并未在回归模型中考虑零专利申请的企业样本，这将导致回归结果忽视了零创新样本对有效信息披露潜在作用的影响，从而造成样本选择的问题。因此，为了进一步考虑零创新问题，本章在原有回归样本中补充零专利申请的企业样本，进而得到大量零创新的样本，然后通过 Heckman 两步法对样本选择问题进行处理。具体而言，第一步，决定企业进行专利申请的因素，即通过二元选择模型对企业出口行为进行回归，然后获得该回归结果中的"逆米尔斯比"（*mills*）；第二步，将"逆米尔斯比"代入本章基准回归方程中，在此基础上检验有效信息披露对企业创新能力的影响，若"逆米尔斯比"的系数显著，则表明回归结果中存在样本选择问题，此时有效信息披露的系数是考虑零创新问题后的无偏一致系数。

根据上述思路，本章构建 Heckman 两步法回归方程，具体结果如表 4-15 所示。其中，第（1）列为仅考虑核心解释变量有效信息披露的回归结果，第（2）列至第（4）列为逐渐加入控制变量后的回归结果。首先，根据第（1）列结果可以得知，在控制非观测的企业固定效应、时间固定效应，并仅考虑有效信息披露对企业创新能力的作用后，有效信息披露的系数显著为正，并且"逆米尔斯比"（mills）的系数显著为负，这表明零创新问题对本章影响是显著的，即未考虑零创新的原回归存在样本选择问题，在解决零创新问题后，有效信息披露对企业创新能力的提升作用显著存在，初步证明了本章基本结论的稳健性。其次，对比表 4-15 第（1）列结果与表 4-3 基准回归中第（1）列结果可以发现，在 Heckman 两步法回归下，有效信息披露的系数更小，这表明若不考虑零创新问题的存在，采用 OLS 线性回归模型将高估有效信息披露对企业创新能力的提升作用。最后，在逐渐加入相关控制变量后，根据表 4-15 第（4）列结果可以发现，在控制非观测的企业固定效应、时间固定效应和其他可能影响回归结果的控制变量后，有效信息披露的系数依旧显著为正，并且回归结果中"逆米尔斯比"的系数显著为负，这进一步表明了在解决零创新问题后，有效信息披露能够显著提高企业的创新能力。综上，零创新问题对本章基准回归具有重要的影响，在考虑零创新问题带来的潜在影响后，有效信息披露依然能够提高企业的创新能力，这也较好证明了有效信息披露对企业创新能力的稳健作用。

表 4-15　零创新问题的回归结果

变量	（1）	（2）	（3）	（4）
disclosure	0.4715 *** （3.1128）	0.4499 *** （3.6594）	0.4911 *** （2.7808）	0.4839 ** （2.4276）
size		0.3385 *** （12.8833）	−0.0091 （−0.1279）	−0.0493 （−0.6185）

续表

变量	(1)	(2)	(3)	(4)
age		-0.0141 *** (-3.9603)	-0.0036 (-0.6235)	-0.0029 (-0.4467)
lev		-0.0031 ** (-2.1448)	-0.0133 *** (-3.8733)	-0.0155 *** (-4.0015)
ast			0.5294 *** (5.1233)	0.5748 *** (5.0016)
roa			0.0084 *** (2.9726)	0.0079 ** (2.4475)
$cainv$			-0.0002 (-0.1455)	-0.0003 (-0.1643)
sp				0.0001 (1.6410)
ten				0.0002 (0.3357)
$mills$	-1.0937 *** (-10.3327)	-2.2950 *** (-4.4032)	-2.6554 *** (-4.7115)	-2.9978 *** (-4.7950)
常数项	2.8318 *** (16.8979)	-0.1706 (-0.6005)	2.8640 *** (4.3616)	3.2408 *** (4.4285)
Firm	Yes	Yes	Yes	Yes
Year	Yes	Yes	Yes	Yes
N	36938	36938	36938	36938

四　考虑金融危机冲击的影响

上文分析是基于上市企业在整个样本期内的有效信息披露行为，即包括 2008 年国际金融危机爆发这一时期，事实上，金融危机冲击会对企业经营绩效产生不利的影响，影响企业投资、筹资等行为[①]，可能会对有效信息披露与企业创新能力之间的关系产生影响。为了考虑金融危机对有效信息披露基本面结论的影响，本章通过以下两

①　曾爱民、张纯、魏志华：《金融危机冲击、财务柔性储备与企业投资行为——来自中国上市公司的经验证据》，《管理世界》2013 年第 4 期。

种方式来进行稳健性检验。第一，构建金融危机冲击变量（*crisis*），当样本处于 2008 年时，对该变量赋值为 1，否则赋值为 0，以此加入金融危机冲击这一变量；第二，只考虑 2008 年以后的样本数据，即所有样本均处于金融危机爆发后的大环境下，以此考虑金融危机冲击的潜在影响。

本章根据上述分类，对考虑金融危机后的有效信息披露的作用进行检验，具体结果汇报于表 4-16 中。其中，第（1）列和第（2）列是加入金融危机冲击变量的回归结果；第（3）列和第（4）列是 2008 年以后的样本回归结果。一方面，根据第（1）列结果可知，在仅考虑企业有效信息披露和金融危机冲击的作用，并控制了企业固定效应和时间固定效应后，金融危机冲击变量的系数为负，且通过了 1% 水平下的显著性检验，这表明金融危机冲击对企业的创新能力有明显的抑制作用，这体现了外部经济环境的恶化将对企业未来创新能力的发展产生不利作用；同时，企业有效信息披露的系数为正，且通过了 1% 水平下的显著性检验，这说明在控制金融危机冲击给企业带来的影响后，有效信息披露对企业创新能力的提升作用依旧存在，即企业能够通过加强信息披露的有效性，进而提高自身的创新能力，初步证明了本章结论的稳健性。在此基础上，第（2）列加入了相关控制变量，结果显示，在控制企业固定效应和时间固定效应，以及控制变量对回归结果的可能影响后，金融危机冲击变量的系数显著为负，有效信息披露的系数依然显著为正，从而较好证明了本章结论具有较强的稳健性。另一方面，通过分析第（3）列结果可以发现，在控制了企业固定效应和时间固定效应，并仅考虑 2008 年以后的样本数据后，企业有效信息披露的系数显著为正，这表明在控制金融危机带来的宏观环境巨变的情况下，有效信息披露对企业创新能力的提升作用并未发生明显的变化，这反映了有效信息披露的作用不随金融危机的爆发而发生改变。第（4）列在此基础上加入了相关控制变量，分析结果可以发现，在控制企业固定效应和时间固定效应，以及控制变量对回归结果的可能影响后，有效信息披露的回归结果通过了1%水平下的显著性检验，这表明企业进行有效信息披露的确能够提高企业的创新水平，较好地证明了本章结论的稳健性。

表 4-16　考虑金融危机冲击的回归结果

变量	（1）	（2）	（3）	（4）
disclosure	0.5588 *** (4.3696)	0.4079 *** (3.3152)	0.5722 *** (3.8477)	0.4361 *** (3.0535)
crisis	-0.5102 *** (-6.6279)	-0.4483 *** (-6.0370)		
size		0.2542 *** (24.8653)		0.2765 *** (26.1969)
age		0.0325 *** (11.7708)		0.0116 *** (3.8661)
lev		-0.0020 (-0.0056)		-0.0032 (-1.2914)
ast		0.1294 *** (4.5466)		0.1071 *** (3.5851)
roa		0.0029 * (1.9069)		0.0031 * (1.9035)
cainv		-0.0088 (-0.7539)		-0.0121 (-1.1237)
sp		0.0086 *** (3.0453)		0.0082 *** (3.3737)
ten		-0.0047 *** (-4.6974)		-0.0019 * (-1.7959)
常数项	2.1424 *** (16.8645)	-3.6050 *** (-14.7946)	2.2368 *** (15.1228)	-3.4850 *** (-13.4983)
Firm	Yes	Yes	Yes	Yes
Year	Yes	Yes	Yes	Yes
N	22013	22013	18261	18261
R^2	0.6134	0.6910	0.6162	0.6872

五　信息披露质量梯度的分析

前文的分析是以上市企业是否对外进行有效信息披露为基础的，但深圳证券交易所实则将上市企业信息披露的质量分为四个等级，本章在数据描述部分已对此进行详细介绍。为了更详尽地分析上市企业不同信息披露质量对企业专利申请量的影响，即信息披露质量梯度对企业创新能力的作用，本章将信息披露质量等级 D 作为基准，并将企业信息披露质量等级代入基准回归方程中，以检验信息披露质量梯度对企业创新能力的影响。对该问题的分析，将有助于我们更好地了解企业信息披露行为不同分类等级对企业创新能力的潜在作用，具体结果如表 4-17 所示。其中，$rate\_A$、$rate\_B$、$rate\_C$ 分别代表上市企业信息披露质量等级为 A、B、C；第（1）列为仅考虑核心解释变量信息披露质量的回归结果，第（2）列至第（4）列为逐渐加入控制变量后的回归结果。首先，观察第（1）列结果可以发现，在控制非观测的企业固定效应和时间固定效应，并仅考虑不同等级的信息披露质量对企业创新能力的影响后，不同信息披露质量等级的系数均显著为正，且都能通过 1% 水平下的显著性检验，这表明相对于信息披露质量等级 D 而言，当企业信息披露质量等级上升时，企业的创新能力也有所提升；进一步观察不同信息披露质量等级的系数后可以得知，信息披露质量等级 A、B、C 对企业创新能力的提升作用呈现递减的趋势，这意味着随着信息披露质量等级的逐渐提高，信息披露对企业创新能力的提升作用逐步增强，这也体现出信息披露质量梯度带来的企业创新能力的"阶梯递升效应"，初步验证了本书的假设 4。其次，观察第（2）列和第（3）列结果可知，企业创新能力的"阶梯递升效应"依旧存在，即在所有信息披露质量等级的升序组合下，信息披露对企业创新能力的提升作用将逐步增强。最后，分析第（4）列结果可知，在控制非观测的企业固定效应、时间固定效应和其他可能影响回归结果的控制变量后，不同等级信息披露质量的系数依旧显著为正，并且信息披露质量等级（A 至 C）的系数依次递减，这表明相对于信息披露质量等级 D，当企业逐渐提升对外披露信息的质量等级时，企业潜在的创新能力呈现递增的趋势，即信息披露质量梯度对企业创新能力的"阶梯递升效应"稳健存在，成功证明了假设 4。综上，不同的信息披露质量等级将对企业创新能力产生不同的提升作用，也在一定程度上验证了本章基本面核心结论的稳健性。这意味着企业信息披露不仅在有效信息披露分类上对企业创新能力存在水平效应，还在信息披露质量梯度上对企业创新能力存在垂直效应。

表 4-17 信息披露质量梯度的回归结果

变量	（1）	（2）	（3）	（4）
rate_A	1.0954 *** （8.4707）	0.9115 *** （7.3014）	0.8715 *** （6.9280）	0.8703 *** （6.9189）
rate_B	0.4855 *** （3.8493）	0.4335 *** （3.5651）	0.4035 *** （3.3056）	0.4014 *** （3.2881）
rate_C	0.1168 *** （3.8907）	0.1715 *** （3.5658）	0.1618 *** （3.4884）	0.1629 *** （3.4974）
size		0.2370 *** （23.5653）	0.2355 *** （23.1192）	0.2359 *** （23.1505）
age		0.0288 *** （10.8160）	0.0308 *** （11.3266）	0.0308 *** （11.2944）
lev		−0.0002 （−0.0955）	−0.0005 （−0.0878）	−0.0003 （−0.1278）
ast			0.1179 *** （4.2032）	0.1169 *** （4.1650）
roa			0.0001 （0.0917）	−0.0004 （−0.2806）

续表

变量	（1）	（2）	（3）	（4）
cainv			0.0033 *** （3.3178）	0.0033 *** （3.2849）
sp				0.0011 （1.3303）
ten				0.0006 （1.1219）
常数项	2.1310 *** （17.0619）	− 2.9057 *** （− 12.7562）	− 3.1577 *** （− 12.9975）	− 3.1556 *** （− 12.9890）
Firm	Yes	Yes	Yes	Yes
Year	Yes	Yes	Yes	Yes
N	22013	22013	22013	22013
R^2	0.1395	0.1409	0.1521	0.1538

六　内生性分析

上文对企业有效信息披露与其创新能力之间的关系做了较为充分的分析，但事实上忽略了一个关键问题，即回归结果潜在的内生性问题，创新能力越强的企业往往有着越好的经营绩效，可能越倾向于对外进行有效的信息披露，这将造成双向因果导致的内生性问题。为了减小潜在内生性造成的回归结果偏误，本章参照金祥义和戴金平[①]、吴红军等[②]的方法，构建分析师每股盈余预测偏差率指标（*predict*），以此作为有效信息披露的工具变量。一方面，企业有效信息披露与分析师每股盈余预测偏差率之间存在相关性，当企业对外进行有效信息披露时，分析师可以基于企业披露的有效信息对企业未来盈余进行预测，若企业披露的信息真实有效，那么分析师预

---

① 金祥义、戴金平：《有效信息披露与企业出口表现》，《世界经济》2019 年第 5 期。
② 吴红军、刘啟仁、吴世农：《公司环保信息披露与融资约束》，《世界经济》2017 年第 5 期。

测值与企业未来真实值的偏差应该更小，即分析师预测行为是理性的，并且预测结果是可信的[1]，因此分析师每股盈余预测偏差率与企业有效信息披露之间存在负相关关系，这符合工具变量的相关性假定。另一方面，分析师每股盈余预测偏差率与企业创新能力之间不存在必然的关系，分析师每股盈余预测偏差率与分析师个人的能力相关，而企业创新能力与其自身因素相关，与外界分析师的分析能力无关，因此二者之间不存在相关关系，这符合工具变量的外生性假定。

据此，本章构建了上述工具变量，并采用 2SLS 工具变量的回归方法对基准模型进行检验，具体回归结果如表 4-18 所示。其中，第（1）列为仅考虑核心解释变量有效信息披露的回归结果，第（2）列至第（4）列为逐渐加入控制变量后的回归结果。首先，根据第（1）列结果可以得知，一方面，第一阶段回归的结果显示，分析师每股盈余预测偏差率在 1% 的水平下显著为负，这表明工具变量与核心解释变量之间存在显著的负相关关系，即分析师每股盈余预测偏差率越小，企业进行有效信息披露的程度越高，同时 Kleibergen-Paap F 值为 45.3410，显著拒绝 10% 水平下的弱工具变量原假设，因此本章选取的工具变量是恰当适宜的；另一方面，基准回归方程中有效信息披露的系数为正，且通过了 1% 水平下的显著性检验，这表明在控制非观测的企业固定效应和时间固定效应后，企业进行有效信息披露能够显著促进企业创新能力的提高。其次，第（2）列和第（3）列的结果表明，第一阶段的 Kleibergen-Paap F 值均能拒绝 10% 水平下的原假设，这意味着分析师每股盈余预测偏差率是有效的工具变量，并且基准回归中有效信息披露对企业创新能力的提升

---

① 储一昀、仓勇涛：《财务分析师预测的价格可信吗？——来自中国证券市场的经验证据》，《管理世界》2008 年第 3 期。

作用依然存在。最后，通过分析第（4）列结果可知，第一阶段回归显示，分析师每股盈余预测偏差率的系数显著为负，表明随着分析师每股盈余预测偏差率的下降，企业可能进行有效信息披露，这反映了分析师利用真实数据得到的预测值与实际值的偏差在逐渐下降，并且 Kleibergen-Paap F 值为 47.9340，显著大于 10% 水平下弱工具变量原假设的临界值 16.38，即拒绝工具变量选取无效的原假设，证明本章工具变量是适宜的；同时，在基准回归结果中，在控制非观测的企业固定效应、时间固定效应和其他可能影响回归结果的控制变量后，有效信息披露的系数保持为正，并且在 1% 的水平下通过显著性检验，较好证明了有效信息披露对企业创新能力的提升作用，即本章核心结论稳健成立。综上，本章在考虑回归结果潜在的内生性问题后，企业进行有效信息披露依旧能够提高企业的创新能力。

表 4-18　工具变量回归结果

变量	（1）	（2）	（3）	（4）
disclosure	8.0733***	9.8822***	9.3996***	9.4792***
	（3.7781）	（4.1209）	（3.4835）	（3.5002）
size		0.2355***	0.2362***	0.2325***
		（13.0366）	（12.7018）	（12.3181）
age		0.0335***	0.0339***	0.0337***
		（8.8228）	（8.9006）	（8.8428）
lev		0.0025	0.0020	0.0020
		（1.6010）	（1.2734）	（1.2338）
ast			0.0776**	0.0809**
			（2.0034）	（2.0848）
roa			0.0008	0.0008
			（0.2040）	（0.1926）
cainv			0.0004	0.0008
			（0.3065）	（0.5933）

变量	(1)	(2)	(3)	(4)
sp				0.0014 (1.2526)
ten				−0.0006 ** (−2.5744)
第一阶段回归				
predict	−0.0037 *** (−8.9446)	−0.0034 *** (−8.0917)	−0.0032 *** (−7.1129)	−0.0030 *** (−7.0851)
Ctrls	Yes	Yes	Yes	Yes
Firm	Yes	Yes	Yes	Yes
Year	Yes	Yes	Yes	Yes
Kleibergen-Paap F 值	45.3410	46.3990	47.2450	47.9340
N	22013	22013	22013	22013
R^2	0.7714	0.7893	0.8320	0.8397

注：*Ctrls* 表示第一阶段回归中的控制变量；Stock-Yogo 弱工具变量检验中显著性 10% 对应的 Kleibergen-Paap F 值的上限为 16.38。

第五节　小结

本章以深圳证券交易所对上市企业的信息披露考评结果作为有效信息披露测度指标，以企业专利申请量作为企业创新指标，实证检验了有效信息披露对企业创新能力的影响。深圳证券交易所于2001 年制定了企业有效信息披露的相关评级标准，对企业的有效信息披露质量进行评级，并且我国的专利法也已较为完善，企业层面的专利数据也较为详尽，这为研究企业有效信息披露与创新能力之间的关系提供了难得的机会。本章得出以下结论。

其一，在控制了企业固定效应、时间固定效应和相关控制变量的可能影响后，有效信息披露显著提高了企业的专利申请量和发明专利申请量，即当企业进行有效信息披露时，企业的创新数量和创新质量均得到进一步的提升，这表明有效信息披露促进了企业创新。此外，在控制了企业固定效应、时间固定效应和相关控制变量的可能影响后，有效信息披露对企业实用新型专利和外观设计专利申请量的影响不显著。

其二，相对于东部地区，有效信息披露对中西部地区企业创新能力的提升作用更大；相对于非国有企业，在控制了企业固定效应、时间固定效应和相关控制变量的可能影响后，有效信息披露对国有企业创新能力的提升作用更为显著；相对于主板、中小板上市企业，有效信息披露对创业板上市企业创新能力的提升作用更大；相对于劳动密集型企业，有效信息披露对资本密集型企业创新能力的提升作用更为显著；相对于低垄断能力的企业，有效信息披露对高垄断能力企业的创新能力提升作用更大。

其三，对企业信息披露质量等级进行进一步划分，以探究信息披露质量梯度对企业创新能力的影响，发现不同的信息披露质量等级将对企业创新能力产生不同的提升作用，随着企业信息披露质量等级的提高，企业创新能力呈现递增的趋势，表明信息披露质量梯度对企业创新能力的提升作用存在"阶梯递升效应"。

其四，在考虑了金融危机的影响后，发现企业有效信息披露的系数仍然显著为正，表明在控制金融危机带来的宏观环境巨变的情况下，有效信息披露对企业创新能力的提升作用并未发生明显变化，这反映了有效信息披露的作用不随金融危机的爆发而发生改变。

其五，为避免零创新样本对有效信息披露潜在作用的影响，从而造成样本选择的问题，本章构建 Heckman 两步法回归方程进行检验，研究发现在解决零创新问题后，有效信息披露对企业创新能力的提升作用显著存在，初步证明了本章基本结论的稳健性。在考虑模型设定偏误后，本章采取了负二项回归模型进行替代检验，研究发现有效信息披露的创新能力提升作用稳健存在。此外，本章还用研发投入作为企业专利申请量的替代变量，将其作为企业创新的衡量指标进行回归，发现有效信息披露的系数依旧显著为正，表明有效信息披露能够显著提高企业的创新能力。在考虑潜在内生性问题后，本章使用分析师每股盈余预测偏差率作为工具变量进行回归检验，研究发现有效信息披露对企业创新能力的提升作用依然成立，从而表明本章基本面的回归结论是稳健成立的。

第五章

有效信息披露对企业创新能力的影响：
基于企业全要素生产率的研究

事实上，企业的创新能力可以用企业的全要素生产率予以表示①，企业的全要素生产率大小可以反映企业技术研发产生的技术进步程度，因此企业全要素生产率是企业创新能力变化的内在体现。据此，本章以企业全要素生产率作为企业创新的衡量指标②，重新检验企业有效信息披露对企业创新能力的各方面作用，以探究前文研究结论的稳健程度。

---

① 吴忠涛、张琅、张裕华：《经济转型时期的科技型企业创新效率比较研究》，《当代经济科学》2018 年第 3 期。

② 肖文、林高榜：《政府支持、研发管理与技术创新效率——基于中国工业行业的实证分析》，《管理世界》2014 年第 4 期；韩先锋、惠宁、宋文飞：《贸易自由化影响了研发创新效率吗?》，《财经研究》2015 年第 2 期；白俊红、卞元超：《要素市场扭曲与中国创新生产的效率损失》，《中国工业经济》2016 年第 11 期；戴魁早、刘友金：《要素市场扭曲与创新效率——对中国高技术产业发展的经验分析》，《经济研究》2016 年第 7 期；赵宸宇：《进口竞争能否提高企业创新效率?:基于中国企业层面的分析》，《世界经济研究》2020 年第 1 期。

第一节　基于企业全要素生产率的
模型设定与数据处理

一　模型设定

同前文一致，本章对有效信息披露与企业创新能力的研究是基于企业层面的微观数据，并结合上市企业的财务数据，构建以下计量回归模型：

$$tfp_{it} = \alpha + \beta disclosure_{it} + \gamma Ctrl_{it} + \delta_i + \delta_t + \varepsilon_{it} \tag{5-1}$$

其中，tfp_{it} 表示企业 i 在 t 年的全要素生产率，以 OP 的方法进行计算，用来表示企业的创新能力；$disclosure_{it}$ 表示有效信息披露指标，反映企业 i 在 t 年是否进行有效信息披露；$Ctrl_{it}$ 表示企业层面的控制变量；δ_i 表示企业固定效应，表示企业层面不随时间变化的因素；δ_t 表示时间固定效应，控制随时间变化的因素，如宏观层面的经济风险等；ε_{it} 表示二维的随机误差项。

二　指标处理与数据来源

企业创新能力指标用企业的全要素生产率（tfp）来表示，在企业生产率的计算上，本章借鉴赵健宇和陆正飞[1]的做法，计算上市企业的生产率大小。在衡量企业生产率指标的稳健性时，本章还参考现有文献用来衡量企业生产率的其他三种指标，分别是基于 OLS、

---

① 赵健宇、陆正飞：《养老保险缴费比例会影响企业生产效率吗?》，《经济研究》2018 年第 10 期。

LP、ACF 方法的生产率指标①，从而全面反映企业生产率的情况，进而综合评估企业创新能力的变化。

有效信息披露指标与第四章相同，用 *disclosure* 表示，数据来源于深圳证券交易所公布的上市企业信息披露考评结果，其结果分为 A（优秀）、B（良好）、C（合格）、D（不合格）四个等级，本章仍然参考金祥义和戴金平②的做法，在企业信息披露质量等级处于 A 至 C 类时，对 *disclosure* 赋值为 1，即企业进行了有效的信息披露，否则赋值为 0。

企业层面控制变量相关数据来源于 Wind 数据库，该数据库包含了与上市企业相关的财务数据，例如企业资产负债率、现金满足投资比率、总资产收益率等财务指标。本章采取的控制变量与第四章的控制变量相同，主要包括：企业规模（*size*），用企业总资产的对数形式来表示，预期符号为正；企业年龄（*age*），用企业当年年份与开业年份之差进行表示，预期符号为正；资产负债率（*lev*），用期末负债总额占期末总资产的比重表示，预期符号为负；总资产周转率（*ast*），用企业销售收入与期末总资产的比值表示，预期符号为正；资产收益率（*roa*），用净利润与总资产的比值来表示，预期

---

① Levinsohn, J., Petrin, A., "Estimating Production Functions Using Inputs to Control for Unobservables," *The Review of Economic Studies* 70（2003）：317–341；Ackerberg, D., Caves, K., Frazer, G., "Structural Identification of Production Functions," *MPRA Paper* 88（2006）：411–425；韩先锋、惠宁、宋文飞：《贸易自由化影响了研发创新效率吗？》，《财经研究》2015 年第 2 期；白俊红、卞元超：《要素市场扭曲与中国创新生产的效率损失》，《中国工业经济》2016 年第 11 期；戴魁早、刘友金：《要素市场扭曲与创新效率——对中国高技术产业发展的经验分析》，《经济研究》2016 年第 7 期；赵宸宇：《进口竞争能否提高企业创新效率？：基于中国企业层面的分析》，《世界经济研究》2020 年第 1 期。

② 金祥义、戴金平：《有效信息披露与企业出口表现》，《世界经济》2019 年第 5 期。

符号为正；现金满足投资比率（*cainv*），用企业经营活动产生的现金净流量与资本支出的比值来表示，预期符号为正；每股价格（*sp*），用企业市值除以总股数来表示，预期符号为正；股权集中度（*ten*），用企业前十大股东持股比例来表示，预期符号为负。

由于在上市企业样本中财务指标可能存在极端值，为了减小极端值对本章结论的影响，本章通过对所有变量进行上下 1% 的缩尾（winsorize）处理，以剔除财务数据中的异常值，最终获得了 2001 ~ 2022 年共计 19954 个样本数据，所有相关变量的描述性统计情况如表 5-1 所示。

表 5-1　描述性统计

变量	观测值	均值	标准差	最小值	最大值
tfp	19954	13.1502	0.9093	4.4090	17.9978
disclosure	19954	0.9816	0.1343	0	1
size	19954	7.4343	1.1882	1.3863	12.1860
age	19954	14.6680	5.7617	1	65
lev	19954	0.5161	0.88243	0.1947	1.0132
ast	19954	0.6994	0.6238	0	22.236
roa	19954	0.0638	0.1585	-1.6476	10.6156
cainv	19954	-0.0176	1.7505	-1.4464	8.6158
sp	19954	16.460	15.7543	0	223.9975
ten	19954	0.5869	0.1493	0.1037	0.9599

三　实证前的简单数据分析

在进行正式的计量模型回归分析之前，本章先对有效信息披露与企业创新能力之间的关系进行简单的数据分析，包括数据差异的均值检验和核密度检验，以初步分析有效信息披露对企业创新能力的潜在作用。

（一）企业创新能力的均值检验

本章按照企业是否进行有效信息披露进行分组，并对不同样本中有效信息披露和非有效信息披露之间的差异进行检验，具体结果报告于表 5-2 中。根据表 5-2 可以得知，整体上看，有效信息披露组的企业 tfp 均值为 13.1537，而非有效信息披露组企业 tfp 均值为 12.7432，两者相差 0.4105，并且两者差值在 1% 的水平下显著，从而初步验证了有效信息披露对企业创新能力具有显著的提升作用。在国有企业分组上，有效信息披露组的企业 tfp 均值为 13.2481，而非有效信息披露组的企业 tfp 均值为 12.6265，前者比后者高出 0.6216，且这一差值在 1% 的水平下显著；在非国有企业分组上，有效信息披露组的企业 tfp 均值为 13.1039，而非有效信息披露组的企业 tfp 均值为 12.7894，两者相差 0.3145，并且两者差值在 1% 的水平下显著。在中西部地区分组上，有效信息披露组的企业 tfp 均值为 13.1054，而非有效信息披露组的企业 tfp 均值为 12.5418，前者比后者高出 0.5636，且这一差值在 1% 的水平下显著；在东部地区分组上，有效信息披露组和非有效信息披露组的企业 tfp 均值分别为 13.1909 和 12.9470，两者相差 0.2439，并且通过了 1% 水平下的显著性检验。在主板、中小板分组上，相比于非有效信息披露组，有效信息披露组的企业 tfp 均值高出 0.4538，并且这一差值在 1% 的水平下显著；在创业板分组上，有效信息披露组的企业 tfp 均值为 12.9632，而非有效信息披露组的企业 tfp 均值为 12.8228，前者比后者高出 0.1404，且这一差值在 1% 水平下显著。在资本密集型企业分组上，有效信息披露组与非有效信息披露组的企业 tfp 均值差异为 0.2610，通过了 1% 水平下的显著性检验；在劳动密集型企业分组上，有效信息披露组的企业 tfp 均值为 13.1013，而非有效信息披露

组的企业 tfp 均值为 12.5293，两者相差 0.5720，并且两者差值在 1%的水平下显著。

表 5-2　企业创新能力的均值检验

类型	有效信息披露组	非有效信息披露组	企业 tfp 差值	t 值
整体	13.1537	12.7432	0.4105***	6.4936
国有企业	13.2481	12.6265	0.6216***	4.8341
非国有企业	13.1039	12.7894	0.3145***	4.4433
中西部地区	13.1054	12.5418	0.5636***	6.1664
东部地区	13.1909	12.9470	0.2439***	2.7857
主板、中小板	13.1889	12.7351	0.4538***	6.5637
创业板	12.9632	12.8228	0.1404***	4.9810
资本密集型	13.2062	12.9452	0.2610***	3.0442
劳动密集型	13.1013	12.5293	0.5720***	6.1717

注： *** 表示1%的显著性水平。

综上可知，按企业所有权性质、企业所在地区、企业上市板块和企业行业要素密集型进行样本分类后，在不同分类下，相比于非有效信息披露组，有效信息披露组的企业 tfp 均值总是更大，且差值均在 1%的水平下显著，这意味着有效信息披露对企业创新能力具有显著的正向影响，初步证明了在替换企业创新的衡量指标后，有效信息披露对企业创新的促进作用依然存在。

（二）核密度检验

此外，为了多方面验证企业进行有效信息披露比未进行有效信息披露更能促进企业创新，本章将样本分为进行有效信息披露的企业和未进行有效信息披露的企业两组，再次对比两组企业创新能力的核密度图差异，具体结果如图 5-1 所示。通过分析图 5-1 结果可以发现，一方面，进行有效信息披露企业和未进行有效信息披露企业的创新能力核密度图较为相似，均呈现驼峰式的变化趋势，这表明在这两个组别内，创新能力居中的企业数量较多，而创新能力处于两端的企业数量较少；另一方面，进一步观察进行有效信息披露企业和未进行有效信息披露企业核密度图的差异可知，进行有效信息披露企业的核密度图位于未进行有效信息披露企业核密度图的右侧，这表明相比于未进行有效信息披露的企业，进行有效信息披露的企业的平均创新能力更大，从而较好地再次证明了有效信息披露与企业创新能力之间的正向关系，这与企业创新能力的均值检验相呼应。为了更为严谨地检验有效信息披露和企业创新能力之间的关系，下文将通过计量回归模型对两者之间的数理关系进行系统分析。

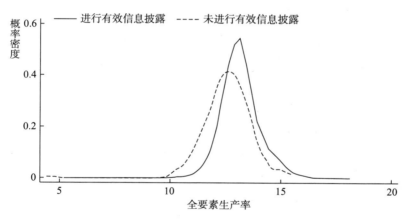

图 5-1　企业创新能力的核密度图

第二节　基于企业全要素生产率的
基础实证结果与分析

本章根据前文的计量回归模型，对有效信息披露与企业创新能力之间的关系进行回归分析，具体结果报告于表 5-3 中。其中，第（1）列至第（4）列为逐渐加入控制变量后的回归结果。首先，根据第（1）列的结果可以发现，在控制企业固定效应和时间固定效应，且仅考虑核心解释变量有效信息披露的作用时，有效信息披露的系数为正，且通过1%水平下的显著性检验，这表明有效信息披露能够提高企业的创新能力，初步证明了有效信息披露对企业创新促进作用的稳健性。其次，第（2）列在此基础上加入企业规模、企业年龄和资产负债率三个控制变量，结果显示，有效信息披露的系数在1%的水平下显著，这进一步表明有效信息披露对企业创新能力的提升作用具有一定的稳健性。在控制变量方面，企业规模和企业年龄的系数显著为正，但资产负债率的系数为负且不显著，这与预期保持一致。一方面，随着企业规模和企业年龄的增长，累积的市场经营和企业经营生产带来的规模经济效应逐渐凸显，企业能够达到更高的投入产出比，推动企业技术进步，促进企业创新发展；另一方面，资产负债率表示企业的偿债能力，随着企业资产负债率的增加，企业用以偿债的资本数量在不断减少，表明企业资不抵债的可能性在升高，因此对企业未来技术创新有不利的作用，进而抑制了企业的创新发展。再次，第（3）列在此基础上加入了总资产周转率、资产收益率和现金满足投资比率三个控制变量，分析结果可以得知，有效信息披露的系数依旧显著为正，这意味着有效信息披露能够显著提高企业的创新能力，这一效果不随控制变量的加入而发生变化，具有稳定的作用；在新增控制变量中，除现金满足投资比率外，其他两个控制变量的系数均通过1%水平下的显著性检验。对于总资产周转率而言，企业总资产周转率越高，表明企业经营效率越高，越有利于企业未来的技术进步和研发创新，因此系数符号为正；企业资产收益率越高，表明企业盈利能力越强，企业用于发展的资金更为充裕，这将有助于提高企业未来的研发投入，增强企业的创新能力，因此系数符号为正；现金满足投资比率越大，表明企业财务弹性越高，企业生产所得能够满足经营扩充所需的资金，表明企业可持续经营能力较强，这将推动企业进一步提高自身的创新能力，因此系数符号为正，但结果并不显著。最后，第（4）列加入了所有控制变量，可以发现在新增控制变量中，每股价格的系数显著为正，即企业股价越高，表明市场对企业的未来发展预期越好，投资者对企业的投资力度越大，企业资金越充裕，研发创新越有保障；股权集中度的系数显著为负，表明股权集中度越高，企业决策越可能集中在少部分人手中，导致委托代理和一股独大问题①，使企业容易发生大股东侵占中小股东利益的事件，降低了企业的经营效率，因此对企业创新能力有负面的作用；在有效信息披露变量上，有效信息披露的系数显著为正，这意味着在控制了非观测的企业固定效应和时间固定效应以及控制变量的可能影响后，有效信息披露与企业创新能力之间存在显著的正相关关系，从而较好地证明了在改变企业创新衡量指标的情况下，有效信息披露对企业创新能力的积极作用并未消失。

表 5-3　基准回归结果

变量	（1）	（2）	（3）	（4）
disclosure	0. 2122 *** （6. 1462）	0. 2129 *** （6. 1660）	0. 1253 *** （4. 1363）	0. 0638 ** （2. 2305）
size		0. 0165 ** （2. 0469）	0. 0947 *** （13. 0428）	0. 1191 *** （17. 3193）

① Fama, E. F., "Agency Problems and the Theory of the Firm," *Journal of Political Economy* 88 （1980）: 288-307.

变量	(1)	(2)	(3)	(4)
age		0.0889 *** (43.6468)	0.0876 *** (50.4949)	0.0915 *** (54.5753)
lev		-0.0001 (-0.7463)	-0.0001 (-1.1242)	-0.0003 *** (-3.7754)
ast			0.4577 *** (40.9988)	0.6576 *** (51.0899)
roa			0.0040 *** (10.0507)	0.0076 *** (13.7062)
cainv			0.0003 (0.0016)	0.0004 (0.2047)
sp				0.0005 *** (3.3380)
ten				-0.0062 *** (-13.9244)
常数项	12.9431 *** (37.9103)	11.6853 *** (15.9789)	12.1013 *** (18.7332)	11.8003 *** (17.7913)
Firm	Yes	Yes	Yes	Yes
Year	Yes	Yes	Yes	Yes
N	19954	19954	19954	19954
R^2	0.7632	0.7633	0.8262	0.8483

注：Firm 表示企业固定效应；Year 表示时间固定效应；括号内数值为修正了异方差后的稳健 t 统计值，*** 、** 、* 分别表示 1%、5%、10% 的显著性水平。以下表格若无特别说明则含义相同。

第三节　基于企业全要素生产率的样本异质性分析

本节研究了有效信息披露对企业创新能力的异质性作用，也是对第四章异质性分析结论的稳健性检验，同时为了直接对比不同分类样本的结果，本节对回归结果进行了系数标准化处理。

一　企业所处地理位置的差异

此处与前文保持一致，根据企业所处地理位置的不同，将总样本分为中西部地区企业样本和东部地区企业样本，并在此基础上分别对子样本进行回归，具体回归结果报告于表 5-4 中。其中，第（1）列为中西部地区的样本回归结果，第（2）列为东部地区的样本回归结果。首先，根据第（1）列结果可以发现，有效信息披露的系数显著为正，这表明控制非观测的企业固定效应和时间固定效应以及其他变量的可能影响后，企业进行有效信息披露能够促进企业创新能力的提升，这与基本面的回归结论相一致。其次，观察第（2）列结果可知，在东部地区中，在控制其他因素对回归结果的可能影响后，有效信息披露与企业创新能力之间存在显著的正相关关系，该结果通过了 1% 水平下的显著性检验，这表明有效信息披露对东部地区企业的创新能力具有显著的提升作用。最后，进一步观察第（1）列和第（2）列的结果可以发现，在中西部地区回归结果中，有效信息披露的系数更大，这表明在控制各类非观测的固定效应和相关控制变量的可能影响后，相对于东部地区，有效信息披露对中西部地区企业创新能力的提升作用更大，该结论与第四章的相关异质性分析的结论一致，再次证明了本章结论是稳健的。

表 5-4　企业所处地理位置的异质性回归结果

变量	（1）中西部地区企业	（2）东部地区企业
disclosure	0.0252 *** (3.7594)	0.0067 *** (3.1980)
size	0.1767 *** (12.8247)	0.2606 *** (21.6667)
age	0.5145 *** (32.0919)	0.6121 *** (40.6230)

变量	（1）中西部地区企业	（2）东部地区企业
lev	-0.1461 *** (-12.1392)	-0.1715 *** (-16.0163)
ast	0.4260 *** (31.0711)	0.4636 *** (37.9242)
roa	0.1025 *** (11.5208)	0.0944 *** (12.2418)
cainv	0.0005 (0.0745)	-0.0038 (-0.6810)
sp	0.0033 (0.3190)	0.0141 * (1.6557)
ten	-0.0825 *** (-7.1471)	-0.0941 *** (-9.3832)
常数项	0.1263 *** (13.9651)	0.6279 *** (11.6781)
Firm	Yes	Yes
Year	Yes	Yes
N	8711	11243
R^2	0.866	0.884

二　企业所有制的差异

此处与前文保持一致，根据企业所有制形式的不同，将样本分为国有企业和非国有企业，在此基础上分别对子样本进行回归，具体回归结果报告于表5-5中。其中第（1）列和第（2）列分别为国有企业和非国有企业的样本回归结果。首先，根据第（1）列结果可以得知，有效信息披露的系数显著为正，该结果通过了5%水平下的显著性检验，这表明在控制各类非观测的固定效应和相关控制变量的可能影响后，国有企业进行有效信息披露能够促进企业创新能力的提高，这也在一定程度上体现了核心结论的稳健性。其次，分析第（2）列结果可以发现，在控制其他因素对回归结果的可能影响后，非国有企业的有效信息披露行为与企业创新能力之间存在显著的正相关关系，该结果通过了5%水平下的显著性检验，这意味着有效信息披露对企业创新能力的提升作用在非国有企业样本中是显著的。最后，进一步观察第（1）列和第（2）列的结果可以得知，有效信息披露系数在国有企业的回归样本中更大，这表明相对于非国有企业，有效信息披露对国有企业创新能力的提升作用更为显著，该结论与第四章的相关异质性分析的结论一致，再次证明了本章结论是稳健的。

表 5-5　企业所有制形式的异质性回归结果

变量	（1）国有企业	（2）非国有企业
disclosure	0.0141 ** （2.5679）	0.0024 ** （2.3498）
size	0.2198 *** （19.9951）	0.2213 *** （14.8361）
age	0.6258 *** （39.2610）	0.4868 *** （29.7100）
lev	−0.1623 *** （−15.6488）	−0.1408 *** （−12.0337）
ast	0.4478 *** （38.1779）	0.4422 *** （30.4769）
roa	0.1115 *** （14.7848）	0.0696 *** （7.5252）
cainv	0.0004 （0.0747）	−0.0061 （−0.9054）
sp	0.0306 *** （3.7292）	0.0351 *** （3.2827）
ten	0.1186 *** （12.5337）	0.0689 *** （5.3149）
常数项	0.2002 *** （10.7147）	0.6434 *** （14.4283）
Firm	Yes	Yes
Year	Yes	Yes
N	6668	13286
R^2	0.879	0.875

三 企业上市板块的差异

此处与前文保持一致，根据企业上市板块的不同，将样本分为主板、中小板上市企业和创业板上市企业，在此基础上分别对子样本进行回归，具体回归结果报告于表 5-6 中。其中，第（1）列为主板、中小板上市企业的样本回归结果，第（2）列为创业板上市企业的样本回归结果。首先，根据第（1）列结果可以得知，有效信息披露的系数显著为正，这表明在控制各类非观测的固定效应和相关控制变量的可能影响后，主板、中小板上市企业通过有效信息披露能够提升企业的创新能力，这也表明了本章基本面的结论具有一定程度的稳健性。其次，分析第（2）列结果可以发现，在控制其他因素对回归结果的可能影响后，创业板上市企业的有效信息披露行为与企业创新能力之间存在显著的正相关关系，并且该结果通过了 5% 水平下的显著性检验，这意味着创业板上市企业进行有效信息披露后，企业的创新能力将有所提高。最后，进一步观察第（1）列和第（2）列的结果可以得知，有效信息披露系数在创业板上市企业的回归样本中更大，这表明相对于主板、中小板上市企业，有效信息披露对创业板上市企业创新能力的提升作用更大，该结论与第四章的相关异质性分析的结论一致，再次证明了本章结论是稳健的。

表 5-6 企业上市板块的异质性回归结果

变量	（1）主板、中小板上市企业	（2）创业板上市企业
disclosure	0.0105 ** （2.3000）	0.0746 ** （2.4605）
size	0.1670 *** （17.9461）	0.0462 （1.5397）
age	0.5904 *** （51.4022）	0.6070 *** （11.4399）

变量	（1）主板、中小板上市企业	（2）创业板上市企业
lev	−0.0139 *** （−2.8216）	−0.1921 *** （−8.2642）
ast	0.4558 *** （47.6027）	0.3202 *** （18.1603）
roa	0.0593 *** （10.9722）	0.2301 *** （14.4367）
cainv	−0.0006 （−0.1364）	−0.0077 （−0.7256）
sp	−0.0081 （−1.2069）	−0.0164 （−0.9596）
ten	−0.1145 *** （−14.3380）	−0.0763 *** （−3.1283）
常数项	0.8454 *** （6.6228）	0.2361 *** （5.8997）
Firm	Yes	Yes
Year	Yes	Yes
N	16917	3037
R^2	0.847	0.874

四　企业要素密集度的差异

此处与前文保持一致，根据企业要素密集度的不同，根据企业资本劳动比的均值对样本进行分类，当企业资本劳动比大于样本均值时，视其为资本密集型企业，否则视其为劳动密集型企业，以此将所有样本分为资本密集型企业和劳动密集型企业，并在此基础上分别对子样本进行回归，具体回归结果报告于表5-7中。其中，第（1）列为资本密集型企业的样本回归结果，第（2）列为劳动密集型企业的样本回归结果。首先，根据第（1）列结果可以得知，有效信息披露的系数显著为正，这表明在控制各类非观测的固定效应和相关控制变量的可能影响后，资本密集型企业进行有效信息披露能够促进企业创新能力的提升，该结果通过了 5% 水平下的显著性检验，这也从侧面反映了本章基本面结论的稳健性。其次，通过分析第（2）列结果可以发现，在控制其他因素对回归结果的可能影响后，劳动密集型企业的有效信息披露行为与企业创新能力之间也存在显著的正相关关系，这意味着有效信息披露对企业创新能力的提升作用在劳动密集型企业样本中同样存在。最后，进一步观察第（1）列和第（2）列的结果可知，有效信息披露系数在资本密集型企业的回归样本中更大，这表明相对于劳动密集型企业，有效信息披露对资本密集型企业创新能力的提升作用更大，该结论与第四章的相关异质性分析的结论一致，再次证明了本章结论是稳健的。

表 5-7 企业要素密集度的异质性回归结果

变量	（1）资本密集型企业	（2）劳动密集型企业
disclosure	0.0126 ** (2.1064)	0.0107 * (1.8979)
size	-0.2702 *** (-19.9698)	-0.0533 *** (-3.9353)
age	0.5450 *** (34.6454)	0.6467 *** (42.8469)
lev	0.1863 *** (17.9786)	0.0028 (0.4620)
ast	0.4960 *** (38.6363)	0.4180 *** (36.0310)
roa	0.0953 *** (12.5356)	0.0654 *** (9.8333)
cainv	-0.0001 (-0.0166)	-0.0038 (-0.7586)
sp	-0.0327 *** (-3.6506)	0.0037 (0.4071)
ten	0.1103 *** (10.3457)	0.1221 *** (11.3752)

变量	（1）资本密集型企业	（2）劳动密集型企业
常数项	0.1159*** （13.4112）	0.0804*** （10.2713）
Firm	Yes	Yes
Year	Yes	Yes
N	10157	9797
R^2	0.875	0.887

五　企业垄断程度的差异

此处与前文保持一致，参考李胜旗和毛其淋[①]的做法，通过构建赫芬达尔指数（HHI）来衡量企业的垄断能力，并根据 HHI 数据均值对样本进行划分，当企业 HHI 大于样本均值时，将其视为高垄断能力的企业，否则将其视为低垄断能力的企业，在此基础上分别对两个子样本进行回归分析，具体回归结果报告于表 5-8 中。其中，第（1）列为高垄断能力企业的样本回归结果，第（2）列为低垄断能力企业的样本回归结果。首先，根据第（1）列结果可以发现，在高垄断能力企业的样本中，有效信息披露的系数显著为正，这表明在控制各类非观测的固定效应和相关控制变量的可能影响后，企业进行有效信息披露能够显著提高企业的创新能力，再次反映了有效信息披露带来的稳健作用。其次，观察第（2）列结果可知，在低垄断能力企业的样本中，控制其他因素对回归结果的可能影响后，有效信息披露与企业创新能力之间存在显著的正相关关系，并且该结论通过了 5% 水平下的显著性检验，这意味着有效信息披露对低垄断

---

① 李胜旗、毛其淋：《制造业上游垄断与企业出口国内附加值——来自中国的经验证据》，《中国工业经济》2017 年第 3 期。

能力企业的创新能力具有积极的作用。最后，进一步观察第（1）列和第（2）列的结果可以察觉，在高垄断能力企业的回归结果中，有效信息披露的系数更大，这表明在控制各类非观测的固定效应和相关控制变量的可能影响后，相对于低垄断能力的企业，有效信息披露对高垄断能力企业的创新能力提升作用更大，该结论与第四章的相关异质性分析的结论一致，再次证明了本章结论是稳健的。

表 5-8　企业垄断能力的异质性回归结果

变量	（1）高垄断能力企业	（2）低垄断能力企业
disclosure	0.0133** (2.4654)	0.0012** (2.1890)
size	-0.2986*** (-25.1251)	-0.1527*** (-11.7173)
age	0.6637*** (50.9653)	0.7322*** (27.5021)
lev	0.0922*** (11.6574)	-0.0063 (-0.9624)
ast	0.3949*** (35.7157)	0.5189*** (39.6522)
roa	0.0896*** (13.0901)	0.0605*** (7.5644)
cainv	0.0006 (0.1304)	0.0003 (0.0499)
sp	-0.0051 (-0.6379)	-0.0070 (-0.7238)
ten	0.0766*** (8.1634)	0.0709*** (5.9413)
常数项	0.6439*** (14.1630)	0.5918*** (12.1637)
Firm	Yes	Yes
Year	Yes	Yes
N	9977	9977
R^2	0.882	0.850

第四节　进一步的稳健性分析

一　考虑 *tfp* 指标的稳健性

前文对有效信息披露与企业创新能力之间的关系进行了较为详尽的检验，但相关结果均基于 OP 方法下的企业生产率指标，为了进一步检验不同企业全要素生产率计算方法是否会影响本章的核心结论，本章在此基础上还计算了三种不同方法下的企业 *tfp* 指标，分别基于 OLS、LP、ACF 的计算方法，相应生产率指标命名为 *tfp_ols*、*tfp_lp*、*tfp_acf*，并根据上述指标，对有效信息披露带来的创新促进作用进行再检验，具体结果如表 5-9 所示。其中，第（1）列是以 *tfp_ols* 作为企业创新能力替代指标的回归结果；第（2）列是以 *tfp_lp* 作为企业创新能力替代指标的回归结果；第（3）列是以 *tfp_acf* 作为企业创新能力替代指标的回归结果。首先，根据第（1）列的回归结果可以得知，在控制企业固定效应和时间固定效应，以及控制变量对回归结果的可能影响后，有效信息披露对企业创新能力的作用显著为正，这表明 OLS 计算方法下的回归结果依然稳健。其次，通过分析第（2）列结果能够发现，在控制企业固定效应和时间固定效应，以及控制变量对回归结果的可能影响后，有效信息披露的系数为正，且在 5% 的水平下通过了显著性检验，这表明有效信息披露能够显著提高企业潜在的创新能力，这意味着在改用 LP 方法计算企业生产率指标后，有效信息披露带来的创新促进作用依然存在。最后，观察第（3）列回归结果可以发现，在控制企业固定效应和时间固定效应，以及控制变量对回归结果的可能影响后，与前两列结果相比，ACF 方法下有效信息披露的符号和显著性并未发生明显的变化，这表明有效信息披露对企业创新能力的提升作用不随企业生产率指标计算方法的变化而发生改变，因此证明了不同企业生产率指标计算方法下，本章核心结论稳健成立。综上，在考虑以不同企业生产率指标来衡量创新能力后，有效信息披露对企业创新发挥着正向的作用，这意味着考虑企业 *tfp* 指标的不同计算方法后，企业的创新能力仍受到企业对外有效信息披露的积极影响。

表 5-9　企业 *tfp* 指标稳健性的分析结果

变量	(1) *tfp_ols*	(2) *tfp_lp*	(3) *tfp_acf*
disclosure	0.0630** (2.1960)	0.0638** (2.2305)	0.0703** (2.0942)
size	0.2427*** (35.1815)	0.1191*** (17.3193)	0.6379*** (41.2942)
age	0.0818*** (48.6618)	0.0915*** (54.5753)	0.1714*** (45.5170)
lev	−0.0004*** (−4.0526)	−0.0003*** (−3.7754)	−0.0001*** (−2.6412)
ast	0.6785*** (52.5527)	0.6576*** (51.0899)	0.4829*** (16.7027)
roa	0.0081*** (14.6016)	0.0076*** (13.7062)	0.0032*** (2.6046)
cainv	−0.0001 (−0.3964)	−0.0001 (−0.2047)	0.0001 (0.6042)
sp	0.0002 (0.6054)	0.0005 (1.3380)	0.0069*** (7.7885)
ten	−0.0063*** (−14.2704)	−0.0062*** (−13.9244)	−0.0048*** (−4.8303)
常数项	9.6023*** (4.3230)	11.8003*** (7.9130)	10.0383*** (5.6191)
Firm	Yes	Yes	Yes
Year	Yes	Yes	Yes
N	19954	19954	19954
R^2	0.8405	0.8483	0.8679

二　考虑金融危机冲击的影响

金融危机冲击会对企业经营绩效产生不利的影响，影响企业投资、筹资等行为[①]，为了考虑金融危机对有效信息披露与企业创新基本面结论的影响，本章通过以下两种方式来进行稳健性检验。第一，构建金融危机冲击变量（*crisis*），当样本处于 2008 年时，对金融危机冲击变量赋值为 1，否则赋值为 0，以此考虑金融危机冲击对企业创新的可能作用；第二，只考虑 2008 年以后的样本数据，即所有样本均处于金融危机爆发后的大环境下，以此考虑金融危机冲击的潜在影响。

本章根据上述分类，对考虑金融危机后的有效信息披露的作用进行检验，具体结果汇报于表 5-10 中。其中，第（1）列和第（2）列是加入金融危机冲击变量的回归结果；第（3）列和第（4）列是 2008 年以后的样本回归结果。一方面，根据第（1）列结果可知，在仅考虑企业有效信息披露和金融危机冲击的作用，并控制企业固定效应和时间固定效应后，金融危机冲击变量的系数为负，且通过了 1% 水平下的显著性检验，这表明金融危机冲击对企业的创新能力有明显的抑制作用，这体现了外部经济环境的恶化将影响企业未来的有序发展；同时，企业有效信息披露的系数为正，且通过了 1% 水平下的显著性检验，这说明在控制金融危机冲击给企业带来的影响后，有效信息披露对企业创新的促进作用依旧存在，初步证明了有效信息披露对企业创新作用的稳健性。在此基础上，第（2）列加入了相关控制变量，结果显示，在控制企业固定效应和时间固定效应，以及控制变量对回归结果的可能影响后，金融危机冲击变量的系数

---

① 曾爱民、张纯、魏志华：《金融危机冲击、财务柔性储备与企业投资行为——来自中国上市公司的经验证据》，《管理世界》2013 年第 4 期。

有效信息披露与企业创新

显著为负，有效信息披露的系数依然显著为正，从而较好地证明了本章基本面结论具有较强的稳健性。另一方面，通过分析第（3）列结果可以知道，在控制了企业固定效应和时间固定效应，并仅考虑2008 年以后的样本数据后，企业有效信息披露的系数显著为正，这表明在控制金融危机带来的宏观环境巨变的情况下，有效信息披露对企业创新的促进作用并未发生明显的变化，这反映了有效信息披露的作用不随金融危机的爆发而发生改变。第（4）列在此基础上加入了相关控制变量，分析结果可以发现，在控制企业固定效应和时间固定效应，以及控制变量对回归结果的可能影响后，有效信息披露的回归系数通过了 5% 水平下的显著性检验，这表明企业进行有效信息披露的确能够提高未来的创新能力，较好地证明了有效信息披露对企业创新的稳健作用。

表 5-10　考虑金融危机冲击的回归结果

变量	（1）	（2）	（3）	（4）
disclosure	0. 2122 *** （6. 1462）	0. 0638 ** （2. 2305）	0. 0989 ** （2. 4386）	0. 0235 ** （2. 4155）
crisis	−0. 7856 *** （−23. 9085）	−0. 0046 *** （−7. 2260）		
size		0. 1191 *** （17. 3193）		0. 1398 *** （17. 4942）
age		0. 0915 *** （54. 5753）		0. 0893 *** （42. 0665）
lev		−0. 0003 *** （−3. 7754）		−0. 0031 *** （−13. 4438）
ast		0. 6576 *** （51. 0899）		0. 6218 *** （44. 4321）
roa		0. 0076 *** （13. 7062）		0. 0119 *** （18. 1306）
cainv		−0. 0003 （−0. 2047）		−0. 0004 （−0. 1833）

138

续表

变量	（1）	（2）	（3）	（4）
sp		−0.0005 （−1.3380）		−0.0003 （−0.8539）
ten		−0.0062*** （−13.9244）		−0.0037*** （−8.2767）
常数项	11.9954*** （28.0394）	11.8003*** （17.7913）	12.8474*** （29.7473）	12.0555*** （16.0812）
Firm	Yes	Yes	Yes	Yes
Year	Yes	Yes	Yes	Yes
N	19954	19954	16721	16721
R^2	0.7632	0.8483	0.8277	0.8942

三　信息披露质量梯度的分析

前文的分析是以上市企业是否对外进行有效信息披露为基础的，但深圳证券交易所实则将上市企业信息披露质量分为四个等级，本章在数据描述部分已对此进行详细介绍。为了更详尽地分析上市企业不同信息披露质量对企业创新的差异化作用，即不同信息披露质量梯度对企业创新能力的潜在作用，本章将信息披露质量等级 D 作为基准，并将企业信息披露质量等级代入基准回归方程中，以检验信息披露质量梯度对企业创新能力的影响。对该问题的分析，将有助于我们更好地了解企业信息披露行为不同分类等级对企业创新能力的潜在作用，具体结果如表 5-11 所示。其中，rate_A、rate_B、rate_C 分别代表上市企业信息披露质量等级为 A、B、C；第（1）列为仅考虑核心解释变量信息披露质量的回归结果，第（2）列至第（4）列为逐渐加入控制变量后的回归结果。首先，观察第（1）列结果可以发现，在控制非观测的企业固定效应和时间固定效应，并仅考虑不同等级的信息披露质量对企业创新能力的影响后，不同信息披露质量等级的系数均显著为正，且都通过1%水平下的显著性检验，这表明相对于信息披露质量等级 D，当企业信息披露质量等级有所上升时，企业的创新能力将得到更快提升；进一步观察不同信息披露质量等级的系数后可以得知，信息披露质量等级 A、B、C 对企业创新能力的提升作用呈现递减的趋势，这意味着随着信息披露质量等级的逐渐提高，企业未来的创新能力逐步增强，这也体现出信息披露质量梯度带来的企业创新能力的"阶梯递升效应"。其次，观察第（2）列和第（3）列结果可以察觉，企业创新能力的"阶梯递升效应"依旧存在，即在所有信息披露质量等级的升序组合下，企业的创新能力将逐步提升。最后，分析第（4）列结果可知，在控制非观测的企业、时间固定效应和其他可能影响回归结果的变量后，不同等级信息披露质量的系数依旧显著为正，并且信息披露质量等级（A 至 C）的系数依次递减，这表明相对于信息披露质量等级 D，当企业逐渐提升对外披露信息的等级时，企业潜在的创新能力呈现递增的趋势，即信息披露质量梯度对企业创新能力的"阶梯递升效应"稳健存在。综上，不同的信息披露质量等级将对企业创新能力产生不同的提升作用，也在一定程度上反映了本章基本面结论的稳健性，这意味着企业信息披露不仅在有效信息披露分类上对企业创新能力存在水平效应，还在信息披露质量梯度上对企业创新能力存在垂直效应。

表 5-11 信息披露质量梯度的回归结果

变量	（1）	（2）	（3）	（4）
rate_ A	0.3234 *** （8.6443）	0.3278 *** （8.7567）	0.2162 *** （6.5929）	0.1312 *** （4.2225）
rate_ B	0.2772 *** （7.9566）	0.2784 *** （7.9917）	0.1667 *** （5.4440）	0.0901 *** （3.1041）

续表

变量	（1）	（2）	（3）	（4）
$rate\_C$	0.1282***	0.1285***	0.0716**	0.0331**
	（3.6524）	（3.6613）	（2.3224）	（2.1379）
$size$		0.0218***	0.0984***	0.1215***
		（2.7154）	（13.5583）	（17.6430）
age		0.0856***	0.0854***	0.0900***
		（41.8599）	（48.9104）	（53.1957）
lev		−0.0001	−0.0001	−0.0003***
		（−0.6306）	（−1.2350）	（−3.7753）
ast			0.4529***	0.6532***
			（40.6817）	（50.7418）
roa			0.0038***	0.0073***
			（9.5888）	（13.1035）
$cainv$			0.0002	0.0004
			（0.0633）	（0.1611）
sp				0.0005
				（1.2717）
ten				−0.0060***
				（−13.6223）
常数项	11.9941***	11.7372***	12.1387***	11.8328***
	（8.9953）	（6.0891）	（6.2042）	（7.1981）
$Firm$	Yes	Yes	Yes	Yes
$Year$	Yes	Yes	Yes	Yes
N	19954	19954	19954	19954
R^2	0.7661	0.7663	0.8276	0.8489

四　内生性分析

前文对企业有效信息披露与企业创新能力之间的关系做了较为充分的分析，但事实上忽略了一个关键问题，即回归结果潜在的内生性问题，因为虽然有效信息披露能够影响企业的创新能力，但创新能力较强的企业有可能进行更多有效信息的披露，以向市场展示其经营发展的成功，进而吸引更多投资者对其进行注资，由此将带来双向因果导致的内生性问题，造成回归方程的系数结果存在偏误。为了减小潜在内生性造成的回归结果偏误，本章参照金祥义和戴金平[①]、吴红军等[②]的方法，构建分析师每股盈余预测偏差率指标（$predict$），以此作为有效信息披露的工具变量。一方面，企业有效信息披露与分析师每股盈余预测偏差率之间存在相关性，当企业对外进行有效信息披露时，分析师可以基于企业披露的有效信息对企业未来盈余进行预测，若企业披露的信息越真实有效，那么分析师预测值与企业未来真实值的偏差程度应该越低，即分析师预测行为是理性的，并且预测结果是可信的[③]，因此分析师每股盈余预测偏差率与企业有效信息披露之间存在负相关关系，这符合工具变量的相关性假定。另一方面，分析师每股盈余预测偏差率与企业创新能力之间不存在必然的关系，分析师每股盈余预测偏差率与分析师个人的能力相关，而企业创新能力与其自身因素相关，与外界分析师的分析能力无关，因此二者之间不存在相关关系，这符合工具变量的外生性假定。综上，分析师每股盈余预测偏差率符合工具变量的两个特征，能够作为本章有效信息披露的反向工具变量，解决本章回归中存在的双向因果问题。

据此，本章构建了上述工具变量，并采用 2SLS 工具变量的回归方法对基准模型进行检验，具体回归结果如表 5-12 所示。其中，第（1）列为仅考虑核心解释变量有效信息披露的回归结果，第（2）

---

① 金祥义、戴金平：《有效信息披露与企业出口表现》，《世界经济》2019 年第 5 期。

② 吴红军、刘啟仁、吴世农：《公司环保信息披露与融资约束》，《世界经济》2017 年第 5 期。

③ 储一昀、仓勇涛：《财务分析师预测的价格可信吗？——来自中国证券市场的经验证据》，《管理世界》2008 年第 3 期。

列至第（4）列为逐渐加入控制变量后的回归结果。首先，根据第（1）列结果可以得知，一方面，第一阶段的回归结果显示，分析师每股盈余预测偏差率在1%的水平下显著为负，这表明工具变量与核心解释变量之间存在显著的负相关关系，即分析师每股盈余预测偏差率越小，企业进行有效信息披露的程度越高，同时 Kleibergen-Paap F 值为 61.253，显著拒绝 10%显著性水平下的弱工具变量原假设，因此本章选取的工具变量是恰当适宜的；另一方面，基准回归方程中有效信息披露的系数为正，且通过了 1%水平下的显著性检验，这表明在控制非观测的企业固定效应和时间固定效应后，企业进行有效信息披露能够显著促进企业创新能力的提高，初步证明了前文分析得出的核心结论的稳健性。其次，第（2）列和第（3）列的结果表明，第一阶段的 Kleibergen-Paap F 值均能拒绝 10%水平下的原假设，这意味着分析师每股盈余预测偏差率是有效的工具变量，并且基准回归中有效信息披露对企业创新能力的提升作用依然存在。最后，通过分析第（4）列结果可知，第一阶段回归显示，分析师每股盈余预测偏差率的系数显著为负，表明随着分析师每股盈余预测偏差率的下降，企业可能进行有效信息披露，这反映出分析师利用真实数据得到的预测值与实际值的偏差在逐渐减小，并且 Kleibergen-Paap F 值为 47.689，显著大于 10%水平下弱工具变量原假设的临界值 16.38，即拒绝工具变量选取无效的原假设，证明本章工具变量是适宜的；同时，在基准回归结果中，在控制非观测的企业固定效应、时间固定效应和其他可能影响回归结果的变量后，有效信息披露的系数始终为正，并且在1%的水平下通过显著性检验，较好地证明了有效信息披露对企业创新能力的提升作用，即本章核心结论稳健成立。综上，本章在考虑回归结果潜在的内生性问题后，企业进行有效信息披露依旧能够提高企业潜在的创新能力，这一结论不随潜在内生性问题的存在而发生显著的变化，从而有效证明了企业有效信息披露对企业创新能力的提升作用。

表 5-12　工具变量回归结果

变量	（1）	（2）	（3）	（4）
disclosure	2.8401 *** (5.0468)	2.9849 *** (5.1374)	2.0096 *** (4.5432)	1.4060 *** (3.0735)
size		0.0533 *** (4.5761)	0.1162 *** (12.3211)	0.1430 *** (17.1443)
age		0.0554 (0.7878)	0.0216 (0.3853)	0.1510 *** (2.9842)
lev		−0.0000 (−1.3608)	−0.0001 (−1.1657)	−0.0003 *** (−2.6801)
ast			0.3789 *** (28.3609)	0.6165 *** (40.9129)
roa			0.0015 ** (2.0470)	0.0043 *** (3.0196)
cainv			0.0004 (0.2440)	0.0004 (0.1791)
sp				0.0007 (1.3785)
ten				−0.0058 *** (−10.6462)
第一阶段回归				
predict	−0.0822 *** (−7.8306)	−0.0813 *** (−7.7266)	−0.0879 *** (−8.1293)	−0.0754 *** (−6.9142)
Ctrls	Yes	Yes	Yes	Yes
Firm	Yes	Yes	Yes	Yes
Year	Yes	Yes	Yes	Yes
Kleibergen-Paap F 值	61.253	59.669	65.918	47.689
N	19954	19954	19954	19954
R^2	0.6892	0.6773	0.7970	0.8467

注：*Ctrls* 表示第一阶段回归中的控制变量；Stock-Yogo 弱工具变量检验中显著性 10% 对应的 Kleibergen-Paap F 值的上限为 16.38。

第五节　小结

本章以企业全要素生产率作为企业创新衡量指标，以深圳证券交易所对上市企业的信息披露考评结果作为有效信息披露指标，考察了有效信息披露对企业创新能力的影响，本章得出以下结论。

第一，在控制了企业固定效应、时间固定效应后，逐步加入相关控制变量，发现有效信息披露的回归系数显著为正，这表明有效信息披露显著提高了企业的全要素生产率，有效信息披露促进了企业创新。

第二，对于东部地区企业而言，在控制了企业固定效应、时间固定效应和相关控制变量对回归结果的可能影响后，有效信息披露变量的回归系数为 0.0067，并通过 1% 的显著性水平检验，这意味着有效信息披露提高了东部地区企业全要素生产率，促进了东部地区企业创新；对于中西部地区企业而言，有效信息披露变量对企业全要素生产率的回归系数为 0.0252，并且通过了 1% 水平下的显著性检验，这意味着有效信息披露显著促进了中西部地区企业创新。但是相对于东部地区企业，中西部地区企业有效信息披露变量的系数更大，说明有效信息披露对中西部地区企业创新能力的提升作用更大。

第三，对于国有企业而言，在控制了企业固定效应、时间固定效应和相关控制变量对回归结果的可能影响后，有效信息披露变量的回归系数为 0.0141，并通过 5% 的显著性水平检验，这表明有效信息披露显著提高了国有企业全要素生产率；对于非国有企业而言，在控制了企业固定效应、时间固定效应和相关控制变量对回归结果的可能影响后，有效信息披露变量的回归系数为 0.0024，并通过 5%

的显著性水平检验，这意味着有效信息披露能够提高非国有企业的创新能力。但是相对于国有企业，非国有企业有效信息披露的系数较小，说明有效信息披露对非国有企业创新能力的提升作用较小，即有效信息披露对国有企业的创新促进作用更大。

第四，对于主板、中小板上市企业而言，在控制了企业固定效应、时间固定效应和相关控制变量对回归结果的可能影响后，有效信息披露变量的回归系数为0.0105，并通过5%的显著性水平检验，这表明有效信息披露显著提高了主板、中小板上市企业全要素生产率；对于创业板上市企业而言，在控制了企业固定效应、时间固定效应和相关控制变量对回归结果的可能影响后，有效信息披露变量的回归系数为0.0746，并通过5%的显著性水平检验，这意味着有效信息披露能够提高创业板上市企业的创新能力。相对于创业板上市企业，主板、中小板上市企业的有效信息披露变量的系数较小，说明有效信息披露对创业板上市企业创新能力的提升作用更大。

第五，对于资本密集型企业而言，在控制了企业固定效应、时间固定效应和相关控制变量对回归结果的可能影响后，有效信息披露变量的回归系数为0.0126，并通过5%的显著性水平检验，表明有效信息披露显著提高了资本密集型企业全要素生产率；对于劳动密集型企业而言，在控制了企业固定效应、时间固定效应和相关控制变量对回归结果的可能影响后，有效信息披露变量的回归系数为0.0107，并通过10%的显著性水平检验，这意味着有效信息披露能够提高劳动密集型企业的创新能力。但是相对于资本密集型企业，劳动密集型企业有效信息披露变量的回归系数较小，说明有效信息披露对资本密集型企业创新能力的提升作用更大。

第六，对于高垄断能力的企业而言，在控制了企业固定效应、时间固定效应和相关控制变量对回归结果的可能影响后，有效信息披露变量的回归系数为 0.0133，并通过 5% 的显著性水平检验，表明有效信息披露显著提高了高垄断能力企业的全要素生产率；对于低垄断能力的企业而言，在控制了企业固定效应、时间固定效应和相关控制变量对回归结果的可能影响后，有效信息披露变量的回归系数为 0.0012，并通过 5% 的显著性水平检验，意味着有效信息披露能够提高低垄断能力企业的创新能力。但是相对于高垄断能力的企业，低垄断能力企业有效信息披露变量的回归系数较小，说明有效信息披露对高垄断能力企业创新能力的提升作用更大。

第七，对企业信息披露质量等级进行进一步划分，以探究信息披露质量梯度对企业创新能力的影响，发现随着企业信息披露质量等级的提高，企业创新能力呈现递增的趋势，表明信息披露质量梯度对企业创新能力的提升作用存在"阶梯递升效应"。此外，在考虑了金融危机的影响后，发现企业有效信息披露的系数仍然显著为正，表明在控制金融危机带来的宏观环境巨变的情况下，有效信息披露对企业创新能力的提升作用并未发生明显变化。

第八，在考虑企业创新能力指标的稳健性问题后，本章参考 Levinsohn 和 Petrin[1]、Ackerberg 等[2]的做法，基于 OLS、LP、ACF 三种方法测度出企业 tfp，进一步检验企业不同 tfp 计算方法是否会影响本章的核心结论。研究发现，有效信息披露的符号和显著性并未发生明显的变化，这表明有效信息披露对企业创新能力的提升作用，不随企业 tfp 指标计算方法的变化而改变，考虑企业生产率指标的不

---

[1]　Levinsohn, J., Petrin, A., "Estimating Production Functions Using Inputs to Control for Unobservables," *The Review of Economic Studies* 70 (2003): 317-341.

[2]　Ackerberg, D., Caves, K., Frazer, G., "Structural Identification of Production Functions," *MPRA Paper* 88 (2006): 411-425.

同方法后，企业的创新能力仍受到企业对外有效信息披露的积极影响。在考虑潜在内生性问题后，本章使用分析师每股盈余预测偏差率作为工具变量进行回归检验，研究发现，有效信息披露对企业创新能力的提升作用依然成立，以上结论表明本章基本面的回归结果具有较强的稳健性。

第六章

有效信息披露对企业创新能力的影响：
基于出口产品质量的研究

本章主要从企业出口产品质量的角度探究有效信息披露对企业创新能力的影响，出口产品质量是企业拓展海外市场的核心竞争力，出口产品质量的提升需要企业多方面的经营调整，包括生产要素投入比例的改善、机械设备的更新换代、市场需求的追踪调查，但最为关键的是企业创新能力的提高。出口产品质量代表企业现有技术下所能生产产品的最高质量，是企业内在创新能力的代表，企业通过技术革新和创新研发，提高生产环节产品的工艺水平，提高出口产品的整体质量，因此出口产品质量是企业创新能力的有效替代变量。[①] 基于此，

---

① Minderhoud, S., "Quality and Reliability in Product Creation—Extending the Tradition-al Approach," *Quality & Reliability Engineering International* 15（1999）：417-425；Drivas, K., Giannakas, K., "The Effect of Cooperatives on Quality-Enhancing Innovation," *Journal of Agricultural Economics* 61（2010）：295-317；Maillard, P., *Competitive Quality of an Innovation*（New York, USA：John Wiley & Sons, Inc., 2010）, p.104；Shan, J., Jolly, D.R., "Technological Innovation Capabili-ties, Product Strategy, and Firm Performance：The Electronics Industry in China," *Canadian Journal of Administrative Sciences* 30（2013）：159-172.

本章从企业出口产品质量数据出发，研究有效信息披露对企业创新能力的影响，检验在替换企业创新衡量指标后，有效信息披露是否依然提高了企业的创新能力。

第一节　基于出口产品质量的数据来源与研究方法

一　模型设定

在模型设定上，企业出口产品质量主要与企业层面因素和双边距离等贸易成本相关，因此本章主要控制这两方面的因素，并根据金祥义和戴金平[①]、张杰和郑文平[②]、Bastos 和 Silva[③] 对贸易模型的设定，构建以下计量回归模型：

$$sq_{ijkt} = \alpha + \beta disclosure_{it} + \gamma Ctrl_{it} + \delta_{ij} + \delta_k + \delta_t + \varepsilon_{ijkt} \qquad (6-1)$$

其中，sq_{ijkt} 表示 t 年企业 i 向 j 国出口产品 k 的质量，用来表示企业的创新能力；$disclosure_{it}$ 表示有效信息披露指标，反映企业 i 在 t 年是否进行有效信息披露；$Ctrl_{it}$ 表示企业层面的控制变量；δ_{ij} 表示企业—进口国二维固定效应，用来控制企业—进口国层面不随时间变化的因素，例如双边距离、是否有共同语言等贸易成本相关的因素；δ_k 表示产品固定效应，控制产品层面不随时间变化的因素，例

[①] 金祥义、戴金平：《有效信息披露与企业出口表现》，《世界经济》2019 年第 5 期。

[②] 张杰、郑文平：《政府补贴如何影响中国企业出口的二元边际》，《世界经济》2015 年第 6 期。

[③] Bastos, P., Silva, J., "The Quality of a Firm's Exports: Where You Export to Matters," *Journal of International Economics* 82（2010）：99-111.

如固有的产品要素投入；δ_t 表示时间固定效应，控制随时间变化的因素，如全球贸易风险等；ε_{ijkt} 表示多维的随机误差项。

二　变量指标与数据处理

第一，企业创新指标用出口产品质量（$quality$）表示，参考 Khandelwal[①] 对出口产品质量的计算方法，可以得到本章被解释变量出口产品质量。具体而言，通过对产品需求函数进行回归，可以得到与出口产品质量相关的等式：

$$\ln q_{ijkt} + \sigma_k \ln p_{ijkt} = \delta_k + \delta_{jt} + \varepsilon_{ijkt} \tag{6-2}$$

其中，$\ln q_{ijkt}$ 表示 t 年企业 i 向 j 国出口 k 产品的数量的对数形式；$\ln p_{ijkt}$ 表示对应的价格；σ_k 表示 k 类产品的替代弹性；δ_k 对应产品层面的固定效应；δ_{jt} 对应进口国—时间二维固定效应；ε_{ijkt} 表示随机误差项。由于残差项中包含了出口产品质量的信息，因此出口产品质量可以进一步表示为：

$$quality_{ijkt} = \frac{\varepsilon_{ijkt}}{\sigma_k - 1} \tag{6-3}$$

在此基础上，对上述出口产品质量进行标准化处理，即可得到本章最终出口产品质量的表达式：

$$sq_{ijkt} = \frac{quality_{ijkt} - \min(quality_{ijkt})}{\max(quality_{ijkt}) - \min(quality_{ijkt})} \tag{6-4}$$

其中，sq_{ijkt} 表示标准化后的出口产品质量，也是企业创新能力的替代变量；$\min(\cdot)$ 和 $\max(\cdot)$ 分别表示最小值和最大值函

① Khandelwal, A., "The Long and Short (of) Quality Ladders," *The Review of Economic Studies* 77 (2010): 1450–1476.

数。计算产品质量所用的数据均来自中国海关数据库，包括产品数量、价格、出口目的地等。

第二，有效信息披露指标与第四章相同，用 *disclosure* 表示，数据来源于深圳证券交易所公布的上市企业信息披露考评结果，其结果分为 A（优秀）、B（良好）、C（合格）、D（不合格）四个等级，本章仍然参考金祥义和戴金平①的做法，在企业信息披露质量等级处于 A 至 C 时，对 *disclosure* 赋值为 1，即企业进行了有效的信息披露，否则赋值为 0。

企业层面控制变量主要包括与企业经营相关的财务指标：企业规模（*size*），用企业总资产的对数形式来表示；企业年龄（*age*），用企业当年年份与开业年份之差来表示；资产负债率（*lev*），用期末负债总额占期末总资产的比重表示；总资产周转率（*ast*），用企业销售收入与期末总资产的比值表示；资产收益率（*roa*），用净利润与总资产的比值来表示；现金满足投资比率（*cainv*），用企业经营活动产生的现金净流量与资本支出的比值来表示；每股价格（*sp*），用企业市值除以总股数来表示；股权集中度（*ten*），以企业前十大股东持股比例来表示。相关控制变量数据均来源于 Wind 数据库中与上市企业年度报表相关的财务数据。

为获得本章最终的样本，需要对海关数据和上市企业数据进行合并处理，具体而言，通过匹配上市企业数据库和海关数据库中的企业名称，可以得到同时存在于两个数据库中的企业样本，即本章所需的研究样本。经过上述处理后，最终得到本章 2001～2016 年②

①　金祥义、戴金平：《有效信息披露与企业出口表现》，《世界经济》2019 年第 5 期。

②　本章数据用的是海关产品质量数据，而海关目前公布的企业数据仅能到 2016 年，因此这里的数据范围是 2001～2016 年。

84198 个数据样本，涵盖我国企业向 240 个国家出口 1740 种产品的相关数据。所有变量的描述性统计如表 6-1 所示。

表 6-1　描述性统计

变量	观测值	均值	标准差	最小值	最大值
sq	84198	0.4883	0.1691	0	1
disclosure	84198	0.9163	0.2891	0	1
size	84198	20.1195	1.2868	14.8088	24.6151
age	84198	13.8966	4.8768	3	56
lev	84198	0.4333	0.2173	0.0148	1.0670
ast	84198	1.0302	0.7074	0	5.9873
roa	84198	0.0794	0.0540	-0.1865	0.4782
cainv	84198	0.7844	2.9587	-73.199	26.6125
sp	84198	15.5978	11.1441	2.1502	101.9890
ten	84198	0.5887	0.1432	0.1057	0.9204

在进行正式回归分析前，为了初步探究有效信息披露对中国企业出口产品质量的作用，进而反映有效信息披露带来的创新效应，本章按照企业是否进行有效信息披露进行分组，并对不同样本中有效信息披露和非有效信息披露之间的差异进行检验，具体结果报告于表 6-2 中。根据表 6-2 可以得知，整体上看，有效信息披露组的企业出口产品质量均值为 0.4996，而非有效信息披露组的企业出口产品质量均值为 0.4810，两者相差 0.0186，并且两者差值在 1% 的水平下显著，从而初步验证了有效信息披露对企业出口产品质量的提升效应，即有效信息披露能够提高企业的创新能力。在国有企业分组上，有效信息披露组的企业出口产品质量均值为 0.5077，而非有效信息披露组的企业出口产品质量均值为 0.4951，前者比后者高出 0.0126，且两者差值在 1% 的水平下显著；在非国有企业分组上，有效信息披露组的企业出口产品质量均值为 0.4809，而非有效信息

有效信息披露与企业创新

披露组的企业出口产品质量均值为 0.4695，两者相差 0.0114，并且两者差值在 1%的水平下显著。在高技术产品分组上，相比于非有效信息披露组，有效信息披露组的平均出口产品质量高出 0.0216，并且这一差值在 1%的水平下显著；在低技术产品分组上，有效信息披露组的企业出口产品质量均值为 0.4988，而非有效信息披露组的企业出口产品质量均值为 0.4819，前者比后者高出 0.0168，且两者差值在 1%的水平下显著。在一般贸易分组上，有效信息披露组与非有效信息披露组的平均出口产品质量差值为 0.0208，且通过了 1%水平下的显著性检验；在加工贸易分组上，有效信息披露组的企业出口产品质量均值为 0.4967，而非有效信息披露组的企业出口产品质量均值为 0.4839，两者相差 0.0128，并且两者差值在 1%的水平下显著。在中西部地区分组上，有效信息披露组的企业出口产品质量均值为 0.4951，而非有效信息披露组的企业出口产品质量均值为 0.4811，前者比后者高出 0.0140，且两者差值在 1%的水平下显著；在东部地区分组上，有效信息披露组和非有效信息披露组的企业出口产品质量均值分别为 0.5004 和 0.4788，两者相差 0.0215，并且通过了 1%水平下的显著性检验。

表 6-2 出口产品质量均值检验

类型	有效信息披露组	非有效信息披露组	出口产品质量 sq 差值	t 值
整体	0.4996	0.4810	0.0186***	15.6834
国有企业	0.5077	0.4951	0.0126***	7.1861
非国有企业	0.4809	0.4695	0.0114***	4.4050
高技术产品	0.5100	0.4884	0.0216***	5.3089
低技术产品	0.4988	0.4819	0.0168***	13.5471
一般贸易	0.5005	0.4797	0.0208***	14.2682
加工贸易	0.4967	0.4839	0.0128***	5.6276

续表

类型	有效信息披露组	非有效信息披露组	出口产品质量 sq 差值	t 值
中西部地区	0.4951	0.4811	0.0140 ***	5.9636
东部地区	0.5004	0.4788	0.0215 ***	17.4076

注：*** 表示 1% 的显著性水平。

综上可知，按企业所有权性质、产品技术含量、贸易方式和企业所在地区进行样本分类后，在不同分类下，相比于非有效信息披露组，有效信息披露组的企业出口产品质量均值总是更大，且差值均在 1% 的水平下显著，这意味着有效信息披露能够显著提高企业出口产品质量，增强企业潜在的创新能力，因此证明了有效信息披露对企业创新能力的提升作用。为了更严谨地检验有效信息披露和创新能力之间的关系，下文将通过计量回归模型对两者之间的关系进行系统分析。

第二节　基于出口产品质量的基础实证结果与分析

本章根据设计好的计量回归模型，对有效信息披露与企业出口产品质量之间的关系进行回归分析，进而检验有效信息披露带来的创新效应，具体结果报告于表 6-3 中。其中，第（1）列至第（4）列为逐渐加入控制变量后的回归结果。首先，根据第（1）列的结果可以发现，在控制企业—进口国二维固定效应、产品固定效应和时间固定效应，并仅考虑核心解释变量有效信息披露的作用后，有效信息披露的系数显著为正，且通过 1% 水平下的显著性检验，这表明有效信息披露能够提高企业出口产品质量，提高企业的创新能力，初步证明了本章的核心结论。其次，第（2）列在此基础上加入企业规模、企业年龄和资产负债率三个控制变量，结果显示，有效信息披露和这三个控制变量的系数均在 1% 的水平下显著，这进一步表明有效信息披露对企业创新能力的提升作用具有一定的稳健性。对于控制变量而言，企业规模越大，表明企业经营生产带来的规模效应越强，面临的边际成本越低，越有利于企业提高出口产品质量，增强企业的创新能力，因此系数符号为正；企业年龄越大，表明企业经营持续时间越久，相比其他经营时间短的企业拥有先动优势①，以及更高的经营绩效，这使企业的产品质量更高，因此系数符号为正；企业资产负债率越高，表明企业外债压力越大，风险越大，企业提高产品质量的倾向越弱，潜在创新能力越差，因此系数符号为负。再次，第（3）列加入了总资产周转率、资产收益率和现金满足投资比率，分析结果可以得知，有效信息披露的系数依旧显著为正，这意味着有效信息披露对企业创新能力的提升作用不随控制变量的加入而发生变化，具有稳定的作用。在新增控制变量上，相关控制变量的系数均能通过 1% 水平下的显著性检验，对于总资产周转率而言，企业总资产周转率越高，表明企业经营效率越高，企业越能生产出高质量的产品，表明企业创新能力越强，因此系数符号为正；企业资产收益率越高，表明企业盈利能力越强，这有助于提高企业出口产品的质量，因此系数符号为正；现金满足投资比率越大，表明企业财务弹性越大，企业生产所得能够满足经营扩充所需的资金，企业可持续经营能力越强，越有利于企业提高产品的质量，提升自身创新水平，因此系数符号为正。最后，第（4）列加入了所有控制变量，可以发现在新增控制变量中，每股价格的系数显著为正，即企业股价越高，表明市

---

① 杜运周、任兵、陈忠卫等：《先动性、合法化与中小企业成长——一个中介模型及其启示》，《管理世界》2008 年第 12 期。

场对企业的未来发展预期越好，越有利于企业增加创新研发投入，提高企业未来的创新能力；股权集中度的系数显著为负，表明股权集中度越高，企业决策越可能集中在少部分人手中，导致委托代理和一股独大问题[1]，使企业容易发生大股东侵占中小股东利益的事件，降低了企业的经营效率，因此不利于企业提高产品质量，降低企业的创新能力；在有效信息披露变量上，有效信息披露的系数显著为正，这意味着在控制了非观测的企业—进口国二维固定效应、产品固定效应和时间固定效应以及其他变量的可能影响后，有效信息披露对企业出口产品质量具有显著的提升作用，从而较好证明了企业进行有效信息披露后，相应的创新能力将有所提升。

表 6-3　基准回归结果

变量	（1）	（2）	（3）	（4）
disclosure	0.0183 ***	0.0191 ***	0.0209 ***	0.0155 ***
	（15.1139）	（15.2962）	（16.2002）	（11.8376）
size		0.0047 ***	0.0078 ***	0.0077 ***
		（8.6601）	（13.8869）	（13.4321）
age		0.0023 ***	0.0026 ***	0.0025 ***
		（15.6783）	（17.6512）	（15.0512）
lev		−0.0003 ***	−0.0006 ***	−0.0005 ***
		（−8.2650）	（−15.7592）	（−12.0607）
ast			0.0219 ***	0.0173 ***
			（22.5727）	（16.6188）
roa			0.0016 ***	0.0004 ***
			（11.2821）	（2.9508）
cainv			0.0012 ***	0.0010 ***
			（5.6563）	（4.7745）
sp				0.0015 ***
				（21.7229）
ten				−0.0003 ***
				（−5.9860）

---

[1]　Fama, E. F., "Agency Problems and the Theory of the Firm," *Journal of Political Economy* 88 （1980）：288-307.

变量	（1）	（2）	（3）	（4）
常数项	0.4811 *** （63.9712）	0.5322 *** （52.1932）	0.5843 *** （55.6564）	0.5930 *** （48.0793）
Firm-Importer	Yes	Yes	Yes	Yes
Product	Yes	Yes	Yes	Yes
Year	Yes	Yes	Yes	Yes
N	84198	84198	84198	84198
R^2	0.1435	0.1963	0.2103	0.2212

注：*Firm-Importer* 表示企业—进口国二维固定效应；*Product* 表示产品固定效应；*Year* 表示时间固定效应；括号内数值为修正了异方差后的稳健 t 统计值；*** 、** 、* 分别表示 1%、5%、10%的显著性水平。以下表格若无特别说明则含义相同。

第三节 基于出口产品质量的样本异质性分析

不同的分类样本往往具有其独有的性质，这使有效信息披露对企业出口产品质量的影响结果将因不同样本的分类而产生差异性，这对本章进一步了解有效信息披露与企业创新能力之间的关系有重要的作用。因此，本节着重探究有效信息披露对企业出口产品质量的异质性作用，进而反映在不同样本下有效信息披露对企业创新的差异化特征，并根据相应的划分标准，对回归结果进行检验。

一 企业所处地理位置的差异

此处根据企业所处地理位置的不同，将样本分为中西部地区企业和东部地区企业，在此基础上分别对子样本进行回归，具体回归结果报告于表 6-4 中。其中，第（1）列为中西部地区的样本回归结果，第（2）列为东部地区的样本回归结果。首先，根据第（1）列结果可以发现，有效信息披露的系数显著为正，这表明在控制各类非观测的固定效应和相关控制变量的可能影响后，企业进行有效信息披露能够促进出口产品质量的提升，进而提升企业的创新能力，这与基本面的回归结论相一致。其次，观察第（2）列结果可知，在东部地区中，在控制其他因素对回归结果的可能影响后，有效信息披露与企业出口产品质量之间存在显著的正相关关系，该结果通过了 1% 水平下的显著性检验，这意味着有效信息披露的创新能力提升作用在东部地区也存在。最后，进一步观察第（1）列和第（2）列的结果可以察觉，在中西部地区回归结果中，有效信息披露的系数更大，这表明在控制各类非观测的固定效应和相关控制变量的可能影响后，相对于东部地区，有效信息披露对中西部地区企业创新的促进作用更大，这一点也支持了黄张凯等[1]关于地理位置与企业对外信息摩擦之间关系的研究。一般而言，企业所处地理位置与经济中心地带的距离越近，企业具有越高的信息透明度[2]，因为投资者大多会聚于城市经济中心，企业若邻近该区域，则能够更为方便地通过信息披露向潜在投资者和关注者传递自身经营水平高、市场竞争能力强的信号。这意味处于经济中心地带的东部地区，相关投资者与企业之间的信息不对称程度应该较小。对于中西部地区的企业而言，由于其所处位置离经济中心地带较远，与投资者之间的信息摩擦较大，因此对外有效信息的披露给企业带来的积极影响要大于东部地区，这便表现为有效信息披露对中西部地区企业创新能力的提升作用更大。

---

[1]　黄张凯、刘津宇、马光荣：《地理位置、高铁与信息：来自中国 IPO 市场的证据》，《世界经济》2016 年第 10 期。

[2]　Hochberg, Y. V., Ljungqvist, A., Lu, Y., "Whom You Know Matters: Venture Capital Networks and Investment Performance," *The Journal of Finance* 62 (2007): 251–301.

表 6-4　企业所处地理位置的异质性回归结果

变量	（1）中西部地区	（2）东部地区
disclosure	0.0496 *** (12.2694)	0.0391 *** (2.9899)
size	0.0399 *** (8.7989)	0.1411 *** (9.9177)
age	0.0794 *** (15.7426)	0.0835 *** (5.1024)
lev	−0.0580 *** (−11.3854)	−0.0614 *** (−3.7191)
ast	0.0565 *** (12.0225)	0.1470 *** (9.8399)
roa	0.0246 *** (4.8775)	0.0749 *** (4.6420)
cainv	0.0175 *** (4.5968)	0.0456 *** (3.5659)
sp	0.0882 *** (18.7193)	0.1633 *** (10.5961)
ten	−0.0130 *** (−2.6926)	−0.1865 *** (−11.4372)
常数项	0.5077 *** (38.5401)	1.0032 *** (25.3882)
Firm-Importer	Yes	Yes
Product	Yes	Yes
Year	Yes	Yes
N	9275	74923
R^2	0.2213	0.2189

二　企业所有制的差异

此处根据企业所有制形式的不同，将样本分为国有企业和非国有企业，在此基础上分别对子样本进行回归，具体回归结果报告于表 6-5 中。其中，第（1）列为国有企业的样本回归结果，第（2）列为非国有企业的样本回归结果。首先，根据第（1）列结果可以得知，有效信息披露的系数显著为正，这表明在控制各类非观测的固定效应和相关控制变量的可能影响后，国有企业进行有效信息披露能够促进出口产品质量的提升，表明有效信息披露能够提升企业未来的创新能力，这也在一定程度上体现了核心结论的稳健性。其次，分析第（2）列结果可以发现，在控制其他因素对回归结果的可能影响后，非国有企业的有效信息披露行为与企业出口产品质量之间存在显著的正相关关系，该结果通过了1%水平下的显著性检验，这意味着有效信息披露对企业创新能力的提升作用在非国有企业样本中是明显的。最后，进一步观察第（1）列和第（2）列的结果可以发现，有效信息披露系数在国有企业的回归样本中更大，这表明相对于非国有企业，有效信息披露对国有企业创新的促进作用更为显著。究其原因在于，国有企业由于其特有性质，享受着一系列国家政策的偏向扶持，并且部分国有企业的经营活动涉及国家的机密信息，受到国家部门的秘密保护，难以被相关监管部门实时监督，导致在偏向扶持政策下市场资源配置发生扭曲，国有企业的经营效率逐渐下滑[①]，使国有企业与进口方之间的信息不对称程度较高，双方之间存在的信息摩擦较多，因此相比于非国有企业，当国有企业对外进行有效信息披露时，其创新水平的提升幅度更大。

表 6-5　企业所有制的异质性回归结果

变量	（1）国有企业	（2）非国有企业
disclosure	0.0569 *** （12.2373）	0.0270 *** （3.9198）
size	0.0416 *** （5.4517）	0.1342 *** （25.0683）

---

①　张天华、张少华：《偏向性政策、资源配置与国有企业效率》，《经济研究》2016年第2期。

变量	（1）国有企业	（2）非国有企业
age	0.0861*** （9.9306）	0.0572*** （10.4890）
lev	−0.0498*** （−5.7303）	−0.0172*** （−3.2566）
ast	0.1452*** （18.4199）	0.0197*** （4.0233）
roa	0.0498*** （5.3403）	0.0197*** （3.2687）
cainv	0.0229*** （3.8072）	0.0099** （2.0746）
sp	0.0318*** （3.8966）	0.0652*** （11.0489）
ten	−0.0189** （−2.4522）	−0.0238*** （−4.3993）
常数项	0.3552*** （19.0689）	0.8679*** （48.2418）
Firm-Importer	Yes	Yes
Product	Yes	Yes
Year	Yes	Yes
N	33060	51138
R^2	0.2373	0.2181

三　进口国经济发展水平的差异

此处根据进口国经济发展水平的不同，并依据 OECD 国家收入分类标准，将高收入国家定义为发达国家，将其他收入水平的国家定义为发展中国家，在此基础上将样本分为发达国家和发展中国家的样本，并分别对子样本进行回归分析，具体回归结果报告于表 6-6 中。其中，第（1）列为发达国家的样本回归结果，第（2）列为发展中国家的样本回归结果。首先，根据第（1）列结果可以发现，在发达国家的样本中，有效信息披露的系数显著为正，这表明在控制各类非观测的固定效应和相关控制变量的可能影响后，企业进行有效信息披露能够促进出口产品质量的提升，再次反映了有效信息披露对企业创新能力的提升作用。其次，观察第（2）列结果可知，在发展中国家样本中，在控制其他因素对回归结果的可能影响后，有效信息披露与企业出口产品质量之间存在显著的正相关关系，并且该结果通过了 1% 水平下的显著性检验，这意味着有效信息披露的创新能力提升作用不容忽视。最后，进一步观察第（1）列和第（2）列的结果可以察觉，在发展中国家的回归结果中，有效信息披露的系数更大，这表明在控制各类非观测的固定效应和相关控制变量的可能影响后，相对于发达国家，有效信息披露对发展中国家企业的创新促进作用更大，该结果也支持了 Freund 和 Weinhold[①] 的发现。发展中国家比发达国家的通信网络覆盖程度更低，信息设备的利用率远远低于发达国家，这使发展中国家与外部经济体之间存在较高程度的信息不对称，造成企业与发展中国家进口方进行贸易时面临更大的信息摩擦，因此当我国企业对外进行有效信息披露时，与发达国家相比，发展中国家的进口方与企业之间的信息不对称下降幅度更大，这也反映了企业进行有效信息披露后，对发展中国家出口产品质量的提升作用更大，即发展中国家企业的创新能力提升作用更显著。

表 6-6　进口国经济发展水平的异质性回归结果

变量	（1）发达国家	（2）发展中国家
disclosure	0.0369 *** (8.0846)	0.0534 *** (7.7708)

---

① Freund, C. L., Weinhold, D., "The Effect of the Internet on International Trade," *Journal of International Economics* 62 (2004): 171-189.

续表

变量	（1）发达国家	（2）发展中国家
size	0.0405 *** (5.3914)	0.0624 *** (11.4846)
age	0.0523 *** (6.4883)	0.0838 *** (13.9318)
lev	−0.0033 (−0.3823)	−0.0769 *** (−12.5355)
ast	0.0352 *** (4.2230)	0.0855 *** (15.7497)
roa	0.0107 (1.2241)	0.0249 *** (4.0901)
cainv	0.0244 *** (3.4602)	0.0158 *** (3.5356)
sp	0.0911 *** (11.0707)	0.0995 *** (17.8705)
ten	−0.0423 *** (−5.2380)	−0.0165 *** (−2.9181)
常数项	0.5972 *** (22.5733)	0.5807 *** (40.5099)
Firm-Importer	Yes	Yes
Product	Yes	Yes
Year	Yes	Yes
N	30630	53568
R^2	0.2168	0.2206

四 出口贸易方式的差异

此处根据企业出口贸易方式的不同，将样本分为出口加工贸易和出口一般贸易两种企业，在此基础上分别对子样本进行回归，具体回归结果报告于表6-7中。其中，第（1）列为出口加工贸易企业的样本回归结果，第（2）列为出口一般贸易企业的样本回归结果。首先，根据第（1）列结果可以得知，回归结果中有效信息披露

的系数显著为正，这表明在控制各类非观测的固定效应和相关控制
变量的可能影响后，出口加工贸易企业进行有效信息披露能够促进
出口产品质量的提升，也从侧面反映了有效信息披露的创新能力提
升作用的稳健性。其次，分析第（2）列结果可以发现，在控制其他
因素对回归结果的可能影响后，出口一般贸易企业的有效信息披露
行为与企业出口产品质量之间存在显著的正相关关系，该结果通过
了 1%水平下的显著性检验，这意味着有效信息披露对企业创新能力
的提升作用在出口一般贸易样本中同样存在。最后，进一步观察第
（1）列和第（2）列的结果可以发现，有效信息披露系数在出口一
般贸易企业的回归样本中更大，这表明相对于出口加工贸易企业，
有效信息披露对出口一般贸易企业的创新促进作用更为显著，这一
结论与施炳展①的发现相一致。由于出口企业选择加工贸易方式时需
要提前与进口方取得联系，并对产品所采取的加工方式进行商议和
裁决，以确保加工贸易的产品能够按照约定进行生产，因此相比出
口一般贸易的方式，在出口加工贸易的模式下，出口企业与进口
方之间的信息不对称程度更低，有效信息披露降低信息摩擦的效
果更差，出口企业通过有效信息披露带来的创新能力提升作用也
就更小，这就反映出在出口加工贸易中，有效信息披露给企业带
来的创新能力提升作用更小。

表 6-7　出口贸易方式的异质性回归结果

变量	（1）出口加工贸易企业	（2）出口一般贸易企业
disclosure	0.0216 ***	0.0536 ***
	(2.9994)	(11.4670)

① 施炳展：《互联网与国际贸易——基于双边双向网址链接数据的经验分析》，
《经济研究》2016 年第 5 期。

续表

变量	（1）出口加工贸易企业	（2）出口一般贸易企业
size	0.0516***	0.0605***
	（6.3299）	（11.2937）
age	0.0726***	0.0689***
	（7.7796）	（12.0327）
lev	−0.0491***	−0.0640***
	（−5.2757）	（−10.6388）
ast	0.0618***	0.0792***
	（7.6550）	（14.2450）
roa	0.0137	0.0163***
	（1.5127）	（2.6585）
cainv	0.0205***	0.0170***
	（3.0568）	（3.8374）
sp	0.1096***	0.0924***
	（13.1086）	（16.5903）
ten	−0.0238***	−0.0305***
	（−2.6895）	（−5.4938）
常数项	0.5755***	0.6025***
	（23.9000）	（39.5626）
Firm-Importer	Yes	Yes
Product	Yes	Yes
Year	Yes	Yes
N	29352	54846
R^2	0.2214	0.2102

五 出口产品技术含量的差异

此处按照 BACI 数据库中 HS6 分位下出口产品技术含量对样本进行分类，在此基础上将样本分为出口高技术产品企业和出口低技术产品企业两类，并分别对子样本进行回归分析，具体回归结果报告于表 6-8 中。其中，第（1）列为出口高技术产品企业的样本回归结果，第（2）列为出口低技术产品企业的样本回归结果。首先，根据第（1）列结果可以发现，在出口高技术产品企业的样本中，有效信息披露的系数显著为正，这表明在控制各类非观测的固定效应和相关控制变量的可能影响后，企业进行有效信息披露能够促进出口产品质量的提升，再次反映了有效信息披露对企业创新能力的稳健提升作用。其次，观察第（2）列结果可知，在出口低技术产品企业的样本中，在控制其他因素对回归结果的可能影响后，有效信息披露与企业出口产品质量之间存在显著的正相关关系，并且该结果通过了1%水平下的显著性检验，这意味着有效信息披露的创新能力提升作用比较显著。最后，进一步观察第（1）列和第（2）列的结果可以察觉，在出口高技术产品企业的回归结果中，有效信息披露的系数更大，这表明在控制各类非观测的固定效应和相关控制变量的可能影响后，相对于出口低技术产品企业，有效信息披露对出口高技术产品企业的产品质量提升作用更大，创新能力提升幅度更大。究其原因在于，相比于低技术产品，高技术产品一般是替代弹性较小的专用型产品，由于技术含量较高，一些产品具有特定的专利保护特征，因此该产品的信息难以被外部的进口方知悉，使得进口方与出口企业之间存在较高程度的信息不对称，此时企业对外进行有效信息披露，可以最大限度地减少高技术产品产生的信息摩擦，因此对出口高技术产品企业的创新促进作用更大。

表 6-8　出口产品技术含量的异质性回归结果

变量	（1）出口高技术产品企业	（2）出口低技术产品企业
disclosure	0.0595 *** （11.7140）	0.0386 *** （7.4768）
size	0.0629 *** （11.0653）	0.0777 *** （10.9722）
age	0.1004 *** （15.1576）	0.0249 *** （3.7338）

续表

变量	（1）出口高技术产品企业	（2）出口低技术产品企业
lev	-0.0411 *** (-6.0465)	-0.1697 *** (-22.1015)
ast	0.0275 *** (4.1993)	0.0869 *** (13.0933)
roa	0.0215 *** (2.9385)	0.0560 *** (8.1540)
cainv	0.0154 *** (3.1036)	0.0216 *** (4.0974)
sp	0.0540 *** (8.2287)	0.1091 *** (16.3403)
ten	-0.0249 *** (-3.7391)	-0.0724 *** (-11.0326)
常数项	0.5921 *** (29.5957)	0.6651 *** (39.8339)
Firm-Importer	Yes	Yes
Product	Yes	Yes
Year	Yes	Yes
N	46406	37792
R^2	0.2184	0.2132

六　中间品和最终品的差异

此处按照 BACI 数据库中 HS6 分位下出口产品的状态对样本进行分类，若企业生产的产品为消费品或者资本品，则视该产品为最终品，若企业生产的产品为半成品或者零部件，则视该产品为中间品，并在此基础上将样本分为出口最终品企业和出口中间品企业两类，并分别对子样本进行回归分析，具体回归结果报告于表 6-9 中。其中，第（1）列为出口最终品企业的样本回归结果，第（2）列为出口中间品企业的样本回归结果。首先，根据第（1）列结果可以发现，在出口最终品企业的样本回归中，有效信息披露的系数显著为正，这表明在控制各类非观测的固定效应和相关控制变量的可能影响后，企业进行有效信息披露能够提升出口产品的质量，也体现了有效信息披露能够增强企业的创新能力。其次，观察第（2）列结果可知，在出口中间品企业的样本回归中，在控制其他因素对回归结果的可能影响后，有效信息披露与企业出口产品质量之间存在显著的正相关关系，并且该结果通过了1%水平下的显著性检验，这意味着有效信息披露的创新能力提升作用显著成立。最后，进一步观察第（1）列和第（2）列的结果可以察觉，在出口最终品企业的回归结果中，有效信息披露的系数更大，这表明在控制各类非观测的固定效应和相关控制变量的可能影响后，相对于企业出口中间品，有效信息披露对企业出口最终品的质量提升作用更佳，创新能力提升作用更强，这也为 Obashi[①] 的观点提供了事实支撑。由于中间品比最终品在各国间的贸易往来更为频繁，由中间品建立的贸易关系持续时间比最终品更长，这使进口方对中间品的熟悉程度高于最终品，在中间品贸易过程中面临的信息不对称程度更低，因此企业对外进行有效信息披露，能够有效地减少最终品贸易过程中的信息摩擦，进而提高有效信息披露对企业创新能力的提升作用。

表 6-9　中间品和最终品的异质性回归结果

变量	（1）出口最终品企业	（2）出口中间品企业
disclosure	0.0924 *** (17.7812)	0.0142 *** (12.5642)
size	0.0177 *** (2.9985)	0.0789 *** (12.6036)

---

① Obashi, A., "Stability of Production Networks in East Asia: Duration and Survival of Trade," *Japan and the World Economy* 22 (2010): 21-30.

续表

变量	(1) 出口最终品企业	(2) 出口中间品企业
age	0.0359 *** (5.5170)	0.0931 *** (14.4183)
lev	-0.0519 *** (-7.6222)	-0.0585 *** (-8.4895)
ast	0.1443 *** (23.6814)	0.0336 *** (5.1314)
roa	0.0076 (1.1461)	0.0467 *** (6.1819)
cainv	0.0251 *** (5.2943)	0.0021 (0.3938)
sp	0.0445 *** (7.2256)	0.1140 *** (17.5386)
ten	-0.0688 *** (-10.5410)	-0.0226 *** (-3.5099)
常数项	0.5777 *** (33.8171)	0.5574 *** (31.5088)
Firm-Importer	Yes	Yes
Product	Yes	Yes
Year	Yes	Yes
N	48532	35666
R^2	0.031	0.028

总而言之，在不同样本分类中，有效信息披露的系数均为正，但不同样本之间有效信息披露带来的作用具有明显的异质性，这表明本章基础实证结论是稳健的，即有效信息披露能够提高企业的创新能力；另外，对于信息不对称程度较大的分类样本，有效信息披露的回归系数相对更大，这意味着有效信息披露可以降低企业与进口方之间的信息不对称程度，减少贸易过程中面临的信息摩擦，提高企业潜在的创新能力，这与前文的分析是高度一致的。

第四节　进一步的稳健性分析

一　模型设定偏误的考虑

前文对核心解释变量有效信息披露作用的回归结果均是基于 OLS 线性回归模型，但本章被解释变量出口产品质量的取值范围实则介于 0 和 1 之间，即被解释变量存在双截尾的数据特征，此时采取线性回归模型可能造成回归结果存在偏误，导致错估企业有效信息披露带来的真实作用。与此相对应，本节采取 Tobit 回归模型能够有效减小双截尾被解释变量产生的回归偏误，从而真实反映有效信息披露对企业出口产品质量的作用。据此，本章构建受限因变量 Tobit 回归模型，具体回归结果如表 6-10 所示。其中，第（1）列为仅考虑核心解释变量有效信息披露的回归结果，第（2）列至第（4）列为逐渐加入控制变量后的回归结果。首先，根据第（1）列结果可以得知，在控制非观测的企业—进口国固定效应、产品固定效应、时间固定效应，并仅考虑有效信息披露对企业出口产品质量的作用后，有效信息披露的系数显著为正，从而初步证明有效信息披露能够提高企业出口产品的质量，提升企业未来的创新水平。其次，对比表 6-10 第（1）列结果与表 6-3 基准回归中第（1）列结果可以发现，在 Tobit 回归模型中，有效信息披露的系数更小，这表明若不考虑被解释变量的双截尾特征，采用 OLS 线性回归模型将高估有效信息披露对企业出口产品质量的作用。最后，当逐渐加入相关控制变量后，根据第（4）列结果可以发现，在控制非观测的企业—进口国固定效应、产品固定效应、时间固定效应和其他可能影响回归结果的控制变量后，有效信息披露的系数依旧显著为正，表明有效信息披露是提升企业创新能力的重要因素，也证明了本章基本面的结果具有较强的稳健性。综上，在考虑模型设定偏误后，有效信息披露对企业创新能力的提升作用并未发生明显的变化，这表明回归模型设定偏误不影响本章基准回归的结论。

表 6-10　Tobit 回归结果

变量	（1）	（2）	（3）	（4）
disclosure	0.0162 *** （12.1191）	0.0152 *** （11.0112）	0.0179 *** （12.6293）	0.0120 *** （8.2823）
size		0.0030 *** （5.1560）	0.0031 *** （5.1348）	0.0034 *** （5.3401）
age		0.0025 *** （16.7540）	0.0028 *** （18.8496）	0.0026 *** （15.8324）
lev		−0.0001 *** （−4.0377）	−0.0004 *** （−10.9800）	−0.0003 *** （−7.6321）
ast			0.0245 *** （22.1619）	0.0197 *** （16.8498）
roa			0.0013 *** （8.3096）	0.0011 *** （8.6181）
cainv			0.0013 *** （5.5519）	0.0011 *** （4.6271）
sp				0.0015 *** （21.3934）
ten				−0.0004 *** （−6.9623）
常数项	0.4450 *** （50.9102）	0.4153 *** （30.0019）	0.4676 *** （33.4871）	0.4919 *** （31.6585）
Firm-Importer	Yes	Yes	Yes	Yes
Product	Yes	Yes	Yes	Yes
Year	Yes	Yes	Yes	Yes
N	84198	84198	84198	84198

二　零贸易问题的考虑

Coe 等的研究表明，国际贸易中零贸易问题对双边贸易有着重要的影响，忽视零贸易问题可能导致双边贸易的效应被错估，导致回归结果存在样本选择的问题。[①] 本章研究也存在零贸易的问题，由于出口企业在进行出口产品质量决策时，首先面临的是对哪些国家进行出口，其次才是决定对这些国家出口产品的质量，因此企业进行决策时需要考虑不进行贸易的国家，而上文分析均是基于存在贸易关系的企业样本，忽视了不存在贸易关系的潜在样本，这将导致本章回归忽视了零贸易问题对企业有效信息披露带来产品质量提升的影响，进而产生样本选择的问题。为了进一步考虑零贸易问题，本章通过补充原有数据在国家层面不存在贸易的样本，进而得到大量零贸易的样本，然后通过 Heckman 两步法对样本选择问题进行处理。具体而言，第一步，决定企业出口贸易的因素，即通过二元选择模型对企业出口行为进行回归，然后获得该回归结果中的"逆米尔斯比"（$mills$）；第二步，将"逆米尔斯比"代入本章基准回归方程，在此基础上检验有效信息披露对企业出口产品质量的影响，若回归结果"逆米尔斯比"的系数显著，则表明回归结果中存在样本选择问题，此时有效信息披露的系数是考虑零贸易问题后的无偏一致系数。

根据上述思路，本章构建 Heckman 两步法回归方程，具体结果如表 6-11 所示。其中，第（1）列为仅考虑核心解释变量有效信息披露的回归结果，第（2）列至第（4）列为逐渐加入控制变量后的

[①] Coe, D. T., Helpman, E., Hoffmaister, A. W., "International R&D Spillovers and Institutions," *European Economic Review* 53 (2009): 723-741.

回归结果。首先，根据第（1）列结果可以得知，在控制非观测的企业—进口国固定效应、产品固定效应、时间固定效应，并仅考虑有效信息披露对企业出口产品质量的作用后，有效信息披露的系数显著为正，并且"逆米尔斯比"的系数显著为负，这表明零贸易问题对本章影响是显著的。在解决零贸易问题后，有效信息披露对企业出口产品质量的提升作用显著存在，初步证明了有效信息披露带来的创新能力提升作用的稳健性。其次，对比表 6-11 第（1）列结果与表 6-3 基准回归中第（1）列结果可以发现，在 Heckman 两步法回归模型下，有效信息披露的系数更小，这表明若不考虑零贸易问题的存在性，采用 OLS 线性回归模型将高估有效信息披露对企业创新能力的作用。最后，当逐渐加入相关控制变量后，根据第（4）列结果可以发现，在控制非观测的企业—进口国固定效应、产品固定效应、时间固定效应和其他可能影响回归结果的控制变量后，有效信息披露的系数依旧显著为正，并且回归结果中"逆米尔斯比"的系数显著为正，这进一步表明了在解决零贸易问题后，有效信息披露能够显著提高企业出口产品的质量，增强企业的创新能力。综上，零贸易问题对本章基准回归具有重要的影响，在考虑零贸易问题带来的作用后，有效信息披露对企业创新能力的提升作用稳健成立。

表 6-11　零贸易问题的回归结果

变量	（1）	（2）	（3）	（4）
disclosure	0.0045 *** (4.5375)	0.0065 *** (4.6952)	0.0061 *** (8.5149)	0.0056 *** (5.9655)
size		0.0261 *** (24.6307)	0.0219 *** (36.8301)	0.0230 *** (28.8976)
age		0.0030 *** (12.8368)	0.0023 *** (18.2648)	0.0027 *** (14.9703)

续表

变量	（1）	（2）	（3）	（4）
lev		−0.0002 *** （−4.8992）	−0.0005 *** （−21.3190）	−0.0005 *** （−16.1451）
ast			0.0343 *** （35.5885）	0.0326 *** （25.5457）
roa			0.0013 *** （17.1795）	0.0009 *** （8.3982）
cainv			0.0013 *** （11.3347）	0.0013 *** （8.5008）
sp				0.0005 *** （8.9808）
ten				−0.0008 *** （−5.9221）
mills	−0.2967 *** （−21.8103）	0.4159 *** （10.6219）	0.2142 *** （9.6318）	0.2806 *** （9.0803）
常数项	0.5418 *** （98.8244）	0.8365 *** （58.9255）	0.8211 *** （111.2118）	0.8194 *** （82.0069）
Firm-Importer	Yes	Yes	Yes	Yes
Product	Yes	Yes	Yes	Yes
Year	Yes	Yes	Yes	Yes
N	357088	357088	357088	357088

三 信息披露质量梯度的分析

前文的分析是以上市企业是否对外进行有效信息披露为基础的，但深圳证券交易所实则将上市企业信息披露质量分为四个等级，本章在数据描述部分已对此进行详细介绍。为了更详尽地分析上市企业不同信息披露质量对出口产品质量的影响，即信息披露质量梯度对企业创新能力的作用，本章将信息披露质量等级 D 作为基准，并将企业信息披露质量等级代入基准回归方程中，以检验信息披露质量梯度的具体作用。对该问题的分析，将有助于我们更好地了解企业信息披露行为对出口产品质量的影响，具体结果如表 6-12 所示。

其中，*rate_A*、*rate_B*、*rate_C* 分别代表上市企业信息披露质量等级为 A、B、C；第（1）列为仅考虑核心解释变量信息披露质量的回归结果，第（2）列至第（4）列为逐渐加入控制变量后的回归结果。首先，观察第（1）列结果可以发现，在控制非观测的企业—进口国固定效应、产品固定效应、时间固定效应，并仅考虑不同等级的信息披露质量对企业出口产品质量的影响后，不同信息披露质量等级的系数均显著为正，这表明相对于信息披露质量等级 D，当企业信息披露质量等级有所上升时，企业出口产品的质量将更高，相应的创新能力更强；进一步观察不同信息披露质量等级的系数后可以得知，信息披露质量等级（A 至 C）对企业出口产品质量的提升作用呈现递减的趋势，这意味着随着信息披露质量等级的逐渐提高，企业出口产品的质量随之稳步上升，这也体现出信息披露质量梯度带来的创新能力提升作用的"阶梯递升效应"。其次，观察第（2）列和第（3）列结果可以察觉，企业创新能力的"阶梯递升效应"依旧存在。最后，分析第（4）列结果可知，在控制非观测的企业—进口国固定效应、产品固定效应、时间固定效应和其他可能影响回归结果的控制变量后，不同等级信息披露质量的系数依旧显著为正，并且信息披露质量等级（A 至 C）的系数依次递减，这表明相对于信息披露质量等级 D，当企业逐渐提升对外披露信息的质量等级时，企业对应的产品质量呈现递增的趋势，即信息披露质量梯度对企业创新能力的"阶梯递升效应"稳健存在。综上，企业对外信息披露质量的不同将产生不同的创新促进作用，也在一定程度上证明了本章基本面核心结论的稳健性。这意味着企业信息披露不仅在有效信息披露分类上对创新能力存在水平效应，还在信息披露质量梯度上对创新能力存在垂直效应。

表 6-12　信息披露质量梯度的回归结果

变量	（1）	（2）	（3）	（4）
rate_A	0.0214 *** （16.6562）	0.0236 *** （17.7004）	0.0272 *** （19.1656）	0.0204 *** （13.9442）
rate_B	0.0154 *** （6.4726）	0.0214 *** （8.9338）	0.0268 *** （10.4578）	0.0192 *** （7.3047）
rate_C	0.0078 *** （2.5923）	0.0122 *** （2.9756）	0.0149 *** （2.7048）	0.0147 *** （2.6779）
size		0.0053 *** （9.6856）	0.0084 *** （14.9166）	0.0083 *** （14.3738）
age		0.0024 *** （16.2038）	0.0027 *** （18.2345）	0.0025 *** （15.1374）
lev		−0.0003 *** （−8.8031）	−0.0006 *** （−15.6583）	−0.0005 *** （−12.2606）
ast			0.0236 *** （23.9765）	0.0191 *** （17.7977）
roa			0.0013 *** （8.7998）	0.0003 ** （2.0873）
cainv			0.0010 *** （5.1241）	0.0010 *** （4.5125）
sp				0.0014 *** （20.1685）
ten				−0.0004 *** （−6.8032）
常数项	0.5025 *** （69.0714）	0.5657 *** （53.4718）	0.6269 *** （56.7330）	0.6325 *** （48.4718）
Firm-Importer	Yes	Yes	Yes	Yes
Product	Yes	Yes	Yes	Yes
Year	Yes	Yes	Yes	Yes
N	84198	84198	84198	84198
R^2	0.0049	0.0106	0.0171	0.0219

四　内生性分析

由于企业对外出口产品质量可能会成为企业在未来市场竞争中

的一种声誉反映，而质量声誉会影响企业未来的出口表现①，并能进一步影响企业未来的经营绩效，因此企业在出口产品质量较高的情况下会进行更多的有效信息披露，这将导致回归结果中存在双向因果带来的内生性问题，造成基准回归系数产生偏差。为了减小潜在内生性造成的回归结果偏误，本章参照金祥义和戴金平②、Lang 和 Lundholm③ 的方法，构建分析师每股盈余预测偏差率指标（*predict*），以此作为有效信息披露的工具变量。一方面，企业有效信息披露与分析师每股盈余预测偏差率之间存在相关性，当企业对外进行有效信息披露时，分析师可以基于企业披露的有效信息对企业未来盈余进行预测，若企业披露的信息真实有效，那么分析师预测值与企业未来真实值的偏差程度应该更低，即分析师预测行为是理性的，并且预测结果是可信的④，因此分析师每股盈余预测偏差率与企业有效信息披露之间存在负相关关系，这符合工具变量的相关性假定。另一方面，分析师每股盈余预测偏差率与企业出口产品质量之间不存在必然的关系，分析师每股盈余预测偏差率与分析师个人的能力相关，而与企业出口产品质量不相关，因此两者之间不存在相关关系，这符合工具变量的外生性假定。综上，分析师每股盈余预测偏差率是有效的工具变量，能够解决本章回归中存在的双向因果问题。

据此，本章构建了上述工具变量，并采用 2SLS 工具变量的回归

---

① 叶迪、朱林可：《地区质量声誉与企业出口表现》，《经济研究》2017 年第 6 期。

② 金祥义、戴金平：《有效信息披露与企业出口表现》，《世界经济》2019 年第 5 期。

③ Lang, M. H., Lundholm, R. J., "Corporate Disclosure Policy and Analyst Behavior," *Accounting Review* 71 (1996): 467–492.

④ 储一昀、仓勇涛：《财务分析师预测的价格可信吗？——来自中国证券市场的经验证据》，《管理世界》2008 年第 3 期。

方法对基准模型进行检验，具体回归结果如表6-13所示。其中，第（1）列为仅考虑核心解释变量有效信息披露的回归结果，第（2）列至第（4）列为逐渐加入控制变量后的回归结果。首先，根据第（1）列结果可以得知，一方面，第一阶段的回归结果显示，分析师每股盈余预测偏差率在1%的水平下显著为负，这表明工具变量与核心解释变量之间存在显著的负相关关系，即分析师每股盈余预测偏差率越小，表明企业进行有效信息披露的程度越高，同时Kleibergen-Paap F值为254.194，显著拒绝10%显著性水平下的弱工具变量原假设，因此本章选取的工具变量是恰当适宜的；另一方面，基准回归方程中有效信息披露的系数显著为正，这表明在控制非观测的企业—进口国固定效应、产品固定效应、时间固定效应后，企业进行有效信息披露能够显著促进出口产品质量的提高，这意味着有效信息披露能够显著提高企业的创新能力。其次，第（2）列和第（3）列的结果表明，分析师每股盈余预测偏差率是有效的工具变量，并且有效信息披露对企业创新能力的提升作用依然存在。最后，通过分析第（4）列结果可知，第一阶段回归显示，分析师每股盈余预测偏差率的系数显著为负，表明随着分析师每股盈余预测偏差率的下降，企业可能会进行有效信息披露，并且Kleibergen-Paap F值为296.990，远远大于10%水平下弱工具变量原假设的临界值16.38，即拒绝工具变量选取无效的原假设，证明本章工具变量是适宜的；同时，在基准回归结果中，在控制非观测的企业—进口国固定效应、产品固定效应、时间固定效应和其他可能影响回归结果的控制变量后，有效信息披露的系数依旧显著为正，较好证明了有效信息披露对企业创新能力的提升作用，即本章核心结论稳健成立。综上，考虑回归结果潜在的内生性问题后，企业进行有效信息披露能够提高出口产品的质量，增强企业潜在的创新能力，这一结论并未发生明显的变化。

表 6-13　工具变量回归结果

变量	（1）	（2）	（3）	（4）
disclosure	0. 2815 *** （4. 9208）	0. 0239 *** （4. 6005）	0. 0259 *** （4. 1392）	0. 0158 *** （3. 5877）
size		0. 0055 *** （4. 5590）	0. 0065 *** （4. 7720）	0. 0076 *** （5. 7912）
age		0. 0012 *** （8. 4895）	0. 0025 *** （11. 6015）	0. 0019 *** （7. 9364）
lev		−0. 0054 *** （−8. 6825）	−0. 0010 *** （−8. 0424）	−0. 0008 *** （−8. 6083）
ast			0. 0078 ** （2. 4632）	0. 0012 ** （2. 2885）
roa			0. 0021 *** （4. 7637）	0. 0006 ** （2. 5058）
cainv			0. 0007 *** （3. 4233）	0. 0006 ** （2. 5069）
sp				0. 0019 *** （7. 6762）
ten				−0. 0008 *** （−9. 3431）
第一阶段回归				
predict	−0. 0040 *** （−13. 1903）	−0. 0162 *** （−16. 384）	−0. 0205 *** （−17. 0126）	−0. 0212 *** （−17. 2349）
Ctrls	Yes	Yes	Yes	Yes
Firm-Importer	Yes	Yes	Yes	Yes
Product	Yes	Yes	Yes	Yes
Year	Yes	Yes	Yes	Yes
Kleibergen-Paap F 值	254. 194	273. 857	289. 358	296. 990
N	70841	70841	70841	70841
R^2	0. 0098	0. 0137	0. 0242	0. 0288

注：*Ctrls* 表示第一阶段回归中的控制变量；Stock-Yogo 弱工具变量检验中显著性 10% 对应的 Kleibergen-Paap F 值的上限为 16.38。因工具变量存在缺失值，本部分回归样本比基准回归少。

第五节　小结

通过对海关数据库和上市企业数据库的匹配，本章用企业出口产品质量代表企业的创新能力，进而研究了企业有效信息披露与企业创新能力之间的关系，得出了以下关键的结论。其一，有效信息披露能够提高企业出口产品的质量，增强企业的创新能力，是企业未来创新升级的重要因素。其二，有效信息披露对企业创新能力的提升作用在不同样本分类下存在异质性。具体而言，相比于东部地区企业，有效信息披露对中西部地区企业创新能力的提升作用更大；相比于非国有企业，有效信息披露对国有企业创新能力的提升作用更大；相比于进口国为发达国家，有效信息披露对进口国为发展中国家的企业创新能力的提升作用更显著；相比于出口加工贸易企业，有效信息披露对出口一般贸易企业创新能力的提升作用更大；相比于出口低技术产品企业，有效信息披露对出口高技术产品企业创新能力的提升作用更大；相比于出口中间品企业，有效信息披露对出口最终品企业创新能力的提升作用更明显。其三，对企业信息披露质量等级进行进一步划分，以探究信息披露质量梯度对企业出口产品质量的影响，并以此反映企业创新能力的变化，发现随着企业信息披露质量等级的提高，企业出口产品质量呈现递增的趋势，表明信息披露质量梯度对企业创新能力的提升作用存在"阶梯递升效应"。其四，在考虑模型设定偏误、零贸易和内生性等问题后，有效信息披露对企业创新能力的提升作用依然成立。

第七章

有效信息披露对企业创新的影响渠道

前文详细分析了有效信息披露对企业创新能力的影响，发现有效信息披露对企业创新具有积极的作用，并且在替换企业创新指标后，这一结论仍稳健成立，但并未对有效信息披露对企业创新的作用机制进行探究。根据前文文献综述可知，有效信息披露能够通过企业融资成本和经营活动产生的现金流量这两个方面影响企业的创新能力，即有效信息披露主要通过影响企业成本面和经营面的因素对企业创新产生作用，这即是本章研究的核心内容。

诚然，一方面，有效信息披露能够降低企业在市场上的融资成本[①]，由于企业与资金提供者之间存在信息上的不对称，企业往往比信贷方掌握更多自身内部的信息，这便造成了信贷方在没有充足把握收回资金的时候，不会主动将贷款借给企业。与此相反，对于与信贷方进行长期信贷合作的企业，它们更容易筹集资金，或能够以更低的融资成本从信贷方处获得相同的资本，这是由于此时企业与信贷方之间信息流动较充分，信贷方能够结合以往信息对企业的偿

---

① Botosan, C. A., "Disclosure Level and the Cost of Equity Capital," *Accounting Review* 72 (1997): 323-349.

债能力进行合理评估，因此更愿意为熟悉的企业提供低成本的信贷服务，而较低的融资成本可以使企业更好地应对资金不足问题，减轻企业外源融资面临的偿债压力，促进企业生产方式的调整，增加企业用于产品研发的资金，进而能够帮助企业根据市场竞争现状适时调整研发资金投入力度，提高企业研发的投入产出效率，进而提高企业潜在的创新能力。也就是说，企业的有效信息披露通过降低企业与信贷方之间的信息不对称程度，可以有效降低企业的融资成本①，使企业的研发创新活动获得充足的资金支持。

另一方面，有效的信息披露是企业向公众展示自身稳定管理环境和良好经营绩效的一种公开市场信号②，投资者可以通过企业公开披露的信息对企业产品质量和经营状况进行分析，据此预测企业未来经营走势。有效的信息披露提高了投资者与企业之间信息的透明程度，有利于企业扩大对外产品的销售规模，从而增加了企业当前经营活动产生的现金流量，更充足的经营现金流能够有效支撑企业日常经营生产活动，并为企业日后的经营动态提供更为准确的预测依据。③ 企业

---

① Richardson, A. J., Welker, M., "Social Disclosure, Financial Disclosure and the Cost of Equity Capital," *Accounting Organizations & Society* 26 （2001）：597–616；Khurana, I. K., Pereira, R., Martin, X., "Firm Growth and Disclosure: An Empirical Analysis," *Journal of Financial and Quantitative Analysis* 41 （2006）：357–380；姜付秀、石贝贝、马云飙：《信息发布者的财务经历与企业融资约束》，《经济研究》2016 年第 6 期；吴红军、刘啟仁、吴世农：《公司环保信息披露与融资约束》，《世界经济》2017 年第 5 期。

② Warner, J. B., Watts, R. L., Wruck, K. H., "Stock Prices and Top Management Changes," *Journal of Financial Economics* 20 （1988）：461–492.

③ Orpurt, S. F., Zang, Y., "Do Direct Cash Flow Disclosures Help Predict Future Operating Cash Flows and Earnings?" *The Accounting Review* 84 （2009）：893–935；Plumlee, M., Brown, D., Hayes, R. M., et al., "Voluntary Environmental Disclosure Quality and Firm Value: Further Evidence," *Journal of Accounting and Public Policy* 34 （2015）：336–361.

日常销售经营离不开现金流的支撑，对经营活动产生的现金流量进行分析，可以为投资者提供一种有效的方式来预测企业在未来市场上的收益能力，而这种收益的变化往往体现在当前的经营现金流量中。一方面，较高的经营现金流量意味着企业日常生产处于一种良好状态，企业具有较广的销售渠道和充足的补给资金，能够及时应对突发的经营问题，从而为其经营活动提供后续的保障，增加企业用于产品研发的资金比例。另一方面，经营活动产生的较高现金流量向债权方展示了企业具备良好的偿债能力，为企业进行还本付息提供了合理的保证[①]，因此能够吸引更多投资者的关注，为企业带来更多市场机遇，使企业产生了内在的竞争优势，进而更有利于企业开展技术创新，培养企业创新竞争的文化底蕴。对于企业决策者来说，内部资金和外部资金可以无差别替代[②]，企业自身现金流是企业获取所需研发资金的一个重要渠道[③]，总之，企业良好的经营绩效往往意味着企业当前经营活动能带来足够的现金流量，能够有效支撑企业的研发创新活动。

为了进一步检验上述推论的正确性，本章通过构建机制变量以检验企业有效信息披露对其创新能力的影响渠道，并考察有效信息披露是否能够通过企业融资成本和企业经营活动产生的现金流量来作用于企业的创新能力，即检验企业成本面和经营面因素是不是企

---

① Beaver, W. H., Griffin, P. A., Landsman, W. R., "The Incremental Information Content of Replacement Cost Earnings," *Journal of Accounting & Economics* 4 (1982): 15-39; Casey, C., Bartczak, N., "Using Operating Cash Flow Data to Predict Financial Distress: Some Extensions," *Journal of Accounting Research* 23 (1985): 384-401.

② Modigliani, F., Miller, M. H., "The Cost of Capital, Corporation Finance and the Theory of Investment," *The American Economic Review* 48 (1958): 261-297.

③ 张杰、芦哲、郑文平等：《融资约束、融资渠道与企业 R&D 投入》，《世界经济》2012 年第 10 期。

业有效信息披露的作用渠道，进而完善本书对有效信息披露与企业
创新能力之间关系的研究，丰富相关的研究内容，有利于我们深化
对有效信息披露与企业创新能力之间关系的认识。

第一节　指标设定

一　创新能力指标

对于创新能力的衡量，本章主要采取了企业专利申请量、企业
全要素生产率和企业出口产品质量作为衡量指标。

（一）企业专利申请量

近年来我国企业专利申请量增长迅速，中国企业专利申请量在
世界上名列前茅，由于专利具有较强的商业性和延续性，是企业发
展的重要异质性资源，本章参考温军和冯根福[1]、顾夏铭等[2]、王永
钦等[3]的研究，采取企业当年专利申请总量作为衡量企业创新数量的
指标。

（二）企业全要素生产率

全要素生产率是指各要素（如资本和劳动等）投入之外的技术
进步和能力实现等导致的产出增加，是剔除要素投入贡献后所得到

---

[1]　温军、冯根福：《风险投资与企业创新："增值"与"攫取"的权衡视角》，《经济研究》2018 年第 2 期。

[2]　顾夏铭、陈勇民、潘士远：《经济政策不确定性与创新——基于我国上市公司的实证分析》，《经济研究》2018 年第 2 期。

[3]　王永钦、李蔚、戴芸：《僵尸企业如何影响了企业创新？——来自中国工业企业的证据》，《经济研究》2018 年第 11 期。

的残差。本章参考肖文和林高榜[①]、韩先锋等[②]、白俊红和卞元超[③]、戴魁早和刘友金[④]、赵宸宇[⑤]的研究，采用全要素生产率作为创新的衡量指标之一。

（三）企业出口产品质量

大量的研究表明，企业创新对出口产品质量的提升具有重要的促进作用。[⑥] Zhao 和 Haruyama、Betz 采用动态均衡模型阐释了质量异质性与企业创新的作用机制，提出不断提升的产品质量是技术进步的重要表现形式。[⑦] 施炳展和邵文波借鉴新新贸易理论的最新进展，采用 2485 个产品层面回归反推方法，测算中国企业出口产品质量进行实证研究，发现企业生产效率、研发效率的提高均会提升产品质量。[⑧] 罗丽英和齐月从理论层面探讨了技术研发效率、技术转化效率和综合技术创新效率对出口产品质量的影响机制，从技术创新

---

① 肖文、林高榜：《政府支持、研发管理与技术创新效率——基于中国工业行业的实证分析》，《管理世界》2014 年第 4 期。

② 韩先锋、惠宁、宋文飞：《贸易自由化影响了研发创新效率吗？》，《财经研究》2015 年第 2 期。

③ 白俊红、卞元超：《要素市场扭曲与中国创新生产的效率损失》，《中国工业经济》2016 年第 11 期。

④ 戴魁早、刘友金：《要素市场扭曲与创新效率——对中国高技术产业发展的经验分析》，《经济研究》2016 年第 7 期。

⑤ 赵宸宇：《进口竞争能否提高企业创新效率？：基于中国企业层面的分析》，《世界经济研究》2020 年第 1 期。

⑥ 祝树金、谢煜、段凡：《制造业服务化、技术创新与企业出口产品质量》，《经济评论》2019 年第 6 期；沈国兵、于欢：《企业参与垂直分工、创新与中国企业出口产品质量提升》，《广东社会科学》2019 年第 6 期。

⑦ Zhao, L., Haruyama, T., "Trade and Firm Heterogeneity in a Schumpeterian Model of Growth," *Research in Economics* 71 (2017)：540 - 563；Betz, F., *Managing Technological Innovation*：*Competitive Advantage from Change* (New York, USA：John Wiley & Sons, Inc., 2011), p. 106.

⑧ 施炳展、邵文波：《中国企业出口产品质量测算及其决定因素——培育出口竞争新优势的微观视角》，《管理世界》2014 年第 9 期。

的角度研究了其对产品质量升级的影响。[①] 此外，也有一些学者直接采取产品质量来衡量企业创新能力。[②] 本章参考已有文献，采用企业出口产品质量作为创新的衡量指标之一。

二　有效信息披露指标

本章信息披露质量评级数据来源于深圳证券交易所公布的上市企业信息披露考评板块，其结果分为 A（优秀）、B（良好）、C（合格）、D（不合格）四个等级，本章参考金祥义和戴金平[③]的做法，并根据相关监管部门对信息披露质量等级划分的定义，在企业信息披露质量等级处于 A 至 C 时，对 *disclosure* 赋值为 1，即企业进行了有效的信息披露，否则赋值为 0。

三　机制变量

本章的研究涉及两个机制变量，分别为融资成本和经营活动产生的现金流量，其中融资成本 （*Cost*） 以利息支出占总负债的比例表示[④]；

[①] 罗丽英、齐月：《技术创新效率对我国制造业出口产品质量升级的影响研究》，《国际经贸探索》2016 年第 4 期。

[②] Minderhoud, S., " Quality and Reliability in Product Creation—Extending the Traditional Approach," *Quality & Reliability Engineering International* 15 （1999）： 417–425； Drivas, K., Giannakas, K., "The Effect of Cooperatives on Quality-Enhancing Innovation," *Journal of Agricultural Economics* 61 （2010）： 295–317； Maillard, P., *Competitive Quality of an Innovation* （New York, USA： John Wiley & Sons, Inc., 2010）, p. 104； Shan, J., Jolly, D. R., "Technological Innovation Capabilities, Product Strategy, and Firm Performance： The Electronics Industry in China," *Canadian Journal of Administrative Sciences* 30 （2013）： 159–172.

[③] 金祥义、戴金平：《有效信息披露与企业出口表现》，《世界经济》2019 年第 5 期。

[④] 倪娟、孔令文：《环境信息披露、银行信贷决策与债务融资成本——来自我国沪深两市 A 股重污染行业上市公司的经验证据》，《经济评论》2016 年第 1 期；马光荣、李力行：《金融契约效率、企业退出与资源误置》，《世界经济》2014 年第 10 期。

经营活动产生的现金流量（*CF*）以当期经营活动产生的现金流量净额与期初固定资产净值来表示①。

四　控制变量

本章的控制变量为企业层面的相关指标，主要如下。①企业规模（*size*），用企业总资产的对数形式表示。②企业年龄（*age*），用企业当年年份减去开业年份的差值表示。③资产负债率（*lev*），用期末负债总额占期末总资产的比重来表示。④总资产周转率（*ast*），采用销售收入与期末总资产的比值来衡量。⑤资产收益率（*roa*），用净利润与总资产的比值来表示。⑥现金满足投资比率（*cainv*），用企业经营活动产生的现金净流量与资本支出的比值来表示。⑦每股价格（*sp*），用企业市值除以总股数来表示。⑧股权集中度（*ten*），用前十大股东持股比例来衡量。上述控制变量与前文研究保持一致，进而避免因控制变量改变而导致机制变量显著性发生变化。

第二节　有效信息披露的渠道检验：基于专利数据的研究

根据前文分析，本书得出的重要结论是，有效信息披露对企业专利申请总量有正向的促进作用，即企业进行有效信息披露之后，企业创新能力得到较大的提升。但至此，本书还未回答一个关键的问题，即有效信息披露是通过何种途径来提高企业的创新能力。对这一问题进行深入研究不仅可以加深我们对有效信息披露和企业创

---

① 吴红军、刘啟仁、吴世农：《公司环保信息披露与融资约束》，《世界经济》2017 年第 5 期。

新之间关系的理解，同时有利于更好地评估和完善有效信息披露政策。据此，本章构建了机制变量直接回归模型，对有效信息披露的创新能力提升渠道进行检验，并结合文献综述部分的理论分析，验证成本面和经营面因素是不是有效信息披露作用于企业创新的渠道，因此将融资成本（$Cost$）和经营活动产生的现金流量（CF）作为机制变量，检验有效信息披露是否通过上述两个机制变量来影响企业的创新能力。具体而言，机制变量回归模型的方程为：

$$Cost_{it} = b_0 + b_1 disclosure_{it} + \lambda Ctrl_{it} + \delta_i + \delta_t + \varepsilon_{it} \tag{7-1}$$

$$CF_{it} = e_0 + e_1 disclosure_{it} + \chi Ctrl_{it} + \delta_i + \delta_t + \varepsilon_{it} \tag{7-2}$$

本章根据上述模型建立相关回归方程，具体结果如表7-1所示。在企业融资成本渠道方面，通过分析第（1）列机制变量对核心解释变量的回归结果可以得知，在控制各类非观测的固定效应和相关控制变量的可能影响后，有效信息披露的系数在1%的水平下显著为负，证明了有效信息披露能够降低企业面临的融资成本，即企业进行有效信息披露之后，信贷机构能够更为详尽地了解与企业经营相关的真实信息，降低了信贷机构与企业之间的信息不对称程度，减少了信贷机构对企业放贷时要求的额外风险溢价，因此企业面临的融资成本将更低，从而证明了有效信息披露能够通过降低企业融资成本，进而给企业创新带来促进作用。

在企业经营活动产生的现金流量渠道方面，观察第（2）列的结果能够得知，在控制各类非观测的固定效应和相关控制变量的可能影响后，有效信息披露的系数在1%的水平下显著为正，证明了有效信息披露能够提高企业经营活动产生的现金流量，因为企业对外进行有效信息披露后，市场需求方能够更为详尽地了解企业产品的优劣和企业日常经营生产活动情况，进而提高了企业与市场需求方的匹配程度，扩大了企业日常的经营销售规模，提高了企业经营活动产生的现金流量，从而证明了有效信息披露能够通过提高企业经营活动产生的现金流量给企业创新带来促进作用。

表 7-1　有效信息披露的机制检验（专利数据）

变量	(1) Cost	(2) CF
disclosure	-0.0226 *** (-2.5986)	0.5105 *** (2.6470)
size	0.0133 *** (18.5655)	-0.6696 (-0.7587)
age	0.0004 ** (2.3235)	0.7720 *** (3.2253)
lev	0.0000 *** (4.8813)	-0.0001 (-0.0071)
ast	0.0191 *** (9.4538)	-1.9191 (-0.7840)
roa	-0.0002 (-1.5653)	0.1249 (0.9559)
cainv	-0.0007 *** (-10.1641)	0.1145 (1.3291)
sp	-0.0003 (-0.5436)	0.0018 (0.9149)
ten	0.0076 (0.2081)	-0.0188 *** (-4.3104)
常数项	-0.2241 *** (-13.0701)	-3.3670 (-0.1593)
Firm	Yes	Yes
Year	Yes	Yes
N	22013	22013
R^2	0.7392	0.6229

注：Firm 和 Year 分别代表企业固定效应和时间固定效应；括号内为异方差稳健的 t 值，***、**、* 分别表示 1%、5%、10%的显著性水平。以下表格若无特别说明则含义相同。

第三节　有效信息披露的渠道检验：
基于 *tfp* 的研究

企业创新能力除了用专利数据和质量数据进行衡量外，还可以用企业生产率数据予以表示。因此，为了进一步检验有效信息披露对企业创新作用渠道的稳健性，本节将用企业生产率（*tfp*）表示对应的创新能力，以企业 *tfp* 为基础并结合机制变量回归模型来检验有效信息披露对企业创新能力的两大渠道的稳健性。检验过程与前文类似，具体而言，相应的回归方程如下：

$$Cost_{it} = b_0 + b_1 disclosure_{it} + \lambda Ctrl_{it} + \delta_i + \delta_t + \varepsilon_{it} \qquad (7-3)$$

$$CF_{it} = e_0 + e_1 disclosure_{it} + \chi Ctrl_{it} + \delta_i + \delta_t + \varepsilon_{it} \qquad (7-4)$$

本章根据上述机制模型建立相关回归方程，具体结果如表 7-2 所示。在企业融资成本渠道方面，通过分析第（1）列机制变量对核心解释变量的回归结果可以得知，在控制各类非观测的固定效应和相关控制变量的可能影响后，有效信息披露的系数在 1% 的水平下显著为负，证明了有效信息披露能够降低企业面临的融资成本，这与上一节检验的结果一样，即有效信息披露能够降低企业与信贷机构之间的信息不对称程度，使企业更容易获得外源资金，进而降低企业面临的融资溢价幅度，减少了企业获取资金所支付的融资成本，从而证明了有效信息披露能够通过降低企业融资成本，进而给企业创新带来促进作用，亦证明了有效信息披露的融资成本渠道的稳健性。

在企业经营活动产生的现金流量渠道方面，观察第（2）列的结果能够得知，在控制各类非观测的固定效应和相关控制变量的可能影响后，有效信息披露的系数在 1% 的水平下显著为正，证明了有效信息披露能够提高企业经营活动产生的现金流量，因为企业对外进行有效信息披露后，市场需求方能够更为详尽地了解企业产品的优劣和企业日常经营生产活动情况，进而提高了企业与市场需求方的匹配程度，扩大了企业日常的经营销售规模，提高了企业经营活动产生的现金流量，从而证明了有效信息披露能够通过提高企业经营活动产生的现金流量，最终给企业创新带来促进作用，这也较好证明了在替换企业创新衡量指标后，有效信息披露的经营现金流量渠道具有较强的稳健性。

表 7-2　有效信息披露的机制检验（*tfp*）

变量	（1）*Cost*	（2）*CF*
disclosure	−0. 1151 *** (−3. 9153)	0. 2683 *** (3. 0829)
size	−0. 0041 *** (−2. 9490)	−0. 7623 (−0. 4871)
age	0. 0002 (0. 6460)	−0. 3783 (−0. 2582)
lev	0. 0001 *** (3. 1262)	−0. 0253 *** (−3. 2689)
ast	0. 0071 *** (2. 7590)	−0. 2663 (−0. 0919)
roa	0. 0001 (0. 8427)	0. 8292 *** (6. 6196)
cainv	−0. 0001 (−0. 1124)	−0. 0003 (−0. 0696)
sp	0. 0001 (0. 6462)	0. 0952 (1. 0955)
ten	−0. 0006 *** (−6. 5351)	−0. 0381 *** (−3. 3865)
常数项	0. 0086 (0. 6523)	5. 3308 (0. 5781)
Firm	Yes	Yes
Year	Yes	Yes
N	19954	19954
R^2	0. 4328	0. 2251

第四节　有效信息披露的渠道检验：基于
出口产品质量数据的研究

如前所言，为了进一步检验有效信息披露对企业创新能力的作用渠道的稳健性，本节将衡量企业创新能力的指标进行替换，用企业出口产品质量（sq）作为企业创新能力的替代指标，并以 sq 为基础，对有效信息披露的渠道进行再检验，相关检验步骤与前文保持一致。具体而言，本节依旧构建融资成本（$Cost$）和经营活动产生的现金流量（CF）两个机制变量，检验有效信息披露对企业创新能力的作用渠道是否稳健。相应的回归方程如下：

$$Cost_{it} = b_0 + b_1 disclosure_{it} + \lambda Ctrl_{it} + \delta_{ij} + \delta_k + \delta_t + \varepsilon_{ijkt} \tag{7-5}$$

$$CF_{it} = e_0 + e_1 disclosure_{it} + X Ctrl_{it} + \delta_{ij} + \delta_k + \delta_t + \varepsilon_{ijkt} \tag{7-6}$$

本章根据上述机制模型建立相关回归方程，具体结果如表 7-3 所示。在融资成本渠道方面，通过分析第（1）列机制变量对核心解释变量的回归结果可以得知，在控制各类非观测的固定效应和相关控制变量的可能影响后，有效信息披露的系数在 1% 的水平下显著为负，证明了有效信息披露能够降低企业面临的融资成本，即企业进行有效信息披露之后，信贷机构能够更为详尽地了解与企业经营相关的真实信息，降低了信贷机构与企业之间的信息不对称程度，减少了信贷机构对企业放贷时要求的额外风险溢价，因此企业面临的融资成本将更低，从而证明了本章的理论推断，即有效信息披露能通过降低企业融资成本来提高企业的创新能力。

在企业经营活动产生的现金流量渠道方面，观察第（2）列的结果能够得知，在控制各类非观测的固定效应和相关控制变量的可能影响后，有效信息披露的系数在1%的水平下显著为正，证明了有效信息披露能够提高企业经营活动产生的现金流量，这一结果与上一节的检验结果类似，因为企业对外进行有效信息披露后，市场需求方能够更为详尽地了解企业产品的优劣和企业日常经营生产活动情况，进而提高了企业与市场需求方的匹配程度，扩大了企业日常的经营销售规模，提高了企业经营活动产生的现金流量，从而证明了有效信息披露能够通过提高企业经营活动产生的现金流量，进而给企业创新带来促进作用。

表 7-3　有效信息披露的机制检验（出口产品质量数据）

变量	（1）$Cost$	（2）CF
$disclosure$	-0.0087*** （-30.5101）	0.3292*** （11.9447）
$size$	-0.0065*** $-$（48.3174）	1.5371*** （13.8419）
age	-0.0010*** （-20.9920）	-0.1940*** （-15.1154）
lev	0.0011*** （87.5097）	-0.1098*** （-14.2068）
ast	-0.0006*** （-4.2062）	1.5731*** （13.8762）
roa	-0.0024*** （-45.2681）	-0.1544*** （-10.8978）
$cainv$	-0.0010*** （-23.9171）	0.1687*** （17.0195）
sp	-0.0012*** （-50.2888）	0.0696*** （19.4334）
ten	0.0001*** （10.2700）	-0.0245*** （-11.7656）
常数项	-0.1562*** （-46.1674）	-23.6886*** （-13.7560）
$Firm\text{-}Importer$	Yes	Yes
$Product$	Yes	Yes

变量	（1）$Cost$	（2）CF
$Year$	Yes	Yes
N	84198	84198
R^2	0.3325	0.3724

注：$Firm\text{-}Importer$ 和 $Product$ 分别代表企业—进口国固定效应和产品固定效应。

第五节　小结

根据前文文献综述可知，有效信息披露能够通过企业融资成本和经营活动产生的现金流量这两个方面影响企业的创新能力，即有效信息披露主要通过影响企业成本面和经营面的因素对企业创新产生作用。为了进一步检验上述推论的正确性，本章通过构建机制模型来检验企业有效信息披露对其创新能力的具体渠道，并且针对企业专利申请量、企业全要素生产率、企业出口产品质量三个企业创新衡量指标分别进行检验，研究发现，在不同的创新指标下，有效信息披露均能够通过降低企业融资成本和提高企业经营活动产生的现金流量两个渠道显著提高企业的创新能力，即有效信息披露是通过企业融资成本和经营活动产生的现金流量这两个作用渠道，从成本面和经营面来促进企业创新能力的提升。

第八章

有效信息披露对企业成长能力的影响

第一节　研究背景

在中国宏观经济高速发展的同时，中国微观企业的成长速度却难以与其保持一致。《2023 年世界投资报告》显示，中国还未出现一批具有巨大影响力的国际企业。对此，本章基于中国上市企业数据，在信息化时代背景下探讨企业成长的新因素。分析发现，企业有效的信息披露能够促进企业成长能力的提升，该效应在企业所有制形式和地域分布上存在差异。具体而言，相对于国有企业，非国有企业有效的信息披露能够提高其成长速度；东部地区比中西部地区企业受到有效信息披露的促进影响更大。从机制上看，企业有效信息披露能够通过融资成本渠道和经营现金流量渠道对其成长能力产生影响。从信息披露质量梯度角度看，随着企业信息披露质量等级的提高，企业自身成长能力逐渐提升。据此，加大有效信息披露力度将有助于提高企业成长速度，这为信息化时代背景下企业信息披露的积极作用提供了有力的证据。

　　企业成长影响着一国经济的长足发展，中小企业的持续成长已经成为拉动宏观经济增长的新源泉。[1] 党的十八大报告强调支持中小型企业的发展，逐渐提高企业国际化能力；党的十九大报告提出支持民营企业发展并构建世界一流企业的目标；党的二十大报告更是指出，优化民营企业发展环境，依法保护民营企业产权和企业家权益，促进民营经济发展壮大。改革开放以来，中国经济在保持高速增长的同时，民营企业发展滞后的问题却常伴其左右。2024 年在《财富》杂志公布的全球企业排名中，中国入选前 50 强的民营企业仅有 2 家，而在前 10 强企业中，入选的中国企业只有中国国家电网、中石化、中石油和中国建筑 4 家大型国企，中国民营企业并未出现在世界一流企业的名单中。2023 年公布的世界投资报告显示，在 2022 年完成跨境并购交易且交易价值超过 30 亿美元的企业排名中，入选前 50 强的中国民营企业只有 1 家，且在前 20 强排名中并未出现中国企业，这反映了中国还未出现一批具有巨大影响力的国际企业。[2] 在一系列的排名对比下，中国入选世界一流的民营企业数量远远少于其他国家，如东亚地区的日本，虽然中国宏观经济在近年来得到了迅速发展，但民营企业的成长状况却一直不尽如人意，这种矛盾的现象似乎揭示了在当今社会，企业的成长能力还与其他因素存在潜在的关联。因此，探究企业成长的决定因素便成为一个具有现实意义的重要问题。

　　然而，不同于发达国家大企业的成长历史，现阶段中国企业成长面临一个新的技术条件约束，即信息技术发展以及由此带来的信

---

①　李曼、李芬儒：《关注和融入中小企业成长——论中小企业银行服务营销》，《金融研究》2005 年第 6 期；Acemoglu, D., Akcigit, U., Alp, H., et al., "Innovation, Reallocation, and Growth," *American Economic Review* 108 （2018）：3450-3491。

②　杨其静：《企业成长：政治关联还是能力建设?》，《经济研究》2011 年第 10 期。

息披露的程度和质量问题。正因为这一特殊技术条件约束，政府也多次强调信息技术代表的互联网对企业成长的重要意义。2015 年 7 月，国务院印发的《关于积极推进"互联网+"行动的指导意见》，强调了网络信息发展对中国产业转型的重要意义。2024 年 4 月，国家发展改革委办公厅、国家数据局综合司印发的《数字经济 2024 年工作要点》明确提出，要加快推动数字技术创新突破。党的二十大报告也指出推动现代信息网络技术与企业发展的有机结合。这意味着网络信息化将对企业未来走向乃至整个社会经济发展产生重要的影响。在互联网信息化时代背景下，企业的发展离不开信息的传播，互联网信息平台的繁荣更是促进了整个经济技术环境的发展，影响企业生产能力的变化。① 但在多渠道的信息媒介中存在参差不齐的信息种类，不同信息又会影响投资者的投资决策，企业与投资者之间信息不对称所导致的投资变化又将影响企业自身的发展，最常见的情况便是"柠檬市场"问题。②

在网络信息化时代背景下，投资者获取企业发展相关信息最主要的方式便是通过企业向社会公布的财务报告，因而企业财务报告中披露的信息将左右投资者的投资决策，从而影响企业自身的融资条件。③

---

① 郭家堂、骆品亮：《互联网对中国全要素生产率有促进作用吗?》，《管理世界》2016 年第 10 期；Stiroh, K. J., "Information Technology and the U. S. Productivity Revival: What Do the Industry Data Say?" *American Economic Review* 92 (2002): 1559-1576。

② Akerlof, G. A., "The Market for 'Lemons': Quality Uncertainty and the Market Mechanism," *The Quarterly Journal of Economics* 84 (1970): 488-500.

③ Demirgüç-Kunt, A., Maksimovic, V., "Law, Finance, and Firm Growth," *The Journal of Finance* 53 (1998): 2107-2137; Bushman, R. M., Smith, A. J., "Financial Accounting Information and Corporate Governance," *Journal of Accounting & Economics* 32 (2001): 237-333; Bushman, R. M., Piotroski, J. D., Smith, A. J., "Capital Allocation and Timely Accounting Recognition of Economic Losses," *Journal of Business Finance & Accounting* 38 (2011): 1-33.

同时企业内部信息不对称还将导致代理问题的发生，造成企业代理成本的上升，引起企业内部资源的错配，恶化企业发展。[①] 据此，信息不对称造成企业发展呆滞的现象使我们自然而然地产生疑问：有效信息披露是否会改善中国企业的发展情况？信息披露与企业成长能力是否存在潜在的关系？如果信息披露能够起到正向作用，那其作用机制又是什么？为了厘清企业成长能力与信息披露之间的影响情况，本章试图根据中国上市企业公布的财务信息与相关监管部门提供的披露信息对该问题进行正面回答，并从其内部探索这一机制的具体渠道。

从文献角度看，与本章直接相关的文献有三类。第一类，企业成长的决定因素。实际上，对于企业成长理论方面的研究最早可以追溯到亚当·斯密的《国富论》，他用劳动分工解释了企业的成长，再到马歇尔用企业规模和市场竞争结构对企业成长进行描述，之后新古典经济学派则用追求利润最大化假定来分析企业成长规律，到后来科斯将市场交易费用引入企业成长理论，标志着制度经济学派的正式发展，最后到后凯恩斯学派将研究视角集中在企业内部结构和市场环境上，使大量学者更为关注现实中企业治理权和所有权分离的经营模式，以及相关治理结构带来的企业成长内生化的研究。有鉴于此，现实企业治理权和所有权分离的经营模式所引发的内外信息不对称问题自然将研究视角置于企业信息披露上，因而信息的有效披露与企业成长理论形成了内在的相互联系，对企业信息披露的研究能够为摸索企业成长新因素提供些许思路。此外，一些学者从政府管制[②]、

---

① Myers, S. C., "Capital Structure Puzzle," *Social Science Electronic Publishing* 39 (1984): 575-592.

② 李涛、周开国、乔根平：《企业增长的决定因素—中国经验》，《管理世界》2005年第12期。

融资约束①、企业竞争②和企业垄断③等角度对企业成长进行了进一步的研究，但并未纳入信息因素。第二类，信息披露对企业绩效的影响。一些学者强调了企业信息披露对其股价变动的影响，由于有效的信息披露能够为投资者带来更多信息，从而减少投资者进行盲目市场投资的行为，但这一效应在不同市场有不同的反应。④ 另一些学者则强调了环境信息披露对高污染行业绩效的影响，高污染行业对环境治理信息的披露能够向社会展现企业良好的发展前景，从而带来企业未来价值的提升。⑤ 第三类，信息披露的决定因素，特别是企业治理结构。在该领域内，研究者着力分析企业治理结构与信息披露的关系，因为企业治理环境和发展政策会影响信息披露的质量和水平，所以不同的企业治理结构会对信息披露政策产生不

---

① 赵驰、周勤、汪建：《信用倾向、融资约束与中小企业成长——基于长三角工业企业的实证》，《中国工业经济》2012 年第 9 期。

② 方芳、蔡卫星：《银行业竞争与企业成长：来自工业企业的经验证据》，《管理世界》2016 年第 7 期。

③ 王永进、盛丹、李坤望：《中国企业成长中的规模分布——基于大企业的研究》，《中国社会科学》2017 年第 3 期。

④ 朱红军、汪辉：《公平信息披露的经济后果——基于收益波动性、信息泄露及寒风效应的实证研究》，《管理世界》2009 年第 2 期；潘越、戴亦一、林超群：《信息不透明、分析师关注与个股暴跌风险》，《金融研究》2011 年第 9 期；Benston, G. J., "Required Disclosure and the Stock Market: An Evaluation of the Securities Exchange Act of 1934," *The American Economic Review* 63 (1973): 132–155; Haggard, K. S., Martin, X., Pereira, R., "Does Voluntary Disclosure Improve Stock Price Informativeness?" *Financial Management* 37 (2008): 747–768。

⑤ 沈洪涛、游家兴、刘江宏：《再融资环保核查、环境信息披露与权益资本成本》，《金融研究》2010 年第 12 期；吴红军、刘啟仁、吴世农：《公司环保信息披露与融资约束》，《世界经济》2017 年第 5 期；Plumlee, M., Brown, D., Hayes, R. M., et al., "Voluntary Environmental Disclosure Quality and Firm Value: Further Evidence," *Journal of Accounting and Public Policy* 34 (2015): 336–361。

同的影响。[①]

与现有文献相比，本章主要的边际贡献在于以下 4 点。其一，在研究视角方面，本章从信息披露角度出发，研究企业成长能力的决定因素。由于在信息化时代背景下，信息的传播和获取对企业的成长有着重要的影响作用，因此仅基于传统的成长因素来考虑企业变化，并不能全面反映企业成长趋势，加入企业信息披露因素能够更契合时代发展背景，并在更深层次上分析企业成长的内在规律。其二，在研究框架方面，本章立足中国微观上市企业数据来分析企业成长的动因，并对企业有效的信息披露与其成长能力之间的关系和作用机制进行了探讨，从企业经营面和成本面分析了信息披露的传导机制，揭示了信息披露对企业成长作用的融资成本渠道和经营现金流渠道，从而深入分析了信息披露对企业成长的影响机制，完善了相应的机制框架，并从信息披露角度丰富了与企业成长相关的研究。其三，在信息披露的细化分析方面，本章除了从企业有效信息披露方面进行分析外，还从信息披露质量梯度方面对上市企业成长能力的影响做了进一步的研究，分析了信息披露质量的变化对企业成长状况的影响程度，从侧面揭示了信息披露质量的动态效应。具体而言，随着企业信息披露质量等级的提升，企业对应的成长能力不断提高，反映了信息披露质量对企业成长的促进作用，在一定程度上揭示了有效信息披露对企业成长的积极影响。其四，在结论方面，本章在考虑结论可能存在内生性并对其进行控制的情况下，充分证明了有效信息

---

① 伊志宏、姜付秀、秦义虎：《产品市场竞争、公司治理与信息披露质量》，《管理世界》2010 年第 1 期；张学勇、廖理：《股权分置改革、自愿性信息披露与公司治理》，《经济研究》2010 年第 4 期；Hermalin，B. E.，"Understanding Firm Value and Corporate Governance," *Social Science Electronic Publishing*，2010。

披露对企业成长能力的稳健影响，为企业有效信息披露与企业成长能力之间的正向关系提供了事实依据，奠定了该方面的理论基础。

第二节　理论分析和研究假设

一　信息披露与企业成长能力

企业治理权和所有权的分离往往使企业内部存在显著的代理问题[①]，拥有企业所有权的股东为了保障自己的权益，需要监督管理层对企业整体的经营过程，观察管理层是否有效实施了股东大会的经营决策方案，以保证股东利润最大化目标的实现。但管理者往往存在与股东目标偏离行动的激励，例如管理者存在投资过度现象，他们将股东的资金投资于高风险的经营项目，若项目获得收益便提高自身的支付报酬，若项目亏损则将风险转移给股东。[②] 另一种情形下，即信息不对称作用下，管理者会减小对预期盈利项目的投资力度，从而造成企业未来经营利润的损失，减少了企业良好的预期投资机会，最终降低了企业的未来价值。[③]

加大管理层对相关项目或经营成果的披露力度，可以有效缓解股东和管理者之间存在的信息不对称问题，在一定程度上减弱管理层偏离股东利润最大化目标的动机，而股东可以利用定期信息披露

---

① Fama, E. F., "Agency Problems and the Theory of the Firm," *Journal of Political Economy* 88 (1980)：288-307.

② Jensen, M. C., Meckling, W. H., "Theory of the Firm：Managerial Behavior, Agency Costs and Ownership Structure," *Journal of Financial Economics* 3 (1976)：305-360.

③ Myers, S. C., "Capital Structure Puzzle," *Social Science Electronic Publishing* 39 (1984)：575-592.

的规定来监督管理层。在更为详尽的信息披露政策下，股东可以定时观察企业正在投资的项目，并及时放弃对不良项目的投资，加大对前景良好项目的投资力度，将资金从低收益项目转移至高收益项目，从而增加企业预期的绩效收益。[①]

此外，企业经营信息的有效披露也能使外部投资者从中获益，他们通过分析企业披露的相关信息，选择适宜的投资目标，缓解了信息不对称下企业投资市场不景气的现象。信贷机构能够通过信息披露的内容对企业偿债能力进行适当评估，从而减小由信息不对称给企业和外部投资者带来的投资约束，保障了企业未来经营资金的有效来源，进一步有效降低了企业面临的权益融资成本，最终提高了企业自身的价值。[②] 基于此，本章提出如下假设。

假设 8-1：同等条件下，有效的信息披露能够提高企业的成长能力。

二　信息披露对企业成长的影响路径

有效的信息披露可以提高企业的经营绩效，在给企业带来收益的同时能够降低其在市场上的融资成本。[③] 由于企业与资金提供者之间存在信息上的不对称，企业往往比信贷方掌握更多自身内部的信息，这便造成了信贷方在没有充足把握可以收回资金的时候，不会

[①] Bushman, R. M., Piotroski, J. D., Smith, A. J., "Capital Allocation and Timely Accounting Recognition of Economic Losses," *Journal of Business Finance & Accounting* 38 （2011）：1-33.

[②] Leuz, C., Schrand, C., "Disclosure and the Cost of Capital: Evidence from Firms' Responses to the Enron Shock," National Bureau of Economic Research, 2009, No. w14897；曾颖、陆正飞：《信息披露质量与股权融资成本》，《经济研究》2006 年第 2 期。

[③] Botosan, C. A., "Disclosure Level and the Cost of Equity Capital," *Accounting Review* 72 （1997）：323-349.

主动将贷款借给企业。与此相反，对于与信贷方进行长期信贷合作的企业，它们更容易筹集资金，或能够以更低的融资成本从信贷方处获得相同的资本，这是由于此时企业与信贷方之间信息流动较充分，信贷方能够结合以往信息对企业的偿债能力进行合理评估，因此更愿意为熟悉的企业提供低成本的信贷服务，这种现象便形成了关系信贷（relationship lending）。较低的融资成本可以使企业更好地应对资金不足问题，促进企业生产方式的调整，为企业提供更多的投资机会，提升企业的整体价值。① 对此，本章提出如下假设。

假设 8-2：同等条件下，有效的信息披露能够通过降低融资成本来影响企业的成长能力。

有效的信息披露是企业向公众展示自身稳定管理环境和良好经营绩效的一种公开市场信号②，投资者可以通过企业公开披露的信息对企业产品质量和经营状况进行分析，据此来预测企业未来经营走势。有效的信息披露提高了投资者与企业之间信息的透明程度，更有利于企业扩大对外产品的销售规模，从而增加了企业当前经营活动产生的现金流量，更充足的经营现金流能够有效支撑企业日常经营生产活动，并为企业日后的经营动态提供更为准确的预测依据。③

---

① Petersen, M. A., Rajan, R. G., "The Benefits of Lending Relationships: Evidence from Small Business Data," *Journal of Finance* 49 (1994): 3-37；张杰、经朝明、刘东：《商业信贷、关系型借贷与小企业信贷约束：来自江苏的证据》，《世界经济》2007 年第 3 期；何韧、刘兵勇、王婧婧：《银企关系、制度环境与中小微企业信贷可得性》，《金融研究》2012 年第 11 期。

② Warner, J. B., Watts, R. L., Wruck, K. H., "Stock Prices and Top Management Changes," *Journal of Financial Economics* 20 (1988): 461-492.

③ Orpurt, S. F., Zang, Y., "Do Direct Cash Flow Disclosures Help Predict Future Operating Cash Flows and Earnings?" *The Accounting Review* 84 (2009): 893-935；Plumlee, M., Brown, D., Hayes, R. M., et al., "Voluntary Environmental Disclosure Quality and Firm Value: Further Evidence," *Journal of Accounting and Public Policy* 34 (2015): 336-361.

企业日常销售经营离不开现金流的支撑，对经营活动产生的现金流量的分析，为投资者提供了一种有效的方式来预测企业在未来市场上的收益能力，而这种收益的变化往往体现在当前的经营现金流量中。一方面，较高的经营现金流量意味着企业日常生产处于一种良好状态，企业具有较广的销售渠道和充足的补给资金，能够及时应对突发的经营问题，从而为其经营活动提供了后续的保障，反映了企业较强的经营能力。另一方面，经营活动产生的较高现金流量向债权方展示了企业具备良好的偿债能力，为企业进行还本付息提供了合理的保证[①]，因此能够吸引更多投资者的关注，为企业带来更多的市场机遇。基于此，本章提出如下假设。

假设8-3：同等条件下，有效的信息披露能够通过增加企业的经营现金流量来提高企业的成长能力。

三 信息披露质量梯度与企业成长能力

监管部门往往只对企业信息披露制定一个最低限度的披露要求，而不同企业信息披露的程度存在差异。投资者为了准确获取与企业相关的经营信息，往往依赖于监管部门或信用评级机构对企业披露行为进行的质量评定[②]，评定的结果可以有效反映出企业提供信息的精确度和时效性，在一定程度上保证了企业提供信息的真实程度。

---

① Beaver, W. H., Griffin, P. A., Landsman, W. R., "The Incremental Information Content of Replacement Cost Earnings," *Journal of Accounting & Economics* 4 (1982): 15-39; Casey, C., Bartczak, N., "Using Operating Cash Flow Data to Predict Financial Distress: Some Extensions," *Journal of Accounting Research* 23 (1985): 384-401.

② Sengupta, P., "Corporate Disclosure Quality and the Cost of Debt," *Accounting Review* 73 (1998): 459-474; Botosan, C., Plumlee, M., "Assessing the Construct Validity of Alternative Proxies for Expected Cost of Equity Capital," *Social Science Electronic Publishing* 65 (2002): 402-413.

投资者可以通过企业信息披露质量等级来对投资目标进行初步筛选，对比企业历史经营状况来确定投资的走向。对企业而言，信息披露质量的评定结果成为企业向社会公众展现自身经营情况的一种首要途径，能够向投资者传递自身经营信息的完备程度，企业因此能获得有效的资金供给来源。[①] 若企业信息披露质量难以达标抑或评定等级较低，会给投资者带来企业经营环境恶劣、资不抵债的印象，导致企业难以在市场上获得充足的融资资金，从而减少了企业未来良好的投资机遇，抑制了企业自身的成长。对此本章提出以下假设。

假设 8-4：同等条件下，信息披露质量的提高促进了企业成长能力的提升。

第三节　计量模型、指标与数据来源

一　计量模型设定

本章的研究目的是检验有效信息披露对企业成长能力的影响，在已有文献的基础上，本章设立如下模型：

$$Growth_{it} = \alpha + \beta disclosure_{it} + \gamma X_{it} + \delta_i + \delta_t + \varepsilon_{it} \qquad (8-1)$$

---

① DeFond, M. L., Park, C. W., "The Effect of Competition on CEO Turnover," *Journal of Accounting & Economics* 27（1999）：35-56；Botosan, C., Plumlee, M., "Assessing the Construct Validity of Alternative Proxies for Expected Cost of Equity Capital," *Social Science Electronic Publishing* 65（2002）：402-413；吴红军、刘啟仁、吴世农：《公司环保信息披露与融资约束》，《世界经济》2017 年第 5 期。

其中，下标 i、t 分别表示企业和年份。$Growth_{it}$ 表示企业 i 在第 t 期的成长能力，用企业销售收入的增长率表示，即企业 i 在 t 期末的销售收入减 t 期初的销售收入再除以期初值，反映企业 t 期的成长速度，其数值越大表示企业成长速度越快。[①] 销售收入增长率作为判别企业内在成长性的核心指标之一，能够较好反映企业中长期业绩增长的预期情况。$disclosure_{it}$ 代表企业 i 在第 t 期的有效信息披露指标，为本章的核心解释变量，当企业进行有效信息披露时取值为 1，否则为 0，其具体赋值方法将在下文进行说明。根据现有文献，本章选取的控制变量 X_{it} 主要包括企业资产负债率[②]，用企业总负债与总资产的比值表示，企业资产负债率越高，表明企业外债压力越大，企业偿本付息能力越弱，因而对企业成长产生负面影响，预期符号为负；总资产周转率[③]，用企业营业收入与企业总资产比值表示，企业总资产周转率越高，表示企业运营效率越高，因此对企业成长能力的影响预计为正；企业规模[④]，用企业就业人员数的对数表示，一般而

---

① 李涛、周开国、乔根平：《企业增长的决定因素——中国经验》，《管理世界》2005 年第 12 期；赵驰、周勤、汪建：《信用倾向、融资约束与中小企业成长——基于长三角工业企业的实证》，《中国工业经济》2012 年第 9 期；Dunne, T., Roberts, M. J., Samuelson, L., "The Growth and Failure of U. S. Manufacturing Plants," *Quarterly Journal of Economics* 104 (1989): 671−698; Delmar, F., Davidsson, P., Gartner, W. B., "Arriving at the High-growth Firm," *Journal of Business Venturing* 18 (2003): 189−216。

② 沈坤荣、张成：《中国企业的外源融资与企业成长——以上市公司为案例的研究》，《管理世界》2003 年第 7 期；潘越、戴亦一、林超群：《信息不透明、分析师关注与个股暴跌风险》，《金融研究》2011 年第 9 期。

③ 曾颖、陆正飞：《信息披露质量与股权融资成本》，《经济研究》2006 年第 2 期；Ang, J. S., Cole, R. A., Lin, J. W., "Agency Costs and Ownership Structure," *The Journal of Finance* 55 (2000): 81−106。

④ 姜付秀、石贝贝、马云飙：《信息发布者的财务经历与企业融资约束》，《经济研究》2016 年第 6 期；Francis, J. R., Khurana, I. K., Pereira, R., "Disclosure Incentives and Effects on Cost of Capital around the World," *The Accounting Review* 80 (2005): 1125−1162。

言，企业规模越大，企业经营稳定性越强，企业规模是企业稳步成
长的基础，因此预估对企业成长的影响为正；企业年龄[①]，用企业
当年年份减去开业年份的差值表示，生命周期理论阐明了企业在
不同的生命阶段有着不同的成长规律，不同企业有着不同的生命
周期，因此企业年龄对企业成长有着重要的影响，其影响方向具
有不确定性；前十大股东持股比例[②]，用企业前十大股东持股占比
来表示，前十大股东持股比例表示企业股权的分散程度，其值越
小表明股权越分散，股东对管理层的威慑能力越弱，管理层背离
股东目标的可能性越大，从而造成企业经营目标难以实现，因此
其对企业成长能力的预期影响为正。最后，本章还控制了不能观
测的企业固定效应 δ_i 和年份固定效应 δ_t，ε_{it} 表示企业 i 在 t 期的随
机误差项。

此外，本章为了检验不同信息披露质量对企业成长能力的影响
（对应第二章提出的假设4），根据信息披露的质量梯度，建立如下
的计量模型：

$$Growth_{it} = \alpha + \sum_{m=1}^{3} \beta_m^i rate_{it} + \gamma X_{it} + \delta_i + \delta_t + \varepsilon_{it} \qquad (8-2)$$

其中，$rate_{it}$ 表示企业 i 在 t 期对应的信息披露质量评级，本章信息
披露质量评级一共分为4个等级，因此 β_m^i 表示企业 i 第 m 种（$m=1$，2，
3）评级相对于第4种评级的系数，具体划分情况将在下文进行说明。

---

① 林炜：《企业创新激励：来自中国劳动力成本上升的解释》，《管理世界》2013
年第10期；Adizes, I., *Corporate Lifecycles: How and Why Corporations Grow and
Die and What to Do About It* (London: UK: Prentice Hall, 1988), p. 195。

② 吴红军、刘啟仁、吴世农：《公司环保信息披露与融资约束》，《世界经济》
2017年第5期；Terviö, M., "The Difference That CEOs Make: An Assignment
Model Approach," *American Economic Review* 98 (2008): 642–668。

二　数据来源及说明

本章信息披露质量评级数据来源于深圳证券交易所公布的上市企业信息披露考评板块，其结果分为 A（优秀）、B（良好）、C（合格）、D（不合格）四个等级。A 类：该类企业及相关主体运作规范，评价期内的信息披露真实、准确、完整、及时、公平，能够积极主动地开展信息披露等关系投资者的管理活动。B 类：该类企业及相关主体运作基本规范，评价期内的信息披露基本满足真实性、准确性、完整性、及时性和公平性的要求。C 类：该类企业及相关主体评价期内的信息披露或规范运作存在一定瑕疵，但未对投资者投资决策产生较大影响。D 类：该类企业及相关主体评价期内的信息披露或规范运作存在严重问题，严重误导投资者投资决策或给投资者利益造成重大损失。本章在对信息披露质量梯度结果进行分析时，将 D 等级作为基准与其他等级进行对比。同时，本章在进行企业有效信息披露方面的分析时，根据相关监管部门对信息披露质量等级划分的定义，在企业信息披露质量等级处于 A 至 C 时，对 *disclosure* 赋值为 1，即企业进行了有效的信息披露，否则赋值为 0。此外，被解释变量及控制变量均来源于 Wind 数据库中企业年度报表相关的财务数据，样本数据为深圳证券交易所公布的上市企业 2000~2022 年的数据。在对数据进行回归之前，本章参考已有文献①，剔除了 ST 类企业数据，剔除了资产负债率、总资产周转率、净资产为负值的企业，剔除了当年刚上市的企业，剔除了相关财务指标存在

---

① 潘越、戴亦一、林超群：《信息不透明、分析师关注与个股暴跌风险》，《金融研究》2011 年第 9 期；吴红军、刘啟仁、吴世农：《公司环保信息披露与融资约束》，《世界经济》2017 年第 5 期。

缺失值的企业，并在此基础上对所有连续变量，按 1% 和 99% 的分位数进行缩尾（winsorize）处理，以消除极端值对回归结果的影响，最终得到表 8-1 所示的样本描述性统计信息。

表 8-1 描述性统计信息

变量	含义	变量描述	样本量	均值	标准差	最小值	最大值
Growth	企业成长能力	销售收入增长率	13051	0.167	0.534	-0.964	5.005
naps	企业成长能力	净资产增长率	13051	0.131	1.081	-0.101	6.222
disclosure	有效信息披露	按上文描述进行处理	13051	0.983	0.130	0	1
CF	经营现金流量	当期经营活动产生的现金流量净额/期初固定资产净值	13051	0.271	1.813	-17.00	17.14
Cost	融资成本	利息支出/平均负债总额	13051	0.0024	0.0442	-0.298	0.064
size	企业规模	就业人员对数值	13051	7.424	1.120	3.912	12.19
age	企业年龄	企业当年年份减去开业年份的差值	13051	14.61	5.630	1	66
ten	前十大股东持股比例	前十大股东持股比例	13051	0.592	0.147	0.104	0.956
lev	资产负债率	总负债与总资产比值	13051	0.402	0.207	0.0071	0.998
ast	总资产周转率	营业收入与总资产比值	13051	0.688	0.562	0.0002	12.37
predict	分析师每股盈余预测偏差率	在下文中进行具体描述	13051	0.563	1.199	0.002	11.041
Analyst	分析师集中程度	在下文中进行具体描述	13051	0.411	0.492	0	1

为了初步分析有效信息披露对企业成长的作用，本章按企业是否进行有效信息披露将样本分为两类，分别绘制两个样本企业成长能力的核密度图，并将两者的均值线标注在图中相应的位置。根据图 8-1 可以发现，相对于未进行有效信息披露的企业（虚线部分），进行有效信息披露的企业成长速度均值更大，这表明有效的信息披露能够促进企业成长能力的提升，即初步验证了本章假设 8-1。

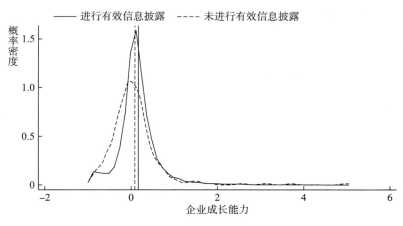

图 8-1　企业成长能力核密度图

第四节　基本实证结果与分析

一　基准结果

　　企业有效信息披露对企业成长能力的基准回归结果如表 8-2 所示。其中第（1）列仅考虑企业有效信息披露对企业成长能力的影响，结果显示，有效信息披露系数显著为正，这初步表明企业有效信息披露提高了企业的成长能力。第（2）列在此基础上控制了企业固定效应，发现有效信息披露系数依旧显著为正。第（3）列加入了各种控制变量，虽然有效信息披露系数有所下降，但仍然显著为正，且符号并未发生转变，这表明回归结果具有一定稳健性。在控制其他变量对企业成长能力的影响之后，企业有效信息披露显著提高了企业的成长能力，此外控制变量的预期符号与上文分析一致。第（4）列为仅考虑企业有效信息披露影响的结果，且在方程中同时控制了企业固定效应和年份固定效应，结果发现有效信息披露仍对企业成长能力有显著正向影响。第（5）列在此基础上加入各种控制变量，结果显示，企业有效信息披露系数仍显著为正，这表明在控制其他变量和非观测的固定效应对企业成长能力的影响之后，企业有效信息披露能显著提高企业成长能力，因此较好验证了本章研究假设 8-1。

表 8-2　基准回归结果

变量	（1）	（2）	（3）	（4）	（5）
disclosure	1.379 *** (4.546)	0.874 *** (2.824)	0.740 ** (2.398)	0.882 *** (2.855)	0.778 ** (2.517)
lev			−0.0145 *** (−5.434)		−0.0141 *** (−5.281)
ast			0.667 *** (3.951)		0.661 *** (3.691)
size			0.0729 (1.302)		0.0734 (1.282)
age			0.0281 *** (2.926)		0.0479 (0.909)
ten			0.00841 *** (2.786)		0.00967 *** (3.166)
常数项	−1.472 *** (−4.864)	−0.976 *** (−3.182)	−2.172 *** (−4.245)	−1.365 * (−1.688)	−2.433 ** (−2.094)
企业固定效应	No	Yes	Yes	Yes	Yes
年份固定效应	No	No	No	Yes	Yes
观测值	13051	13051	13051	13051	13051
R^2	0.006	0.111	0.123	0.120	0.132

注：括号内数值为修正了异方差后的 t 统计值，*** 、 ** 、 * 分别表示 1%、5%、10%的显著性水平。以下表格若无特别说明则含义相同。

二　异质性影响分析

考虑到企业所有制形式和经营所在地经济发展的差异，下文将探讨不同企业所有制形式和地域分布差异造成企业有效信息披露对其成长能力不同的影响结果，这有助于深入系统地分析企业有效信息披露与企业成长能力之间的联系。

（1）企业所有制形式的差异。本章根据企业不同的所有制形式，将样本分为国有企业和非国有企业，具体结果报告于表 8-3 第（1）列和第（2）列中。从结果中可以发现，国有企业有效信息披露系数为正但并不显著，非国有企业有效信息披露系数显著为正，说明国有企业由于经营效率较低，政策扶持下财务信息无法真实反映企业潜在成长能力，从而导致有效信息披露虽然对其有正向影响但并不显著。从数据来看，国有企业历年的有效信息披露平均变化与其自身平均成长速度之间大体呈现此消彼长的趋势（见图 8-2），反映了国有企业存在与高信息披露程度不相匹配的低经营效率的现象，从而支持了该结论。从理论上分析，相对于非国有企业，国有企业在经营生产活动中享受着一系列偏向政策的扶持，部分行业处于垄断地位，经营活动受到相关部门监管的程度相对较低，而过度的政策扶持将导致国有企业资源配置扭曲、经营效率逐步下降，这种效率的下降又会引发国有企业在其他方面效率的下降[①]，从而使财务信息难以真实反映国有企业内在的成长能力，因此国有企业有效信息披露对其成长能力影响不显著。与此相对应，非国有企业有着激烈的市场竞争和严格的监管审批，财务信息能够较真实地反映企业的经营状况，因此非国有企业有效信息披露能够促进企业成长能力的提升。

[①]　刘瑞明、石磊：《国有企业的双重效率损失与经济增长》，《经济研究》2010年第 1 期；张天华、张少华：《偏向性政策、资源配置与国有企业效率》，《经济研究》2016 年第 2 期。

表 8-3　异质性影响回归结果

变量	企业所有制形式		企业地域分布	
	国有企业	非国有企业	中西部地区	东部地区
	（1）	（2）	（3）	（4）
$disclosure$	0.247	0.979 ***	0.849 *	0.737 *
	（0.445）	（2.642）	（1.675）	（1.922）
lev	−0.0165 ***	−0.0128 ***	−0.0133 ***	−0.0148 ***
	（−3.801）	（−3.740）	（−2.744）	（−4.707）
ast	0.839 ***	0.566 **	0.832 ***	0.581 **
	（4.397）	（2.266）	（4.048）	（2.405）
$size$	−0.0819	0.162 **	0.106	0.0582
	（−1.049）	（2.058）	（1.062）	（0.826）
age	0.00186	0.121	0.133	0.00820
	（0.0487）	（1.119）	（0.965）	（0.235）
ten	0.00761	0.0136 ***	0.00492	0.0118 ***
	（1.387）	（3.589）	（0.890）	（3.300）
常数项	0.549	−4.869 **	−4.226	−1.570 *
	（0.460）	（−2.299）	（−1.475）	（−1.726）
企业固定效应	Yes	Yes	Yes	Yes
年份固定效应	Yes	Yes	Yes	Yes
观测值	4120	8931	3901	9150
R^2	0.116	0.148	0.130	0.133

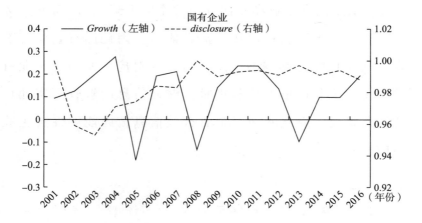

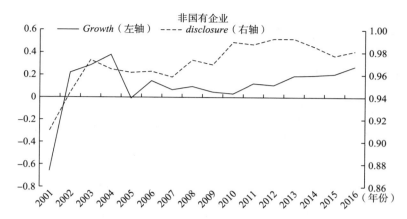

图 8-2 2001~2016 年国有企业、非国有企业成长能力与有效信息披露变化趋势

（2）企业地域分布的差异。此处根据企业经营所在地的省份将样本分为中部、西部、东部地区样本，并根据各地区经济发展程度，将中部和西部地区样本进行归并，将其作为东部地区的比较样本，最终结果报告于表 8-3 第（3）列和第（4）列中。从基本结果中可以发现，企业有效信息披露系数在这两个子样本中都显著为正，这说明有效信息披露对两个子样本企业的成长能力有着积极的作用。另外，通过对比可以看出，中西部地区相对于东部地区企业有效信息披露的系数更大，这表明中西部地区企业有效信息披露对其成长能力的促进作用更大。究其原因可能在于，东部地区相比中西部地区经济发展程度高，企业受到相关部门监管的力度更大，且当地信息获取的渠道更为丰富，因此投资者对于东部地区企业经营发展状况的了解相对较为充分，此时企业进行有效信息披露对其成长能力的作用就更微弱，因此在一定程度上，中西部地区企业进行有效信息披露对其成长能力的平均影响程度要大于东部地区企业。

此外，以上两方面异质性的比较也在一定程度上表明了有效信息披露对企业成长有着积极作用。

三 影响渠道分析

上文已经通过多方面详细考察了企业有效信息披露对其成长能力的影响，最终得到的核心结论为企业有效信息披露能够促进企业成长能力的提升，顺着这个思路很自然便会考虑到企业有效信息披露是通过什么渠道对企业成长能力产生积极作用。对这方面的研究将有助于我们从更深层次理解有效信息披露与企业成长能力之间的关系。对此，本章依据第二节的理论分析，构造以利息支出与平均负债总额比值来表示的企业融资成本（$Cost$）[①] 和企业经营现金流量（CF）与有效信息披露（$disclosure$）之间的交互项来研究具体机制的影响，具体回归结果如表 8-4 所示。其中，第（1）列将经营现金流量与有效信息披露交互项加入方程中，并控制了非观测的企业固定效应和年份固定效应，结果发现，核心解释变量 $disclosure$ 及其交互项系数均显著为正，这表明企业有效信息披露通过提高企业当期经营活动产生的现金流量来促进企业成长能力的提升，初步验证了假设 8-3。第（2）列具体考察了信息披露的融资成本渠道，根据本章第二节的理论分析，企业面临的融资成本越大则其成长能力越弱，企业有效的信息披露能够缓解其面临的融资约束，因此初步预测 $disclosure$ 与融资成本交互项的符号应该为正。回归结果显示，核心解释变量 $disclosure$ 及其交互项系数均显著为正，这表明企业有效信息披露能够通过缓解企业面临的融资约束来提高企业的成长能力，初步验证了假设 8-2。第（3）列和第（4）列在此基础上加入了各

---

① 倪娟、孔令文：《环境信息披露、银行信贷决策与债务融资成本——来自我国沪深两市 A 股重污染行业上市公司的经验证据》，《经济评论》2016 年第 1 期。

个控制变量，结果显示，核心解释变量 *disclosure* 及两个交互项的系数依旧显著为正，这表明在控制其他因素和非观测的企业固定效应、年份固定效应的影响之后，企业有效信息披露依旧能够通过经营现金流量和融资成本渠道给企业成长能力带来显著的积极影响。为检验渠道机制的稳健性，在此基础上本章在第（6）列中同时加入核心解释变量 *disclosure* 与两个渠道的交互项，结果显示，相关变量的系数均显著为正。进一步分析可以发现，有效信息披露的系数相比第（1）~（4）列有所下降，但仍旧显著为正，这表明在控制其他因素和非观测的企业固定效应、年份固定效应的影响之后，有效信息披露不仅能够通过经营现金流量和融资成本渠道来促进企业成长能力的提升，还意味着随着投资者与企业之间信息不对称程度的下降，企业的融资和经营状况均得到了有效改善。综上，渠道机制具有稳健性，同时验证了本章假设 8-2 和假设 8-3。

表 8-4　影响渠道分析结果

变量	（1）	（2）	（3）	（4）	（5）
disclosure	0.877 ***	0.802 ***	0.772 **	0.757 **	0.750 **
	(2.836)	(2.602)	(2.499)	(2.453)	(2.431)
disclosure×CF	0.0502 ***		0.0480 ***		0.0484 ***
	(4.484)		(4.298)		(4.330)
disclosure×Cost		1.371 **		1.180 **	1.239 **
		(2.382)		(2.011)	(2.113)
lev			−0.0141 ***	−0.0150 ***	−0.0150 ***
			(−5.267)	(−5.382)	(−5.383)
ast			0.656 ***	0.655 ***	0.649 ***
			(3.665)	(3.656)	(3.629)
age			0.0486	0.0480	0.0488
			(0.911)	(0.909)	(0.911)
size			0.0762	0.0701	0.0727
			(1.330)	(1.225)	(1.271)

变量	（1）	（2）	（3）	（4）	（5）
ten			0.00974 *** （3.188）	0.0100 *** （3.277）	0.0101 *** （3.305）
常数项	−1.387 * （−1.694）	−0.701 （−0.826）	−2.482 ** （−2.115）	−2.382 ** （−2.045）	−2.429 ** （−2.064）
企业固定效应	Yes	Yes	Yes	Yes	Yes
年份固定效应	Yes	Yes	Yes	Yes	Yes
观测值	13051	13051	13051	13051	13051
R^2	0.121	0.125	0.133	0.132	0.133

第五节 信息披露的进一步分析

一 信息披露质量梯度与企业成长能力

为了考察企业不同信息披露质量等级对企业成长能力的影响是否存在差异、信息披露质量的变化如何影响企业成长能力，以及是否与上述研究结论相吻合，本章根据企业信息披露质量的不同评级结果对核心解释变量进行分类，并构建本章方程（8-2）。显然，对该问题的研究将有助于细分信息披露对企业成长能力的影响情况，基本回归结果如表8-5所示。其中第（1）列为仅考虑企业信息披露质量梯度对企业成长能力的影响，结果显示，企业不同信息披露质量等级的系数均显著为正，且随着信息披露质量等级的提高（即从等级D至等级A的所有排列组合方式），企业成长能力逐步增强，这初步表明企业信息披露质量的上升能够提高企业的成长能力。第（2）列在此基础上控制了企业固定效应，发现企业不同信息披露质量等级系数依旧显著为正。第（3）列加入了各种控制变量，虽然不同信息披露质量等级系数有所下降，但仍然显著为正，且符号并未发生转变，这表明回归结果具有一定稳健性，在控制其他变量对企业成长能力的影响之后，企业信息披露质量等级的提升显著提高了企业的成长能力。第（4）列为仅考虑企业不同信息披露质量等级的结果，但在方程中同时控制了企业固定效应和年份固定效应，结果显示，不同信息披露质量等级对企业成长能力有着显著的积极影响，且随着信息披露质量等级的提高，这种影响作用不断增强。第（5）列在此基础上加入各种控制变量，结果发现，相关变量系数虽然有所下降但仍显著为正，这表明回归结果具有较好的稳健性，且在控制其他变量和非观测的固定效应对企业成长能力的影响之后，企业不同信息披露质量等级的提升能够显著提高企业的成长能力，因此有效印证了本章的假设 8-4。

表 8-5 信息披露质量梯度基本回归结果

变量	（1）	（2）	（3）	（4）	（5）
rate_A	1.635 ***	1.139 ***	0.958 ***	1.165 ***	1.014 ***
	(5.389)	(3.662)	(3.088)	(3.758)	(3.268)
rate_B	1.441 ***	1.053 ***	0.897 ***	1.077 ***	0.951 ***
	(4.749)	(3.389)	(2.896)	(3.478)	(3.073)
rate_C	0.813 ***	0.605 *	0.534 *	0.617 *	0.558 *
	(2.601)	(1.910)	(1.689)	(1.946)	(1.761)
lev			-0.0139 ***		-0.0135 ***
			(-5.247)		(-5.079)
ast			0.635 ***		0.629 ***
			(3.803)		(3.552)
size			0.0648		0.0635
			(1.158)		(1.113)
age			0.0214 **		0.0346
			(2.215)		(0.648)
ten			0.00744 **		0.00876 ***
			(2.463)		(2.872)

续表

变量	（1）	（2）	（3）	（4）	（5）
常数项	−1.472*** （−4.864）	−1.099*** （−3.579）	−2.067*** （−4.033）	−1.292 （−1.575）	−2.191* （−1.869）
企业固定效应	No	Yes	Yes	Yes	Yes
年份固定效应	No	No	No	Yes	Yes
观测值	13051	13051	13051	13051	13051
R^2	0.019	0.115	0.126	0.124	0.135

二 企业异质性的再分析

为了结合前文部分对企业异质性的检验过程，本章考虑到企业不同所有制形式和地域分布情况可能对信息披露质量等级提升带来企业成长能力增强的效应造成影响，据此对该问题进行深入的分析，以厘清企业成长能力与信息披露质量梯度之间的内在联系。

（1）企业所有制形式的差异。本章根据企业不同的所有制形式，将样本分为国有企业和非国有企业，具体结果报告于表 8-6 第（1）列和第（2）列中。从结果中可以发现，国有企业不同信息披露质量等级的系数并不显著；非国有企业不同信息披露质量等级的系数显著为正，说明非国有企业信息披露质量等级的提高能有效促进企业成长能力的提升。进一步分析可以发现，非国有企业不同信息披露质量等级系数大于对应的国有企业部分，这表明相对于国有企业，非国有企业信息披露质量等级的提高对其成长能力的积极影响更大，即再一次验证了前文由国有企业存在政策偏向导致资源配置扭曲和经营效率低下问题，从而使信息披露对国有企业成长能力的影响效果不显著。

表 8-6　信息披露质量梯度下企业异质性回归结果

变量	企业所有制形式		企业地域分布	
	国有企业	非国有企业	中西部地区	东部地区
	（1）	（2）	（3）	（4）
rate_A	0.487	1.222 ***	1.091 **	0.962 **
	（0.880）	（3.278）	（2.161）	（2.487）
rate_B	0.410	1.161 ***	1.014 **	0.910 **
	（0.740）	（3.125）	（2.004）	（2.363）
rate_C	−0.00268	0.765 **	0.649	0.511
	（−0.00472）	（2.015）	（1.238）	（1.306）
lev	−0.0157 ***	−0.0123 ***	−0.0128 ***	−0.0141 ***
	（−3.621）	（−3.620）	（−2.645）	（−4.523）
ast	0.791 ***	0.541 **	0.800 ***	0.550 **
	（4.217）	（2.186）	（3.967）	（2.299）
age	−0.0941	0.152 *	0.101	0.0458
	（−1.206）	（1.949）	（1.015）	（0.658）
size	−0.0126	0.108	0.114	−0.00170
	（−0.303）	（1.006）	（0.804）	（−0.0481）
ten	0.00656	0.0128 ***	0.00439 （0.794）	0.0107 ***
	（1.192）	（3.388）		（2.964）
常数项	0.861	−4.664 **	−3.907	−1.368
	（0.692）	（−2.213）	（−1.331）	（−1.505）
企业固定效应	Yes	Yes	Yes	Yes
年份固定效应	Yes	Yes	Yes	Yes
观测值	4120	8931	3901	9150
R^2	0.119	0.151	0.133	0.136

（2）企业地域分布的差异。同样根据企业经营所在地的省份将样本分为中西部和东部地区两个子样本，最终结果报告于表 8-6 第（3）列和第（4）列中。从基本结果中可以发现，企业大部分信息披露质量等级的系数在这两个子样本中都显著为正，信息披露质量等级 C 的系数虽然不显著，但其影响方向仍为正。这表明随着信息披露质量等级的提高，在两个子样本中企业成长能力不断提升，即本章假设 8-4 仍旧成立。另外，通过对比两个子样本可以看出，中西部地区相对于东部地区企业不同信息披露质量等级的系数更大，

这表明中西部地区企业信息披露质量等级提高带来的企业成长促进效应更大，再次与前文异质性检验结论相呼应。

从异质性划分后子样本整体的效果来看，在企业有效信息披露的影响方向上，不同信息披露质量等级对企业成长能力的影响方向均为正，且大部分效果显著（验证了假设 8-1）。在信息披露质量等级上，随着企业信息披露质量的提高，企业自身成长速度不断提升，即验证了本章假设 8-4。综上，本章基本核心假设均成立。

三 稳健性检验

首先，考虑到成长能力越强的企业往往拥有越好的经营绩效，因此企业进行有效信息披露的可能性也越高，这便导致了双向因果问题，使得回归方程中核心变量系数发生偏离。为了解决该内生性问题，本章参考潘越等[①]的研究构建分析师集中程度指标（$Analyst$），该指标建立在每期对样本内各企业发布投资评级分析意见和盈余预测分析的证券分析师总数量的基础上，具体方程为：

$$Average(n_{it}) = \sum_{i=1}^{T} \frac{n_{it}}{T} \qquad (8-3)$$

其中，n_{it} 为第 t 期对企业 i 发布投资评级分析意见和盈余预测分析的证券分析师总数量，T 为样本内所有企业的总个数，则式（8-3）可以表示市场上分析师的平均集中程度。一般认为当企业 i 发表分析的证券分析师总数量大于市场上分析师的平均集中程度时，企业 i 受到分析师的关注水平将大于市场平均关注水平，即相比而言，企业 i 分析师的集中程度更大。因此，当第 t 期企业 i 对应的证

---

① 潘越、戴亦一、林超群：《信息不透明、分析师关注与个股暴跌风险》，《金融研究》2011 年第 9 期。

券分析师总数量 n_{it} 大于等于 $Average$ (n_{it}) 时，则将 $Analyst$ 赋值为 1，否则赋值为 0。此外，证券分析师集中程度越高的企业，其财务信息被监控和解读的程度越大，管理者欲掩盖的内部信息越有可能被挖掘出来，因此企业对外的信息透明程度越大，即可作为企业有效信息披露的正向代理变量，而分析师分析企业财务信息真实性的能力与企业成长能力一般不相关，因此分析师集中程度可以作为本章核心解释变量的有效工具变量。

据此，本章采用 IV 两阶段最小二乘法来检验内生性情况，具体回归结果如表 8-7 所示。从第一阶段回归结果来看，$Analyst$ 与 $disclosure$ 显著正相关，Kleibergen-Paap F 值为 24.269，大于 10% 水平下弱工具变量检验的上限值 16.38，且对应 Chi-sq（1）概率 p 为 0.0000，拒绝了工具变量与原变量无关的假设，说明工具变量选取较为合适。第二阶段回归结果表明，在控制了其他影响因素和非观测的企业固定效应及年份固定效应后，核心解释变量 $disclosure$ 系数仍旧显著为正，说明企业有效的信息披露能够显著提升企业自身成长能力，本章基本假设仍然成立，回归结果较为稳健。

表 8-7　IV 回归结果

变量	IV 稳健性检验
$disclosure$	3.665***
	(4.542)
lev	0.0099*
	(1.864)
ast	-0.113
	(-1.140)
$size$	-0.228**
	(-2.473)
age	0.0383***
	(3.132)

变量	IV 稳健性检验
ten	−0.00128
	(−0.369)
第一阶段回归	
Analyst	0.0096 ***
	(4.94)
控制变量	Yes
企业固定效应	Yes
年份固定效应	Yes
观测值	13051
Kleibergen-Paap F 值	24.269
F 值	24.36

其次，为了检验本章核心解释变量影响结果是否具有稳健性，本章用相关指标对原核心解释变量进行替换，以检验回归方程的稳健性。具体而言，构建有效信息披露的替代变量分析师每股盈余预测偏差率，具体公式为：

$$predict_{it} = \left| \frac{predictv_{it} - actualv_{it}}{actualv_{it}} \right| \qquad (8-4)$$

其中，$predict_{it}$ 表示企业 i 第 t 期的分析师每股盈余预测偏差率，$predictv_{it}$ 为分析师对企业 i 第 t 期的盈余预测，$actualv_{it}$ 表示企业 i 第 t 期的实际盈余值，则式（8-4）可以表示分析师对企业 i 第 t 期预测值与企业 i 实际值的绝对偏差率。企业的信息披露越有效，则分析师每股盈余预测偏差率越小，因此该指标与企业有效信息披露呈负相关关系，对企业成长能力的影响方向预估为负。

基于上述分析，本章将替代指标代入式（8-1）得到表8-8第（1）列结果。从回归结果来看，本章关注的分析师每股盈余预测偏差率 *predict* 的系数显著为负，印证了上述分析的符号方向，即企业有效信息披露能够显著促进其成长能力的提升，核心结论依旧成立。另外，本章还对被解释变量企业成长能力指标进行替换，用净资产增长率（naps）来表示，将其代入式（8-1）以对稳健性进行检验，结果报告于表8-8第（2）列中。第（2）列结果显示，企业有效信息披露对企业成长能力的积极作用依旧成立。在上述分析基础上，表8-8第（3）列将被解释变量与核心解释变量均进行替换，结果依然支持本章假设8-1。综上，本章核心结论稳健成立。

表 8-8　稳健性分析

变量	Growth	naps	naps
	（1）	（2）	（3）
disclosure		6. 327 * （1. 705）	
predict	−0. 169 *** （−7. 292）		−2. 242 *** （−5. 126）
lev	−0. 0123 *** （−3. 962）	−0. 644 *** （−13. 56）	−0. 997 *** （−15. 05）
ast	0. 429 * （1. 721）	15. 58 *** （8. 199）	18. 76 *** （6. 374）
age	0. 0162 （0. 866）	0. 184 （0. 170）	1. 673 *** （6. 898）
size	0. 115 （1. 548）	−2. 913 *** （−3. 037）	−1. 094 （−0. 784）
ten	−0. 000717 （−0. 196）	0. 886 *** （15. 37）	0. 963 *** （12. 50）
常数项	−0. 579 （−0. 959）	−13. 66 （−0. 628）	−39. 34 *** （−3. 501）
企业固定效应	Yes	Yes	Yes
年份固定效应	Yes	Yes	Yes
观测值	13051	13051	13051
R^2	0. 199	0. 219	0. 283

第六节　小结

本章在互联网信息化时代背景下，从理论上分析了信息不对称遏制企业的内在成长能力，投资者能否充分获取企业经营相关的信息将对降低两者之间信息不对称程度，最终促进企业成长起到关键的作用。对此本章通过分析企业有效信息披露与企业成长能力之间的关系来进行检验，得到以下几点发现。其一，企业有效的信息披露能够减少投资者与企业之间信息不对称的现象，从而促进企业成长能力的提升。其二，企业有效信息披露对企业成长能力的影响在企业所有制形式和地域分布上存在异质性。具体而言，非国有企业比国有企业在有效信息披露时带来的企业成长促进效应更大，部分原因在于国有企业政策扶持和资源配置扭曲导致经营效率低下。相对于东部地区，中西部地区企业有效信息披露更能提高企业的成长能力，部分归因于地区之间经济发展水平和监管审批的差异。其三，从有效信息披露的影响渠道来看，有效信息披露可以通过降低企业融资成本（成本面渠道）和提高企业当期经营现金流量（经营面渠道）给企业成长能力带来积极影响，这表明随着信息不对称程度的下降，企业的融资和经营状况均得到了有效改善。其四，企业信息披露质量梯度对企业成长能力有着显著正向影响，该影响效应随着企业信息披露质量等级的提高而逐渐提升。其五，信息披露质量梯度在企业所有制形式和地域分布上与企业有效信息披露具有相似的结论。总之，在有效信息披露的影响方向上，企业有效信息披露能够促进其成长能力的提升。在信息披露质量梯度上，企业成长能力随着信息披露质量等级的提高而提升。

　　本章分析结论表明，企业对有效信息披露的执行能够进一步改善当前投资者与企业之间存在的信息不对称现象。首先，在互联网信息化时代背景下，相关监管部门应该加大对上市企业相关经营信息披露的审核力度，确保投资双方信息流动的及时性和充分性。其次，促进国有企业经营相关制度的改革，进一步加大对国有企业经营生产的监管力度，监督信息披露的审核过程，遏制国有企业过度依赖政策扶持下的惰性发展，改善国有企业经营发展的效率问题。最后，推进新一轮信息披露制度的改革，提高信息披露质量，提高信息传递效率，从而引导我国企业良性发展。

第九章

主要研究结论和政策建议

第一节 主要研究结论

创新是引领发展的第一动力，是建设现代化经济体系的战略支撑，是经济增长的动力源泉。信息披露可以有效降低企业与外部投资者之间的信息不对称程度，有利于提高资源配置效率。[①] 本书研究了有效信息披露对企业创新的影响以及作用渠道，主要研究结论如下。

第一，通过构建理论模型研究了企业有效信息披露与企业创新之间的关系，然后以深圳证券交易所对上市企业的信息披露考评结果作为有效信息披露测度指标，以企业专利申请量、企业全要素生产率和企业出口产品质量作为企业创新指标，利用微观层面数据进行实证检验，发现有效信息披露与企业创新能力之间存在显著的正

① Khurana, I. K., Pereira, R., Martin, X., "Firm Growth and Disclosure: An Empirical Analysis," *Journal of Financial and Quantitative Analysis* 41 (2006): 357-380.

相关关系，即当企业进行有效信息披露时，企业的创新能力将得到提升。

第二，有效信息披露对企业创新能力的提升作用在不同样本分类下存在异质性。根据企业所处地理位置的不同，将总样本分为中西部地区企业样本和东部地区企业样本。相比于东部地区企业，有效信息披露对中西部地区企业创新能力的提升作用更大。差异的原因可能在于，中西部地区企业与外部投资者之间存在更高程度的信息不对称，中西部地区企业由于距离经济发展中心地带更远，使投资者对该地区企业的关注程度更低，投资者与企业之间的信息摩擦更大，导致投资者与企业之间存在更高程度的信息不对称。因此，当中西部地区企业进行有效信息披露时，能够最大限度地减少现有的信息摩擦，增强有效信息披露带来的创新促进作用。

第三，根据企业所有制形式的不同，将样本分为国有企业和非国有企业。相比于非国有企业，有效信息披露对国有企业的创新提升作用更大。其原因可能在于，国有企业由于其特有性质，享受着一系列国家政策的偏向扶持，使国有企业享有得天独厚的待遇，难以被相关监管部门彻底监督管理，受到监管的力度较小，导致偏向扶持政策下市场资源配置发生扭曲，国有企业存亡危机意识较弱，生产经营惰性比非国有企业更大，导致国有企业的经营效率比非国有企业的经营效率低，使得国有企业与外部投资者之间的信息不对称程度更大，双方之间存在的信息摩擦更多。因此相比于非国有企业，当国有企业对外进行有效信息披露时，企业与外部投资者之间的信息不对称程度下降得更多，从而使有效信息披露更能提高国有企业的创新能力。

第四，根据企业上市板块的不同，将样本分为主板、中小板上市企业和创业板上市企业。相比于主板、中小板上市企业，有效信息披露对创业板上市企业创新能力的提升作用更大。这可能是由于创业板上市企业具有更低的绩效门槛要求，企业发展大部分处于初创时期，企业未来发展具有较大风险和不确定性，高风险和高收益特征成为风险投资者对其投资的主要原因。因此相比于主板、中小板上市企业，风险投资者与创业板上市企业之间存在更高程度的信息不对称，当创业板上市企业进行有效信息披露时，投资者与企业之间的信息不对称得到有效的缓解，从而使有效信息披露带来的企业创新能力提升作用更为明显。

第五，根据企业要素密集度的不同，将所有企业样本分为资本密集型企业和劳动密集型企业，相比于劳动密集型企业，有效信息披露对资本密集型企业创新能力的提升作用更大。这可能是因为相比于劳动密集型企业，资本密集型企业一般为重机械、新兴高科技等需要大量人力资本和物质资本的行业，这些行业的机械设备或生产的产品均具有较低的产品替代性，即一般为异质化产品①，而异质化产品有着更高的信息成本，使外部投资者与企业之间存在更高程度的信息不对称，因此当资本密集型企业对外进行有效信息披露时，企业与潜在投资者之间的信息不对称将得到有效的缓解，这也表现为有效信息披露对资本密集型企业创新能力的影响更大。

第六，通过构建赫芬达尔指数（HHI）来衡量企业的垄断能力，并将所有企业样本分为高垄断能力的企业和低垄断能力的企业。相比于低垄断能力的企业，有效信息披露对高垄断能力企业的创新能力提升作用更大。其原因在于，相比于低垄断能力的企业，高垄断

---

① Rauch, J. E., "Networks Versus Markets in International Trade," *Journal of International Economics* 48 (1999): 7–35.

能力的企业往往在行业中具有较高的垄断定价水平，这归因于企业掌握了行业内特有的资源或企业具有先天的技术优势，企业能够通过垄断能力扭曲市场资源的配置，以提高企业自身的盈利水平，这也反映出企业与外部竞争者或投资者之间存在更高程度的信息不对称，因此，当高垄断能力企业对外进行有效信息披露时，企业创新能力的提升作用更大。

第七，为了考虑金融危机对有效信息披露基本面结论的影响，本书对此进行了稳健性检验。金融危机冲击对企业的创新有明显的抑制作用，这体现了外部经济环境的恶化将对企业未来创新能力的发展产生不利作用；同时，企业有效信息披露的系数显著为正，这说明在控制金融危机带来的宏观环境巨变的情况下，有效信息披露对企业创新能力的促进作用依旧存在，即企业能够通过增强信息披露的有效性，进而提高自身的创新能力。

第八，本书对企业信息披露质量等级进行进一步划分，以探究信息披露质量梯度对企业创新能力的影响，研究发现，随着企业信息披露质量等级的提高，企业创新能力的促进作用呈现递增的趋势，表明信息披露质量梯度对企业创新能力的促进作用存在"阶梯递升效应"。

第九，本书分析了企业有效信息披露与企业成长能力之间的关系，发现企业有效的信息披露能够减少投资者与企业之间的信息不对称现象，从而促进企业成长能力的提升。企业有效信息披露对企业成长能力的影响在企业所有制形式和地域分布上存在异质性。具体而言，非国有企业比国有企业在信息有效披露时带来的企业成长促进效应更大，部分原因在于国有企业政策扶持和资源配置扭曲导致经营效率低下。相对于东部地区企业，中西部地区企业有效信息披露更能提高企业的成长能力，部分归因于地区之间经济发展水平和监管审批的差异。有效信息披露可以通过降低企业融资成本和提高企业当期经营现金流量给企业成长能力带来积极影响，这表明随着信息不对称程度的下降，企业的融资和经营状况均得到了有效改善。总之，在有效信息披露的影响方向上，企业有效信息披露能够促进其成长能力的提升。在信息披露质量梯度上，企业成长能力随着信息披露质量等级的提高而提升。

第十，在有效信息披露对企业创新作用渠道的检验上，本书通过构建机制变量回归模型，检验企业有效信息披露对其创新能力的具体渠道，并且针对企业专利申请量、企业全要素生产率、企业出口产品质量三个企业创新衡量指标分别进行检验，发现在不同的创新指标下，有效信息披露均能够通过降低企业融资成本和提高企业经营活动产生的现金流量两个渠道显著提高企业的创新能力，即有效信息披露可以通过企业融资成本和经营现金流量这两个重要渠道，从成本面和经营面来促进企业创新能力的提升。

第十一，为了解决内生性问题，本书构建分析师每股盈余预测偏差率指标（predict），以此作为有效信息披露的工具变量进行检验。一方面，企业有效信息披露与分析师每股盈余预测偏差率之间存在相关性；另一方面，分析师每股盈余预测偏差率与企业创新能力之间不存在必然的关系，因此符合作为工具变量的条件。研究发现，在考虑回归结果潜在的内生性问题后，企业进行有效信息披露依旧能够提高企业的创新能力。

第十二，考虑到模型设定偏误，本书采取了负二项回归模型进行检验，发现有效信息披露对企业创新能力的促进作用并未发生明显的变化，这表明回归模型设定偏误并不影响回归结论的稳健性。

为了进一步考虑零创新问题，本书构建 Heckman 两步法回归方程对样本选择问题进行处理，研究发现，未考虑零创新问题的原回归存在样本选择问题，在解决零创新问题后，有效信息披露对企业创新能力的促进作用显著存在。考虑到企业创新指标稳健性等问题后，用研发投入作为企业创新能力的替代指标，对基准回归结果进行重新检验，发现有效信息披露对企业创新能力的促进作用依然成立，以上检验说明本书的研究结论较为稳健。

第二节　政策建议

上述结论表明，在信息化时代背景下，有效信息披露是提高企业创新能力的重要驱动力，能够改善企业的经营结构，促进企业未来的创新发展。因此，本书提出以下几方面的建议。

第一，由于企业有效信息披露可以提高企业的信息透明度，对企业创新有显著促进作用，并且随着有效信息披露质量的提高，其对创新的促进作用越来越大，而创新又是经济持续增长的源泉，因此，建议我国政府制定相关政策大力鼓励企业进行有效信息披露，提高企业信息披露的监管要求，促使企业进行更为彻底有效的信息披露；实施透明的信息披露监管机制，确保投资双方信息流动的及时性和充分性；建立和完善内部监督机制，确保信息披露的真实性、准确性和完整性，提升资本市场的透明度和效率，从而促进企业创新。

第二，执行上市企业末位淘汰制度。政府部门应出台相关政策，敦促企业或个体部门进行有效的信息披露，对信息披露不充分或信息披露中含有虚假成分的部门单位予以通报和处罚，市场监管部门应协助政府部门的工作，加大对企业个体的信息披露监管力度，同时将信息披露质量等级低的上市企业强制进行退市处理，缓解上市企业与投资者由信息摩擦引致的信息不对称问题，从而提高企业潜在的创新能力。

第三，高效率的金融市场能够为企业提供多元化的融资渠道，但是中国金融市场体系起步较晚，目前仍不够完善。政府应推动金融市场的完善，提高金融市场效率，为企业创新活动提供充足的资金支持。中国的金融体系以商业银行为主，为了保证稳健经营，创新企业难以获取充足的资金支持，尤其是中小企业面临更大的融资约束。相关部门需要大力推动中小企业融资服务，支持金融机构为中小企业提供金融服务，为企业提供优惠的融资政策，鼓励高创新潜能的企业积极申请资金支持服务，解决由资金短缺导致企业面临的融资困难问题，进而减小企业成本面因素对其创新的不利影响，增强有效信息披露带来的创新提升作用。

第四，由于创新活动具有技术溢出效应，如果不对知识产权加以保护，其他企业就可以通过模仿获取相关技术，从而导致创新企业蒙受损失，这不利于企业创新的积极性。政府应该建立健全相关法律法规，保护企业的知识产权，提高企业创新积极性，国家可以通过出台相关法律法规、加强执法和司法保护等措施来提升知识产权保护的法治化水平。国家可以通过出台相关法律法规、加强执法和司法保护，以及加强信息化智能化建设等多方面的措施，全面提高知识产权保护的法治化水平，为创新发展提供有力的法律支持和保障。地方政府也应采取行动，确保相关法律法规的有效执行，做好知识产权保护工作，使企业创新能够有效提高企业的竞争力，从而激发企业创新积极性。

第五，企业创新活动需要大量资金支持，具有高风险性、投资周期长等特点。在信息化时代背景下，信息是影响企业长期发展与投资者高效投资的重要因素，但企业与投资者之间的信息不对称阻碍了双方效益的改进，使得企业缺乏充足的资金来源，而投资者难以找到适宜的投资目标，影响着企业未来的创新。而中国的资本市场还不够完善和成熟，投资者进行投资时面临较大的系统性风险，因此政府部门应该借鉴发达国家的成功经验，制定相关政策和法律法规，切实保障投资者的合法权益，保证上市企业信息披露的及时性、透明度和准确性，防止内幕交易和市场操纵，保障投资者的知情权，设置更加完善的投资和退出机制，提升存量上市企业整体质量，使投资者敢于投资，提高资金利用效率，从而有利于企业获取创新资金。

第六，地域差异是影响有效信息披露发挥作用的一大因素，中西部地区企业由于经济发展相对落后，金融监管体制不健全，企业与外部投资者之间存在显著的信息不对称问题，从而难以利用信息监管透明带来的好处，阻碍了信息披露带来的创新提升作用。为了更好地提高我国企业整体创新能力，建议政府部门完善中西部地区的金融监管体系以提高企业披露信息的质量，借助互联网媒介充分降低信息不对称程度，提高我国整体资源配置效率，促进整体创新水平的提高，从而推动我国经济的长期可持续发展。

第七，所有制偏好是影响国有企业发展和市场竞争的一大因素，由于历史发展的原因，国有企业受到部分优惠政策偏向，导致竞争效率较低的国有企业依旧存在于市场之中，这使市场资源产生错配，不但降低了具有竞争潜力的民营企业获得资源的可能性，而且增大了监管部门对政策偏向企业监管的难度，导致国有企业有效信息披露难以发挥创新提升的作用，因此政府部门制定政策时应尽量公平地对待国有企业和私营企业，让国有企业也要面临市场优胜劣汰的压力，增强国有企业的危机意识和创新意识，以此进一步推动国有企业的改制，设立多个试点行业，提高国有企业信息公开的透明度，减小偏向型政策扶持的力度，进而提高国有企业的市场竞争能力，使国有企业真正发挥行业领军人的标杆作用，最终提高经济体整体的创新能力。

第八，加大对创业板上市企业的监督力度，使其进行有效信息披露，以降低投资者与企业之间的信息不对称程度，促进企业创新。创业板企业相比于中小板和主板企业，具有更大的风险和投资不确定性。由于创业板企业的门槛较低，它们之中聚集着大量发展潜力大的企业，但这些企业由于与外部投资者之间的信息不对称程度较高，往往在发展前期难以筹得必要的投资资金，导致众多潜力企业夭折。但市场监管将有助于降低企业与外部投资者之间的信息不对称程度，加大创业板企业有效信息披露的力度；增加企业每一环节的信息公示时长，将有助于减少企业与投资者之间的信息摩擦，进而推动企业未来的创新发展。

第九，加大对高垄断能力企业的监管力度，使其对外进行有效信息披露，以降低投资者与企业之间的信息不对称程度，提高市场资源利用效率，促进市场公平。高垄断能力企业的存在导致市场资源难以得到合理配置，垄断行业掌握了该行业市场发展的优势资源，导致外部企业难以进入该行业，造成行业内部与外部市场之间存在较高的信息不对称程度，这不但降低了市场发挥资源配置作用的有效性，而且阻碍了良性市场竞争带来的创新促进作用，因此加大对高垄断行业的监管力度，遏制不合理的资源垄断，提高垄断行业对外的信息披露水平，是强化该行业企业未来创新的重要方式。

第十，制定相关政策，鼓励资本密集型企业对外进行有效信息披露，发挥有效信息披露对资本密集型企业创新能力的提升作用。资本密集型企业往往从事复杂机械类产品的生产工作，而该类产品具有较高的信息成本，具有差异化产品的特征属性，使得资本密集型企业与外部投资者之间存在明显的信息不对称，这阻碍了企业的融资，提高了企业面临的融资成本，降低了企业潜在的创新水平，因此提高企业信息披露的透明程度，将有助于增强企业有效信息披露带来的创新提升作用。

第十一，随着数字化和网络化的快速发展，信息披露面临诸多挑战和机遇。数字化和网络化的发展极大地提高和扩大了信息传播的速度和范围，使信息披露的效率和透明度得到了显著提升，有助于增强市场的公平性和公正性，使投资者和其他利益相关者能够更及时、更准确地获取企业的相关信息。此外，数字化和网络化还促进了信息披露的差异化，使信息披露能够更好地满足不同类型投资者的需求。然而，数字化和网络化也带来了挑战。随着信息量的急剧增加，如何确保信息的真实性和准确性，如何有效地管理和使用大量数据，以及如何保护投资者隐私和信息安全，也是我们需要面对的挑战。为了应对这些挑战，需要加强技术研发和人才培养以及制定相应的法规和标准，以适应信息化时代带来的挑战和机遇，提高信息披露的效率和安全性。

参考文献

[1] 白俊红、卞元超：《要素市场扭曲与中国创新生产的效率损失》，《中国工业经济》2016年第11期。

[2] 陈维涛、严伟涛、庄尚文：《进口贸易自由化、企业创新与全要素生产率》，《世界经济研究》2018年第8期。

[3] 陈郁编《所有权、控制权与激励——代理经济学文选》，上海三联书店、上海人民出版社，1998。

[4] 陈志斌、吴敏、陈志红：《家族管理影响中小家族企业价值的路径：基于行业竞争的代理理论和效率理论的研究》，《中国工业经济》2017年第5期。

[5] 程兵、梁衡义：《过度自信、过度悲观与均衡资产定价》，《管理评论》2004年第11期。

[6] 程惠芳、陈超：《开放经济下知识资本与全要素生产率——国际经验与中国启示》，《经济研究》2017年第10期。

[7] 储一昀、仓勇涛：《财务分析师预测的价格可信吗？——来自中国证券市场的经验证据》，《管理世界》2008年第3期。

[8] 戴魁早、刘友金：《要素市场扭曲与创新效率——对中国高技

术产业发展的经验分析》，《经济研究》2016 年第 7 期。

[9] 戴觅、余淼杰：《企业出口前研发投入、出口及生产率进步——来自中国制造业企业的证据》，《经济学》（季刊）2012 年第 1 期。

[10] 杜运周、任兵、陈忠卫等：《先动性、合法化与中小企业成长——一个中介模型及其启示》，《管理世界》2008 年第 12 期。

[11] 方芳、蔡卫星：《银行业竞争与企业成长：来自工业企业的经验证据》，《管理世界》2016 年第 7 期。

[12] 方颖、郭俊杰：《中国环境信息披露政策是否有效：基于资本市场反应的研究》，《经济研究》2018 年第 10 期。

[13] 冯新力：《美国银行系统中的道德风险与逆向选择问题——基于 Stiglitz 和 Weiss（1981）模型的分析》，《西南金融》2012 年第 9 期。

[14] 顾夏铭、陈勇民、潘士远：《经济政策不确定性与创新——基于我国上市公司的实证分析》，《经济研究》2018 年第 2 期。

[15] 郭家堂、骆品亮：《互联网对中国全要素生产率有促进作用吗?》，《管理世界》2016 年第 10 期。

[16] 韩先锋、惠宁、宋文飞：《贸易自由化影响了研发创新效率吗?》，《财经研究》2015 年第 2 期。

[17] 郝项超、梁琪、李政：《融资融券与企业创新：基于数量与质量视角的分析》，《经济研究》2018 年第 6 期。

[18] 何韧、刘兵勇、王婧婧：《银企关系、制度环境与中小微企业信贷可得性》，《金融研究》2012 年第 11 期。

[19] 胡亚茹、陈丹丹、刘震：《融资约束、企业研发投入的周期性与平滑机制——基于企业所有制视角》，《产业经济研究》2018 年第 2 期。

[20] 黄超:《卖空机制与负面信息披露质量——来自业绩预告制度的经验证据》,《金融理论与实践》2019 年第 9 期。

[21] 黄泽先、曾令华、江群:《市场有效性传统及其演进与反思》,《数量经济技术经济研究》2018 年第 1 期。

[22] 黄张凯、刘津宇、马光荣:《地理位置、高铁与信息:来自中国 IPO 市场的证据》,《世界经济》2016 年第 10 期。

[23] 姜付秀、石贝贝、马云飙:《信息发布者的财务经历与企业融资约束》,《经济研究》2016 年第 6 期。

[24] 金祥义、戴金平:《有效信息披露与企业出口表现》,《世界经济》2019 年第 5 期。

[25] 鞠晓生、卢荻、虞义华:《融资约束、营运资本管理与企业创新可持续性》,《经济研究》2013 年第 1 期。

[26] 孔东民、申睿:《信息环境、R^2 与过度自信:基于资产定价效率的检验》,《南方经济》2007 年第 6 期。

[27] 雷东辉、王宏:《信息不对称与权益资本成本》,《会计之友》2005 年第 7 期。

[28] 李春涛、宋敏:《中国制造业企业的创新活动:所有制和 CEO 激励的作用》,《经济研究》2010 年第 5 期。

[29] 李曼、李芬儒:《关注和融入中小企业成长——论中小企业银行服务营销》,《金融研究》2005 年第 6 期。

[30] 李胜旗、毛其淋:《制造业上游垄断与企业出口国内附加值——来自中国的经验证据》,《中国工业经济》2017 年第 3 期。

[31] 李涛、周开国、乔根平:《企业增长的决定因素—中国经验》,《管理世界》2005 年第 12 期。

［32］ 连玉君、苏治：《融资约束、不确定性与上市公司投资效率》，
《管理评论》2009 年第 1 期。

［33］ 林斌、饶静：《上市公司为什么自愿披露内部控制鉴证报
告？——基于信号传递理论的实证研究》，《会计研究》2009
年第 2 期。

［34］ 林炜：《企业创新激励：来自中国劳动力成本上升的解释》，
《管理世界》2013 年第 10 期。

［35］ 刘瑞明、石磊：《国有企业的双重效率损失与经济增长》，《经
济研究》2010 年第 1 期。

［36］ 刘志成：《转售价格维持、不对称信息与反垄断执法》，《经济
研究》2012 年第 S2 期。

［37］ 罗丽英、齐月：《技术创新效率对我国制造业出口产品质量升
级的影响研究》，《国际经贸探索》2016 年第 4 期。

［38］ 马光荣、李力行：《金融契约效率、企业退出与资源误置》，
《世界经济》2014 年第 10 期。

［39］ 茅锐：《企业创新、生产力进步与经济收敛：产业集聚的效
果》，《金融研究》2017 年第 8 期。

［40］ 倪娟、孔令文：《环境信息披露、银行信贷决策与债务融资成
本——来自我国沪深两市 A 股重污染行业上市公司的经验证
据》，《经济评论》2016 年第 1 期。

［41］ 潘越、戴亦一、林超群：《信息不透明、分析师关注与个股暴
跌风险》，《金融研究》2011 年第 9 期。

［42］ 齐伟山、欧阳令南：《会计信息披露质量与会计信息价值相关
性分析——来自深圳证券市场的经验证据》，《商业经济与管
理》2005 年第 6 期。

[43] 屈文洲、谢雅璐、叶玉妹：《信息不对称、融资约束与投资——现金流敏感性——基于市场微观结构理论的实证研究》，《经济研究》2011年第6期。

[44] 沈国兵、于欢：《企业参与垂直分工、创新与中国企业出口产品质量提升》，《广东社会科学》2019年第6期。

[45] 沈洪涛、游家兴、刘江宏：《再融资环保核查、环境信息披露与权益资本成本》，《金融研究》2010年第12期。

[46] 沈坤荣、张成：《中国企业的外源融资与企业成长——以上市公司为案例的研究》，《管理世界》2003年第7期。

[47] 盛斌、毛其淋：《贸易自由化、企业成长和规模分布》，《世界经济》2015年第2期。

[48] 施炳展、邵文波：《中国企业出口产品质量测算及其决定因素——培育出口竞争新优势的微观视角》，《管理世界》2014年第9期。

[49] 宋军、吴冲锋：《从有效市场假设到行为金融理论》，《世界经济》2001年第10期。

[50] 宋晓华、魏烁、蒋雨晗等：《政策环境、经营开放性与企业可持续发展信息披露——来自我国电力行业的实证分析》，《会计研究》2016年第10期。

[51] 汪炜、蒋高峰：《信息披露、透明度与资本成本》，《经济研究》2004年第7期。

[52] 王雄元、沈维成：《公司控制结构对信息披露质量影响的实证研究》，《中南财经政法大学学报》2008年第3期。

[53] 王雅琦、卢冰：《汇率变动、融资约束与出口企业研发》，《世界经济》2018年第7期。

[54] 王永进、盛丹、李坤望：《中国企业成长中的规模分布——基于大企业的研究》，《中国社会科学》2017 年第 3 期。

[55] 王永钦、李蔚、戴芸：《僵尸企业如何影响了企业创新？——来自中国工业企业的证据》，《经济研究》2018 年第 11 期。

[56] 温军、冯根福：《风险投资与企业创新："增值"与"攫取"的权衡视角》，《经济研究》2018 年第 2 期。

[57] 温忠麟、张雷、侯杰泰等：《中介效应检验程序及其应用》，《心理学报》2004 年第 5 期。

[58] 吴红军、刘啟仁、吴世农：《公司环保信息披露与融资约束》，《世界经济》2017 年第 5 期。

[59] 吴延兵：《创新的决定因素——基于中国制造业的实证研究》，《世界经济文汇》2008 年第 2 期。

[60] 吴忠涛、张琅、张裕华：《经济转型时期的科技型企业创新效率比较研究》，《当代经济科学》2018 年第 3 期。

[61] 冼国明、明秀南：《海外并购与企业创新》，《金融研究》2018 年第 8 期。

[62] 肖文、林高榜：《政府支持、研发管理与技术创新效率——基于中国工业行业的实证分析》，《管理世界》2014 年第 4 期。

[63] 谢申祥、王玉、王晓迪：《市场竞争、融资约束与出口企业研发》，《北京工商大学学报》（社会科学版）2017 年第 5 期。

[64] 熊广勤、周文锋、李惠平：《产业集聚视角下融资约束对企业研发投资的影响研究——以中国创业板上市公司为例》，《宏观经济研究》2019 年第 9 期。

[65] 许荣、蒋庆欣、李星汉：《信息不对称程度增加是否有助于投行声誉功能发挥？——基于中国创业板制度实施的证据》，

《金融研究》2013 年第 7 期。

[66] 杨其静:《企业成长:政治关联还是能力建设?》,《经济研究》2011 年第 10 期。

[67] 伊志宏、姜付秀、秦义虎:《产品市场竞争、公司治理与信息披露质量》,《管理世界》2010 年第 1 期。

[68] 叶迪、朱林可:《地区质量声誉与企业出口表现》,《经济研究》2017 年第 6 期。

[69] 余明桂、钟慧洁、范蕊:《民营化、融资约束与企业创新——来自中国工业企业的证据》,《金融研究》2019 年第 4 期。

[70] 余秀华、齐荻:《企业环保信息披露与股价稳定性关系》,《企业经济》2019 年第 8 期。

[71] 曾爱民、张纯、魏志华:《金融危机冲击、财务柔性储备与企业投资行为——来自中国上市公司的经验证据》,《管理世界》2013 年第 4 期。

[72] 曾颖、陆正飞:《信息披露质量与股权融资成本》,《经济研究》2006 年第 2 期。

[73] 张嘉望、彭晖、李博阳:《地方政府行为、融资约束与企业研发投入》,《财贸经济》2019 年第 7 期。

[74] 张杰、经朝明、刘东:《商业信贷、关系型借贷与小企业信贷约束:来自江苏的证据》,《世界经济》2007 年第 3 期。

[75] 张杰、芦哲、郑文平等:《融资约束、融资渠道与企业 R&D 投入》,《世界经济》2012 年第 10 期。

[76] 张杰、郑文平:《政府补贴如何影响中国企业出口的二元边际》,《世界经济》2015 年第 6 期。

[77] 张杰、周晓艳、李勇:《要素市场扭曲抑制了中国企业 R&D?》,

《经济研究》2011年第8期。

［78］张天华、张少华：《偏向性政策、资源配置与国有企业效率》，《经济研究》2016年第2期。

［79］张晓岚、沈豪杰、杨默：《内部控制信息披露质量与公司经营状况——基于面板数据的实证研究》，《审计与经济研究》2012年第2期。

［80］张璇、刘贝贝、汪婷等：《信贷寻租、融资约束与企业创新》，《经济研究》2017年第5期。

［81］张学勇、廖理：《股权分置改革、自愿性信息披露与公司治理》，《经济研究》2010年第4期。

［82］赵宸宇：《进口竞争能否提高企业创新效率?：基于中国企业层面的分析》，《世界经济研究》2020年第1期。

［83］赵驰、周勤、汪建：《信用倾向、融资约束与中小企业成长——基于长三角工业企业的实证》，《中国工业经济》2012年第9期。

［84］赵健宇、陆正飞：《养老保险缴费比例会影响企业生产效率吗?》，《经济研究》2018年第10期。

［85］郑毅、徐佳：《融资约束、信息披露与R&D投资》，《经济与管理》2018年第1期。

［86］钟马、徐光华：《社会责任信息披露、财务信息质量与投资效率——基于"强制披露时代"中国上市公司的证据》，《管理评论》2017年第2期。

［87］周开国、卢允之、杨海生：《融资约束、创新能力与企业协同创新》，《经济研究》2017年第7期。

［88］周黎安、罗凯：《企业规模与创新：来自中国省级水平的经验

有效信息披露与企业创新

证据》，《经济学》（季刊）2005 年第 2 期。

[89] 周煜皓：《我国企业创新融资约束结构性特征的表现、成因及治理研究》，《管理世界》2017 年第 4 期。

[90] 周中胜、陈汉文：《会计信息透明度与资源配置效率》，《会计研究》2008 年第 12 期。

[91] 朱红军、汪辉：《公平信息披露的经济后果——基于收益波动性、信息泄露及寒风效应的实证研究》，《管理世界》2009 年第 2 期。

[92] 祝树金、谢煜、段凡：《制造业服务化、技术创新与企业出口产品质量》，《经济评论》2019 年第 6 期。

[93] Aboody, D., Hughes, J., Liu, J., "Earnings Quality, Insider Trading, and Cost of Capital," *Journal of Accounting Research* 43 (2005): 651-673.

[94] Acemoglu, D., Akcigit, U., Alp, H., et al., "Innovation, Reallocation, and Growth," *American Economic Review* 108 (2018): 3450-3491.

[95] Ackerberg, D., Caves, K., Frazer, G., "Structural Identification of Production Functions," *MPRA Paper* 88 (2006): 411-425.

[96] Adizes, I., *Corporate Lifecycles: How and Why Corporations Grow and Die and What to Do About It* (Prentice Hall Direct, 1988).

[97] Aghion, P., Askenazy, P., Berman, N., "Credit Constraints and the Cyclicality of R&D Investment: Evidence from France," *Journal of the European Economic Association* 10 (2012): 1001-1024.

[98] Aghion, P., Bloom, N., Blundell, R., et al., "Competition and

246

Innovation: An Inverted-U Relationship," *The Quarterly Journal of Economics* 120 (2005): 701-728.

[99] Aghion, P., Blundell, R., Griffith, R., et al., "The Effects of Entry on Incumbent Innovation and Productivity," *The Review of Economics and Statistics* 91 (2009): 20-32.

[100] Aghion, P., Howitt, P. W., *Endogenous Growth Theory* (Cambridge, MA: MIT Press, 1998), p. 200.

[101] Akerlof, G. A., "The Market for 'Lemons': Quality Uncertainty and the Market Mechanism," *The Quarterly Journal of Economics* 84 (1970): 488-500.

[102] Al-Tuwaijri, S. A., Christensen, T. E., Hughes, K. I., "The Relations Among Environmental Disclosure, Environmental Performance, and Economic Performance: A Simultaneous Equations Approach," *Accounting Organizations and Society* 29 (2004): 447-471.

[103] Amable, B., Ledezma, I., Robin, S., "Product Market Regulation, Innovation, and Productivity," *Research Policy* 45 (2016): 2087-2104.

[104] Ang, J. S., Cole, R. A., Lin, J. W., "Agency Costs and Ownership Structure," *The Journal of Finance* 55 (2000): 81-106.

[105] Algan, Y., Cahuc, P., "Trust and Growth," *Annu. Rev. Econ* 5 (2013): 521-549.

[106] Balakrishnan, K., Billings, M. B., Kelly, B., et al., "Shaping Liquidity: On the Causal Effects of Voluntary Disclosure," *The Journal of Finance* 69 (2014): 2237-2278.

[107] Bastos, P. , Silva, J. , "The Quality of a Firm's Exports: Where You Export to Matters," *Journal of International Economics* 82 (2010): 99-111.

[108] Battese, G. E. , Coelli, T. J. , "A Model for Technical Inefficiency Effects in a Stochastic Frontier Production Function for Panel Data," *Empirical Economics* 20 (1995): 325-332.

[109] Baumann, J. , Kritikos, A. S. , "The Link between R&D, Innovation and Productivity: Are Micro Firms Different?" *Research Policy* 45 (2016): 1263-1274.

[110] Beaver, W. H. , Griffin, P. A. , Landsman, W. R. , "The Incremental Information Content of Replacement Cost Earnings," *Journal of Accounting & Economics* 4 (1982): 15-39.

[111] Benston, G. J. , "Required Disclosure and the Stock Market: An Evaluation of the Securities Exchange Act of 1934," *The American Economic Review* 63 (1973): 132-155.

[112] Bernstein, S. , "Does Going Public Affect Innovation?" *The Journal of Finance* 70 (2015): 1365-1403.

[113] Betz, F. , *Managing Technological Innovation: Competitive Advantage from Change* (New York, US: John Wiley & Sons, Inc. , 2011), p. 106.

[114] Bhattacharya, S. , Guriev S. , "Patents vs. Trade Secrets: Knowledge Licensing and Spillover," *Journal of the European Economic Association* 6 (2006): 1112-1147.

[115] Bhattacharya, U. , Daouk, H. , Welker, M. , "The World Price of Earnings Opacity," *The Accounting Review* 78 (2003): 641-678.

[116] Biddle, G. C. , Hilary, G. , Verdi, R. S. , "How Does Financial Reporting Quality Relate to Investment Efficiency?" *Journal of Accounting and Economics* 48 (2009): 112–131.

[117] Bogliacino, F. , Cardona, S. G. , *The Determinants of R&D Investment: The Role of Cash Flow and Capabilities* (IPTS Working Papers on Corporate R&D and Innovation, 2010), p. 175.

[118] Botosan, C. , Plumlee, M. , "Assessing the Construct Validity of Alternative Proxies for Expected Cost of Equity Capital," *Social Science Electronic Publishing* 65 (2002): 402–413.

[119] Botosan, C. A. , "Disclosure Level and the Cost of Equity Capital," *Accounting Review* 72 (1997): 323–349.

[120] Bushman, R. M. , Piotroski, J. D. , Smith, A. J. , "Capital Allocation and Timely Accounting Recognition of Economic Losses," *Journal of Business Finance & Accounting* 38 (2011): 1–33.

[121] Brown, J. R. , Martinsson, G. , Petersen, B. C. , "Do Financing Constraints Matter for R&D?" *European Economic Review* 56 (2012): 1512–1529.

[122] Brown, J. R. , Petersen, B. C. , "Cash Holdings and R&D Smoothing," *Journal of Corporate Finance* 17 (2011): 694–709.

[123] Bushee, B. J. , Noe, C. F. , "Corporate Disclosure Practices, Institutional Investors, and Stock Return Volatility," *Journal of Accounting Research* 38 (2000): 171–202.

[124] Bushman, R. M. , Smith, A. J. , "Financial Accounting Information and Corporate Governance," *Journal of Accounting & Economics* 32 (2001): 237–333.

[125] Bushman, R. M. , Smith, A. J. , "Transparency, Financial Accounting Information, and Corporate Governance," *Social Science Electronic Publishing* 32 (2003): 237-333.

[126] Casey, C. , Bartczak, N. , "Using Operating Cash Flow Data to Predict Financial Distress: Some Extensions," *Journal of Accounting Research* 23 (1985): 384-401.

[127] Chen, Y. , Zhang, T. , "Intermediaries and Consumer Search," *International Journal of Industrial Organization* 57 (2016): 255-277.

[128] Chen, Z. X. , Li, M. , Song, L. , et al. , "Accounting Disclosure, Governance Standards and Innovation Activities in Emerging Markets," *Asian Journal of Finance and Accounting* 6 (2014): 142-154.

[129] Chesbrough, H. W. , "Open Innovation the New Imperative for Creating and Profiting from Technology," *Journal of Engineering & Technology Management* 21 (2004): 241-244.

[130] Clarkson, P. M. , Fang, X. , Li, Y. , et al. , "The Relevance of Environmental Disclosures: Are Such Disclosures Incrementally Informative?" *Journal of Accounting and Public Policy* 32 (2013): 410-431.

[131] Coe, D. T. , Helpman, E. , Hoffmaister, A. W. , "International R&D Spillovers and Institutions," *European Economic Review* 53 (2009): 723-741.

[132] Cohen, W. M. , Levinthal, D. A. , "Absorptive Capacity: A New Perspective on Learning and Innovation," *Administrative Science*

Quarterly 35 （1990）: 128-152.

[133] Davidson, R., Goodwin-Stewart, J., Kent, P., "Internal Governance Structures and Earnings Management," *Accounting & Finance* 45 （2005）: 241-267.

[134] Dechow, M., Kothari, P., Watts, R., et al., "The Relation between Earnings and Cash Flows," *Journal of Accounting and Economics* 25 （1998）: 133-168.

[135] DeFond, M. L., Park, C. W., "The Effect of Competition on CEO Turnover," *Journal of Accounting & Economics* 27 （1999）: 35-56.

[136] Delmar, F., Davidsson, P., Gartner, W. B., "Arriving at the High-growth Firm," *Journal of Business Venturing* 18 （2003）: 189-216.

[137] Demirgüç-Kunt, A., Detragiache, E., "Financial Liberalization and Financial Fragility," *Policy Research Working Paper* 98 （1998）: 4259-4299.

[138] Demirgüç-Kunt, A., Maksimovic, V., "Law, Finance, and Firm Growth," *The Journal of Finance* 53 （1998）: 2107-2137.

[139] Drivas, K., Giannakas, K., "The Effect of Cooperatives on Quality-Enhancing Innovation," *Journal of Agricultural Economics* 61 （2010）: 295-317.

[140] Dunne, T., Roberts, M. J., Samuelson, L., "The Growth and Failure of U. S. Manufacturing Plants," *Quarterly Journal of Economics* 104 （1989）: 671-698.

[141] Fama, E. F., "Efficient Capital Markets: A Review of Theory and

Empirical Work," *The Journal of Finance* 25 (1970): 383–417.

[142] Fama, E. F., "Agency Problems and the Theory of the Firm," *Journal of Political Economy* 88 (1980): 288–307.

[143] Francis, J. R., Khurana, I. K., Pereira, R., "Disclosure Incentives and Effects on Cost of Capital around the World," *The Accounting Review* 80 (2005): 1125–1162.

[144] Francis, J., LaFond, R., Olsson, P. M., et al., "The Market Pricing of Accruals Quality," *Journal of Accounting and Economics* 39 (2005): 295–327.

[145] Francis, J., LaFond, R., Olsson, P. M., et al., "Costs of Equity and Earnings Attributes," *Accounting Review* 79 (2004): 967–1010.

[146] Franco, C., Pieri, F., Venturini, F., "Product Market Regulation and Innovation Efficiency," *Journal of Productivity Analysis* 45 (2016): 299–315.

[147] Freeman, C., Soete, L., "Developing Science, Technology and Innovation Indicators: What We Can Learn from The Past," *Research Policy* 38 (2009): 583–589.

[148] Freund, C. L., Weinhold, D., "The Effect of The Internet on International Trade," *Journal of International Economics* 62 (2004): 171–189.

[149] Furman, J. L., Nagler, M., Watzinger, M., "Disclosure and Subsequent Innovation: Evidence from the Patent Depository Library Program," *American Economic Journal: Economic Policy* 13 (2021): 239–270.

[150] Gietzmann, M. , Ireland, J. , "Cost of Capital, Strategic Disclosures and Accounting Choice," *Journal of Business Finance & Accounting* 32 (2005): 599-634.

[151] Grant, E. B. , "Market Implications of Differential Amounts of Interim Information," *Journal of Accounting Research* 18 (1980): 255-268.

[152] Grossman, G. M. , Helpman, E. , *Innovation and Growth in the Global Economy* (Cambridge, MA: MIT Press, 1991), p. 125.

[153] Haggard, K. S. , Martin, X. , Pereira, R. , "Does Voluntary Disclosure Improve Stock Price Informativeness?" *Financial Management* 37 (2008): 747-768.

[154] Hall, B. H. , Lerner, J. , "The Financing of R&D and Innovation," *Handbook of the Economics of Innovation* 1 (2010): 609-639.

[155] Hashmi, A R. , "Competition and Innovation: The Inverted-U Relationship Revisited," *Review of Economics and Statistics* 95 (2013): 1653-1668.

[156] Healy, P. M. , Hutton, A. P. , Palepu, K. G. , "Stock Performance and Intermediation Changes Surrounding Sustained Increases in Disclosure," *Contemporary Accounting Research* 16 (1999): 485-520.

[157] Hermalin, B. E. , "Understanding Firm Value and Corporate Governance," *Social Science Electronic Publishing*, 2010.

[158] Hochberg, Y. V. , Ljungqvist, A. , Lu, Y. , "Whom You Know Matters: Venture Capital Networks and Investment Performance,"

The Journal of Finance 62 (2007): 251-301.

[159] Hsu, P. H., Tian, X., Xu, Y., "Financial Development and Innovation: Cross-country Evidence," *Journal of Financial Economics* 112 (2014): 116-135.

[160] Hu, A. G. Z., Jefferson, G. H., Jinchang, Q., "R&D and Technology Transfer: Firm-Level Evidence from Chinese Industry," *Review of Economics & Statistics* 87 (2005): 780-786.

[161] Huergo, E., Jaumandreu, J., "Firms' Age, Process Innovation and Productivity Growth," *International Journal of Industrial Organization* 22 (2004): 541-559.

[162] Inoue, E., "Environmental Disclosure and Innovation Activity: Evidence from EU corporations," Discussion Papers, 2016, No. E-16-012.

[163] Jegadeesh, N., Titman, S., "Returns to Buying Winners and Selling Losers: Implications for Stock Market Efficiency," *Journal of Finance* 48 (1993): 65-91.

[164] Jensen, M. C., Meckling, W. H., "Theory of the Firm: Managerial Behavior, Agency Costs and Ownership Structure," *Journal of Financial Economics* 3 (1976): 305-360.

[165] Jones, J. J., "Earnings Management during Import Relief Investigations," *Journal of Accounting Research* 29 (1991): 193-228.

[166] Khandelwal, A., "The Long and Short (of) Quality Ladders," *The Review of Economic Studies* 77 (2010): 1450-1476.

[167] Khurana, I. K., Martin, X., Pereira, R., "Financial Development and the Cash Flow Sensitivity of Cash," *Journal of Finan-*

cial and Quantitative Analysis 41 （2006）：787-808.

[168] Khurana, I. K. , Pereira, R. , Martin, X. , "Firm Growth and Disclosure: An Empirical Analysis," *Journal of Financial and Quantitative Analysis* 41 （2006）：357-380.

[169] Lang, M. H. , Lundholm, R. J. , "Cross-Sectional Determinants of Analyst Ratings of Corporate Disclosures," *Journal of Accounting Research* 31 （1993）：246-271.

[170] Lang, M. H. , Lundholm, R J. , "Corporate Disclosure Policy and Analyst Behavior," *Accounting Review* 71 （1996）：467-492.

[171] Leuz, C. , Schrand, C. , "Disclosure and the Cost of Capital: Evidence from Firms' Responses to the Enron Shock," National Bureau of Economic Research, 2009, No. w14897.

[172] Leuz, C. , Verrecchia, R. E. , "The Economic Consequences of Increased Disclosure," *Journal of Accounting Research* 38 （2000）：91-124.

[173] Lev, B. , Thiagarajan, S. R. , "Fundamental Information Analysis," *Journal of Accounting Research* 31 （1993）：190-215.

[174] Levinsohn, J. , Petrin, A. , "Estimating Production Functions Using Inputs to Control for Unobservables," *The Review of Economic Studies* 70 （2003）：317-341.

[175] Li, D. , "Financial Constraints, R&D Investment, and Stock Returns," *Review of Financial Studies* 24 （2011）：2974-3007.

[176] Li, X. , "The Impacts of Product Market Competition on the Quantity and Quality of Voluntary Disclosures," *Review of Accounting Studies* 15 （2010）：663-711.

[177] Mackinnon, D. P., Lockwood, C. M., Hoffman, J. M., "A Comparison of Methods to Test Mediation and Other Intervening Variable Effects," *Psychological Methods* 7 (2002): 83–104.

[178] McNichols, M. F., "Discussion of the Quality of Accruals and Earnings: The Role of Accrual Estimation Errors," *The Accounting Review* 77 (2002): 61–69.

[179] Minderhoud, S., "Quality and Reliability in Product Creation—Extending the Traditional Approach," *Quality & Reliability Engineering International* 15 (1999): 417–425.

[180] Modigliani, F., Miller, M. H., "The Cost of Capital, Corporation Finance and the Theory of Investment," *The American Economic Review* 48 (1958): 261–297.

[181] Mohnen, P., Hall, B. H., "Innovation and Productivity: An Update," *Eurasian Business Review* 3 (2013): 47–65.

[182] Myers, S. C., "Capital Structure Puzzle," *Social Science Electronic Publishing* 39 (1984): 575–592.

[183] Myers, S. C., "Determinants of Corporate Borrowing," *Journal of Financial Economics* 5 (1977): 147–175.

[184] Nee, V., Kang, J. H., Opper, S., "A Theory of Innovation: Market Transition, Property Rights, and Innovative Activity," *Journal of Institutional and Theoretical Economics JITE* 166 (2010): 397–425.

[185] Obashi, A., "Stability of Production Networks in East Asia: Duration and Survival of Trade," *Japan and the World Economy* 22 (2010): 21–30.

[186] Orpurt, S. F., Zang, Y., "Do Direct Cash Flow Disclosures Help Predict Future Operating Cash Flows and Earnings?" *The Accounting Review* 84 (2009): 893–935.

[187] Park, K. E., "Financial Reporting Quality and Corporate Innovation," *Journal of Business Finance & Accounting* 45 (2018): 871–894.

[188] Petersen, M. A., Rajan, R. G., "The Benefits of Lending Relationships: Evidence from Small Business Data," *Journal of Finance* 49 (1994): 3–37.

[189] Plumlee, M., Brown, D., Hayes, R. M., et al., "Voluntary Environmental Disclosure Quality and Firm Value: Further Evidence," *Journal of Accounting and Public Policy* 34 (2015): 336–361.

[190] Qi, D., Wu, W., Haw, I. M., "The Incremental Information Content of SEC 10-K Reports Filed under the EDGAR System," *Journal of Accounting, Auditing & Finance* 15 (2000): 25–46.

[191] Rauch, J. E., "Networks Versus Markets in International Trade," *Journal of International Economics* 48 (1999): 7–35.

[192] Richardson, A. J., Welker, M., "Social Disclosure, Financial Disclosure and the Cost of Equity Capital," *Accounting Organizations & Society* 26 (2001): 597–616.

[193] Rigby, D., Zook, C., "Open-market Innovation," *Harvard Business Review* 80 (2002): 80–93.

[194] Ross, S A., "The Arbitrage Theory of Capital Asset Pricing," *Journal of Economic Theory* 13 (1976): 341–360.

［195］ Rucker, D. D. , Preacher, K. J. , Tormala, Z. L. , "Mediation Analysis in Social Psychology: Current Practices and New Recommendations," *Social and Personality Psychology Compass* 6 (2011): 359-371.

［196］ Sengupta, P. , "Corporate Disclosure Quality and the Cost of Debt," *Accounting Review* 73 (1998): 459-474.

［197］ Stiroh, K. J. , "Information Technology and the U. S. Productivity Revival: What Do the Industry Data Say?" *American Economic Review* 92 (2002): 1559-1576.

［198］ Shan, J. , Jolly, D. R. , "Technological Innovation Capabilities, Product Strategy, and Firm Performance: The Electronics Industry in China," *Canadian Journal of Administrative Sciences* 30 (2013): 159-172.

［199］ Terviö, M. , "The Difference That CEOs Make: An Assignment Model Approach," *American Economic Review* 98 (2008): 642-668.

［200］ Warner, J. B. , Watts, R. L. , Wruck, K. H. , "Stock Prices and Top Management Changes," *Journal of Financial Economics* 20 (1988): 461-492.

［201］ Wei, S. J. , Xie, Z. , Zhang, X. , "From 'Made in China' to 'Innovated in China': Necessity, Prospect, and Challenges," *Journal of Economic Perspectives* 31 (2017): 49-70.

［202］ Welker, M. , "Disclosure Policy, Information Asymmetry, and Liquidity in Equity Markets," *Contemporary Accounting Research* 11 (1995): 801-827.

［203］ Weng, Q., Söderbom, M., "Is R&D Cash Flow Sensitive? Evidence from Chinese Industrial Firms," *China Economic Review* 47 (2018): 77-95.

［204］ Yetman, M. H., Yetman, R. J., "The Effects of Governance on the Financial Reporting Quality of Nonprofit Organizations," Working Paper, 2004.

［205］ Zhao, L., Haruyama, T., "Trade and Firm Heterogeneity in a Schumpeterian Model of Growth," *Research in Economics* 71 (2017): 540-563.

［206］ Zhi-hong, L., Yan, C., Xue-zhi, Q., "The Effects of Owner-ship Types on Enterprise Innovation Efficiency: Do Industrial and Regional Heterogeneity Matter?" International Conference on Management Science and Engineering 20th Annual Conference Proceedings. IEEE, 2013, pp. 833-844.

图书在版编目(CIP)数据

有效信息披露与企业创新 / 张文菲著 . --北京:
社会科学文献出版社,2025.5. --ISBN 978-7-5228
-5019-1

Ⅰ.F279.23

中国国家版本馆 CIP 数据核字第 2025WQ3568 号

有效信息披露与企业创新

著　　者／张文菲

出 版 人／冀祥德
责任编辑／高　雁
文稿编辑／陈丽丽
责任印制／岳　阳

出　　版／社会科学文献出版社·经济与管理分社(010)59367226
　　　　　　地址:北京市北三环中路甲 29 号院华龙大厦　邮编:100029
　　　　　　网址:www.ssap.com.cn
发　　行／社会科学文献出版社(010)59367028
印　　装／三河市龙林印务有限公司

规　　格／开　本:787mm×1092mm　1/16
　　　　　　印　张:17　字　数:204 千字
版　　次／2025 年 5 月第 1 版　2025 年 5 月第 1 次印刷
书　　号／ISBN 978-7-5228-5019-1
定　　价／138.00 元

读者服务电话:4008918866